Comparative Studies
on Consumer Contracts Law of East Asia

东亚

消费者合同法比较研究

崔吉子◎著

北京大学出版社
PEKING UNIVERSITY PRESS

图书在版编目(CIP)数据

东亚消费者合同法比较研究/崔吉子著. —北京:北京大学出版社,2013.4
ISBN 978-7-301-22376-5

I. ①东… II. ①崔… III. ①合同法-对比研究-东亚 IV. ①D931.03

中国版本图书馆 CIP 数据核字(2013)第 074227 号

书　　名:东亚消费者合同法比较研究
著作责任者:崔吉子　著
责 任 编 辑:徐　音　王业龙
标 准 书 号:ISBN 978-7-301-22376-5/D·3315
出 版 发 行:北京大学出版社
地　　址:北京市海淀区成府路 205 号　100871
网　　址:http://www.pup.cn
新 浪 微 博:@北京大学出版社
电 子 信 箱:law@pup.pku.edu.cn
电　　话:邮购部 62752015　发行部 62750672　编辑部 62752027
出版部 62754962
印 刷 者:三河市博文印刷厂
经 销 者:新华书店
965 毫米×1300 毫米　16 开本　18.5 印张　343 千字
2013 年 4 月第 1 版　2013 年 4 月第 1 次印刷
定　　价:36.00 元

序　言

自2002年德国《债法现代化法》将消费者合同法整合订入该法后，对于消费者问题，如何缓和行政规制已成为消费者合同法领域的时代潮流。在东亚范围，日本已施行作为民事特别法的《消费者合同法》，韩国亦在激烈讨论中。

作者基于东亚文化共通的考虑，在求同存异的理念下，以消费者合同法为研究对象，搜集韩日消费者合同的立法体制、学术探讨、判例研究等方面的资料并进行研究，综合比较东亚主要国家消费者合同之立法，详细阐述韩日消费者合同法的立法体制、学术探讨、经典判例，以此为我国消费者合同的立法提供比较法上的参考资料。

本书认为不管时代潮流如何，也不管相邻国家如何，在我国现阶段，盲目跟从潮流，实有理想主义之嫌。鉴于我国消费者合同的现状，最为迫切的工作乃建立以行政规制为中心的消费者合同法体系。

作者着手此书之最后修正、统稿工作恰逢暑期。炎炎酷暑使得原本已为疾病所困扰的作者倍感不适、疲惫，坚持朝六晚十伏案修改、斟字酌句，虽不遗余力，仍不免力不从心，加上本书资料全部使用韩日原著及部分德文原著，误读之处和文字不通顺之处必在所难免，还望各位读者谅解。

最后，特别感谢崔东旭律师在外文资料的初译中给予的无私帮助和赵美玲、徐秀佳等在校研究生们的辛苦校对。

崔吉子

2012年10月15日

内容摘要

我国的消费者运动始于20世纪80年代。90年代,为解决日益严重的消费者问题,我国制定了《消费者权益保护法》。进入21世纪后,随着经济的高速发展,我国已进入大量生产、大量消费的时代,依约款(格式条款)缔结消费者合同已成为常态,新的销售方法更是层出不穷。同时,消费者在信息掌握、谈判能力方面与经营者相去甚远,且日渐扩大。消费者与经营者缔结合同时,谈判的主导权由经营者控制,必要信息的获取亦依赖于经营者,因而,消费者被迫缔结不公正合同的现象数见不鲜,消费者权益遭受严重破坏,不利于于市场经济秩序的建立。较之于消费者保护的严峻形势,我国相关的法律却捉襟见肘,存在诸多问题:

首先,立法论层面,目前我国主要通过《合同法》和《消费者权益保护法》对消费者合同加以规制。但现行的法律体系尚存不足:第一,有关消费者合同的法律体系未建立,仍处于缺失状态;第二,受法律规范的消费者合同的类型具有局限性,即仅规范依约款订立的消费者合同,其他类型的消费者合同不在规制范围之内;第三,《合同法》和《消费者权益保护法》规定的实效性仍存问题。《消费者权益保护法》第24条、《合同法》第39条至第41条是规制基于约款订立的消费者合同的条文。然《消费者权益保护法》第24条是基于当时特殊的国情制定的,现几乎名存实亡。而《合同法》第39条至第41条规定的内容十分抽象,且各条文之间相互冲突。因此,在现行法体系下,难以统一各法律规范,更无法有效地解决实际发生的消费者问题。第四,在新经济形态下,特殊的交易形态层见叠出,如访问销售、分期付款销售、多阶段销售(传销)、使用信用卡付款交易等,然针对此类特殊交易所引发的消费者问题,亦未有特别法进行调整,消费者权益的保护着实令人担忧。

其次,解释论层面,我国学界与实务界尚未就约款展开体系化、具体化的研究,仅就约款的理解,即存在相当的偏差。例如,《消费者权益保护法》中未区分约款和基于约款签订的合同,将其混用;该法第24条,亦未将约款与店堂所使用的告示、声明等加以区分;此外,对于无效条款的判断标准过于抽象,即认定"不公平或者不合理的条款"系属无效约款,而相应的解释论未能将之具体化,无法为法院的裁判提供明确的标准。

最后,实务层面,《合同法》与《消费者权益保护法》的规定在实务中亦未能得到充分的适用。消费者与经营者就基于约款订立的消费者合同纠纷不断激增,矛盾不断加深,然较之于该客观实际,法院关于约款的判决却甚少,这意味着《合同法》与《消费者权益保护法》相关规定未能有效发挥作用。

面对消费者问题日益严重,立法与理论却捉襟见肘的严峻形势,有必要立足国情,借鉴国外的立法经验,提出切实有效的立法方案。韩国、日本、中国为东亚地区三大主要国家,在历史传统、社会发展、法律文化等方面虽形态不同、特色各异,然共性犹存。韩国与日本先于我国经历消费者问题,并通过立法的方式予以解决,故而其立法经验对我国的消费者合同法立法具有一定的借鉴意义。

韩国针对消费者合同,主要以作为民事特别法的《约款规制法》为中心,并就特殊交易形态制定特别法,如《关于访问销售等的法律》、《关于分期付款交易的法律》、《关于电子交易等中消费者保护的法律》等,构建规制消费者合同的法律体系。韩国《约款规制法》的特点在于,不仅规定了事后的、司法性的审查,而且规定了事前的、行政性的审查。在我国,针对消费者合同的行政规制的必要性,及其与司法规制的协调已成为现今消费者问题的中心议题。故而,韩国《约款规制法》的规定、相关的解释论及相关判例,对我国今后的立法与实践具有重要借鉴意义。日本为顺应缓和政府规制的国际趋势制定了《消费者合同法》,该法去除了行政性因素,通过对合同缔结过程与合同内容的规制,实现消费者合同的公正化,因该法超越了消费者保护的观点,涉及现代合同法最为基本的课题,具有重要的意义。从长远来看,日本的《消费者合同法》对我国今后的立法与解释亦具重要参考价值。

为此,本书首先对韩国与日本的立法经验作综合的研究;其后,将比较法研究的成果与我国消费者合同的法律及相关研究为基础,提出在我国现行法体系下,具有理论与现实可行性的消费者合同法的立法方案。具体如下:

第一章,探讨有关消费者合同的基础理论。消费者合同亦属合同的一种形式,因而本章在研究消费者合同理论所必需的范围内,梳理一般合同理论,在此基础上,阐释有关消费者合同的理论:首先,从概念出发,介绍韩国、日本及我国对消费者的定义,及其在消费者合同中的特点。其次,以保护经济上弱势的消费者为由,论证对合同自由予以限制、对消费者合同进行特别规制的必要性,并分析相应的根据。最后,比较三种基本的消费者保护观,并阐述其他主要国家对消费者合同规制模式的变化过程。

第二章,进入比较法部分,梳理并介绍韩国的《约款规制法》。本章在有限的篇幅内,将有关韩国《约款规制法》的理论争议、韩国大法院的判例以及相关的解释作详尽的阐释。第一节中,简单介绍韩国规制消费者合同的法律体系,并考虑到特殊形态的交易亦是依约款订立合同的,故以《约款规制法》为论述的重点,介绍《约款规制法》的制定与修订过程,及其特点。第二、三节部分根据《约款规制法》的体系,将韩国《约款规制法》分为实体法和程序法两个部分进行梳理。在实体法层面,依照约款的制定及订入规则、解释规则、效力规则的顺序,梳理各学说与大法院判例的主要内容。在程序法层面,则以事前的、抽象的审查为中心,介绍了行政规制的机关、审查的内容、纠正措施以及标准约款的制定与运用,整理关于约款审查的学说和大法院判例。该章系属本书的重点,为我国相关的立法与解释提供重要的比较法资料。

第三章,梳理并介绍日本的《消费者合同法》。第一节,介绍日本消费者合同法的理论发展过程,梳理日本相关理论构成的具体争论,明确该法的制定背景。第二节,梳理日本《消费者合同法》制定过程中的争议,了解日本《消费者合同法》的立法理念。第三节,以合同的缔结过程及其内容的公正化为中心,简要而全面地阐释日本《消费者合同法》的主要内容。第四节,归纳日本《消费者合同法》的特征,进而分析其与韩国《约款规制法》的差异点,为我国立法提供更为明确的方向。

第四章,回归我国的消费者交易及立法现状。第一节,分析我国消费者交易的现实,并对我国消费者保护关联法作简要介绍。第二节,整理归纳我国消费者合同法律的主要内容,重点阐释合同法对于约款的规制(订入规制、解释规制、效力规制)及相关学说。第三节,以中国的现状与韩国、日本的比较法经验为基础,提出中国今后的立法方向,即,有必要进行单行立法，制定关于约款规制的特别法，并设置事前审查机构进行行政规制。

第五章，系对本书的回顾，简要梳理本书各章节的主要内容，并得出本书的研究结论，即针对我国现阶段的消费者合同法，当务之急并非为行政规制向私法规制的转换，而应当建立以行政规制为中心的消费者合同法体系，并将相关法律规定进行再整理，以期实现法秩序的统一。

Abstract

This thesis aims to thoroughly examine the theories and problems of the current law on consumer contracts in China, and present a practically feasible legislative proposal of Consumer Contracts Law within the framework of China's legal system through comparative study. With the rapid development of China's economy nowadays, misuse the standardized contracts to harm the consumers has grew in economic activities, but no laws have been enacted accordingly. Japan and Korea, as the neighboring countries of China, have faced similar problems and managed to solve them through legislation earlier than China. This thesis thus uses Japan and Korea's experience as the materials of comparative study in comprehensive details, especially focuses on the Regulation of Standardized Contracts Act of Korea, which has been acknowledged as an example of relatively successful legislation and has accumulated many interpretations and case studies.

First, the Regulation of Standardized Contracts Act of Korea has the characteristics of both economic law and a special law of the Civil Code. It is regarded as a part of economic law, because the state, from a national economic point of view, regulates the legal relationship between the contracting parties to ensure the fairness of contracts in order to establish healthy market order. On the other hand, it is also regarded as a part of a special law of the Civil Code, because it concretizes the principles of the contract law, especially the principle of balance of interests in the civil law, and adopts numerous mandatory rules to regulate some matters that are governed by default rules in the Civil Code.

Moreover, although the Regulation of Standardized Contracts Act of Korea is based on the substantial provisions of the Standard Contract Terms Act of Germany, which provides ex post judicial review of standard terms, it adds procedural provisions focus on ex ante review of abstract contents by the Fair Trade

Commission of Korea. The legislative model consists of ex ante and ex post review has no precedent from the comparative perspective.

Japan enacted the Consumer Contract Law in 2001, adapting to the worldwide trend of deregulation and improving market economic system. It has the characteristic of replacing governmental enforcement with private enforcement to improve the economic system of free market. Meanwhile, it acknowledges the structural asymmetry of information and bargaining power between merchants and consumers during the transaction and intends to remove the impediment factors to free and fair trade in the market through eliminating the asymmetry. Moreover, it establishes the principle of ensuring the right of self-determination, and restates a general civil law principle by extending the law to govern the transaction between all merchants and consumers.

Comparing to the Regulation of Standardized Contracts Act of Korea, the Japanese Consumer Contract Law does not include administrative intervention. It intends to change the administrative-power-based consumer relief into court-oriented relief based on the principles of civil law. Furthermore, it is more than Japan's initial legislation of general civil rule directly governing consumer contracts. Since it applies to almost all merchants, and the formation of contracts includes the contents of contracts inherently, it also sets up the minimal general rules of the contracts between merchants and consumers.

This thesis presents a proposal relating to consumer contracts in China, through detailed study of the Regulation of Standardized Contracts Act of Korea and the Japanese Consumer Contract Law, together with the background study of the current law relating to consumer contracts and the existing problems in China. The proposal suggests: (i) for purpose of improving the consumer contract regulations, to adopt a special law concerning standard terms as a complement to the Contract Law of China, (ii) to establish a comprehensive model consisting of ex ante and ex post review; and (iii) to adopt a comprehensive consumer contract law not limited standard contracts rules and may refer to the Japanese Consumer Contract Law as a proper comparative sources, since consumer contracts, which consist of standard contracts and non-standardized contracts, cannot be effectively regulated purely dependent on standardized contract law.

Lastly, legislations or proposals emphasizing that the trend of stressing private consumer laws and diminishing the administrative enforcement, which is reflected from the Japan and Korea's studies on consumer contracts laws, is the mainstream in the countries more economically developed than China. However, complete adoption of this approach in China may turn out to be 'idealism', because currently neither the private consumer laws themselves nor the necessity for their existence is supported by sufficient theoretical foundation. At the current stage, it may be necessary for China to form a consumer contracts law system centralized on administrative enforcement, comparing to the effort taken by its neighboring countries to transform their existing administrative and criminal enforcement into private enforcement.

目　　录

第一章　导　　论

第一节　问题的提出

一、中国消费者合同的现状和消费者问题

（一）中国消费者合同的现状

我国的消费者运动始于20世纪80年代。进入90年代后，假冒伪劣商品的泛滥，消费者问题的日益严重，促使国家制定了《中华人民共和国消费者权益保护法》（以下简称《消费者权益保护法》）。特别是在2000年以后，随着经济的高速发展，我国进入大量生产和大量消费的时代，依照格式条款缔结消费者合同成为常态，新的销售方法更是层出不穷。与此同时，损害消费者权益的行为也呈现激增趋势。此外，随着消费者生活水平的提高，商品的安全和质量成为其在选购商品时的最主要考虑因素。在消费者协会每年公布的投诉案件中，对产品质量的投诉占所有案件的一半以上。[①] 在这个大量交易的时代，消费者的信息掌握与谈判能力同经营者相去甚远，且差距日渐扩大。消费者与经营者在缔结合同时，谈判主导权由经营者控制，必要信息的收集亦过分依赖经营者，由此导致消费者被迫缔结包含不当、不利内容的合同，且此类案件呈逐年增长趋势。

（二）消费者问题

目前，我国尚未形成体系化的消费者合同法律，仅仅通过《合同法》和《消费者权益保护法》予以规范。为有效解决现存的消费者问题，理论界与实务界针对现行法不及之处展开激烈讨论。其中，政府事前规制制度的必要性、消费者损害事后救济措施以及事前规制与事后救济的协调等问题，成为我国现阶国消费者合同立法问题的核心。考察我国相关消费者合同的立法与司法实务，存在诸多问题：

---

① 关于最近10年消费者协会接受的消费者投诉案件的分析资料，可参见本书第五章“中国消费者问题的现状”中的统计资料。

首先,立法层面,我国目前主要通过《合同法》和《消费者权益保护法》对消费者合同加以规制。但在现行法律体系中仍存在以下问题:第一,关于消费者合同的法律体系尚未建立,立法仍处于缺失状态。第二,受法律规范的消费者合同类型,仅局限于依格式条款订立的消费者合同,未涵盖其他类型的消费者合同。然对于受规范的格式条款消费者合同,《合同法》与《消费者权益保护法》规定的实效性亦存疑问。即,虽然《消费者权益保护法》第 24 条和《合同法》第 39 条至第 41 条规范了基于格式条款订立的消费者合同,但《消费者权益保护法》第 24 条是基于当时特殊的国情而制定,现几乎有名无实;而《合同法》第 39 条至第 41 条规定的内容十分抽象,且各条文之间存在相互冲突之情形。因此,在现行法体系下,难以统一各法律规范,更无法有效解决实际发生的消费者问题。

其次,解释论层面,我国尚未就格式条款展开体系化、具体化的研究,并且学界及实务界对于格式条款制度的理解,仍存在相当偏差。例如,《消费者权益保护法》中未区分格式条款和基于格式条款所签订的合同,将其混用;对于无效条款的判断,仅抽象规定了"不公平或者不合理的条款"这一标准,而相应的解释论亦未能将之具体化,无法为法院裁判提供明确的依据;此外,该法第 24 条亦未将格式条款与店堂所使用的告示、声明等加以区分。

再次,《合同法》和《消费者权益保护法》的规定在实务中亦未能得到充分适用,缺乏实效性。即,较之对格式条款不满和基于格式条款所造成的消费者问题激增的现象,法院关于格式条款的判决却甚少,这意味着《合同法》和《消费者权益保护法》的规定未能在实务上得以充分运用。

最后,在诸如访问销售、分期付款销售、多阶段销售(传销)、使用信用卡付款等特殊交易领域或交易形态中,因消费者合同所造成消费者权益受损的情形逐渐增多,然尚无特别法调整这类交易所引发的消费者问题,对于这类新的法现象,法律规范仍处于缺失状态。

二、中、韩、日消费者合同法比较研究之必要性

如前所述,尽管我国的消费者问题,特别是与消费者合同相关的问题不断增加,但立法机关尚未制定相关特别法。现行规范体系仅由《合同法》第 39 条至第 41 条和《消费者权益保护法》第 24 条构成,存在较大缺陷,即条文内容简单、体系不完备、规范类型也仅局限于依格式条款进行的

消费者交易。因此,在正确认识我国现行法问题的基础上,有必要对在解决消费者问题方面已积累丰富经验的韩国和日本进行比较法的研究,并在充分理解韩国和日本法律及相关解释论的前提下,提出我国消费者合同法律体系的改善方案和新的立法论。

首先,韩国针对消费者合同,主要以作为民事特别法的《关于约款规制的法律》(以下简称《约款规制法》)为中心,并就特殊交易领域或者交易形态,分别制定《关于访问销售等的法律》(下称《访问销售法》)、《关于分期付款交易的法律》(下称《分期付款交易法》)、《关于电子交易等中消费者保护的法律》(下称《电子交易消费者保护法》)、《关于标识·广告公正化的法律》(下称《标识·广告法》),共同建构解决消费者问题的法律体系。韩国《约款规制法》,在实体法层面,以德国《一般交易条款规制法》为范本,在程序法层面,则不同于德国,而是以公平交易委员会通过事前约款审查进行抽象的内容规制为中心。公平交易委员会的行政规制,亦被认为是韩国《约款规制法》的重要特色。同时,韩国《约款规制法》通过规定"不公平约款无效"等内容,对约款形成有效规范,在很大程度上实现了依约款进行交易的公正化。韩国的成功经验,可为我国解决消费者合同中的问题提供诸多启示。

其次,日本为顺应缓和政府规制并完善市场经济体制的国际趋势,于2001年制定了《消费者合同法》。日本的《消费者合同法》不同于韩国的《约款规制法》,在消费者合同的规制中剔除了行政因素,完全通过司法方式规范消费者合同。即,日本《消费者合同法》由行政救济模式向以民事法原则为基础的司法救济模式转变。另外,日本《消费者合同法》作为第一部以消费者合同为直接规制对象的民事法律,其适用对象为经营者与消费者之间缔结的所有合同,但韩国《约款规制法》的适用对象仅限于基于约款订立的消费者合同,从这一点上日本《消费者合同法》的调整对象更为宽泛。但日本《消费者合同法》的适用对象不包括经营者之间订立的约款合同,因此,从这个角度而言,其适用对象的范围较之韩国《约款规制法》更为狭小。

由于日本《消费者合同法》的立法旨在促进消费者合同公正化,通过规制合同缔结过程和合同内容,确立有关合同效力的概括性民事法律规范。因而,该法摒弃了行政性的事前的市场矫正模式下的消费者保护理念,而尝试通过司法性的事后规制保护消费者。因此,日本《消费者合同法》被认为是符合新自由主义经济秩序、缓和政府规制的立法，亦是符合规制不公正合同条款的国际标准的立法。此外，日本《消费者合同法》不拘泥于保护消费者的观念，从确保合同缔结过程和合同内容的正当性层面入手，确保信息、判断力、交涉力方面不平等的当事人之间所订立合同的公正性，这也是现代合同法最基本的课题。因此，从长远看，日本《消费者合同法》对中国日后的立法乃至解释论的展开，亦具有重要参考价值。

第二节 研究目的和研究顺序

一、研究目的

本书的研究目的在于，立足于中国消费者问题，借鉴国外立法经验，提出切实有效的立法方案。中国、韩国、日本为东亚地区三大主要国家，在历史传统、社会发展、法律文化等方面虽形态不同、特色各异，然共性犹存。韩国与日本先于我国经历消费者问题，并通过立法方式予以解决，故而其立法经验对我国的消费者合同法立法具有一定借鉴意义。因此，本书首先对韩国和日本的消费者合同法及其判例进行全面而具体的研究。然后，以比较法研究成果和我国学者以往对本国消费者合同法的学术成果为基础，提出在我国现行法体系下，现实可能的立法方向。

二、研究顺序

根据上述提出的问题及研究目的，本书共分为五章展开阐述：

第二章，主要阐述有关消费者合同的基础理论。首先，于第二节中，界定消费者概念并分析其在消费者合同中的特点。其次，鉴于消费者合同属于合同的一种形式，故在第三节中，阐释一般合同的相关理论，在阐释民法上合同自由及其局限的同时，分析民法对弱者和经济上弱势群体保护的不足，以此为基础，论证对消费者合同予以法律规制的必要性及相应根据。最后，比较三种基本的消费者保护观，并阐述其他主要国家对消费者合同规制方式的变化过程。

第三章，主要梳理和介绍韩国《约款规制法》的相关学说及判例。该章系本书的重点，旨在为我国今后消费者合同立法和解释提供根据。本章在有限篇幅内，将有关韩国《约款规制法》的理论争论、韩国大法院的判例以及关联解释作详尽的梳理。第一节序言部分，简单梳理韩国相关消费者合同的法律，并考虑到特殊形态的交易亦是依据约款订立合同的，故以《约款规制法》为论述重点。第二、三节部分根据《约款规制法》的体系，将韩国《约款规制法》分为实体法和程序法两个部分进行梳理。在实体法层面，依照约款的制定及订入规则、解释规则、效力规则的顺序，梳理各学说与大法院判例的主要内容；程序法层面，则以事前的、抽象的审查为中心，介绍了行政规制的机关、审查的内容、纠正措施以及标准约款的制定与运用，整理关于约款审查的学说和大法院的判例。

第四章，主要梳理和探讨日本《消费者合同法》的相关学说及判例。第一节，考察日本消费者合同法的理论发展过程，梳理日本相关消费者合同法理论构成的具体争论，明确该法制定背景。第二节，通过对《消费者合同法》制定过程的回顾，分析该法制定过程中的争议，以便了解日本《消费者合同法》的立法理念。第三节，简要而全面地阐释日本《消费者合同法》的主要内容及相关判例。第四节，归纳、分析日本《消费者合同法》的特征，并整理其与韩国《约款规制法》的不同点。

第五章，梳理归纳中国消费者交易现状及立法现状，提出中国今后的立法方向。第一节，分析中国消费者交易的现实，并对中国消费者保护关联法作简要介绍。第二节，整理归纳中国消费者合同法的主要内容，重点阐释《合同法》对于约款的规制（订入规制、解释规制、效力规制）及相关学说。第三节，结合前几章的研究，以中国现状和韩国、日本的比较法经验为基础，提出中国今后的立法方向。

第六章，总结之前章节中关于韩国、日本、中国消费者合同的内容，提出中国今后消费者合同法的立法方向，即针对我国现阶段的消费者合同法，当务之急并非进行行政规制向司法规制的转换，而应建立以行政规制为中心的消费者合同法体系，并将相关法律规定进行再整理，以期实现法秩序的统一。

第二章 消费者合同的基础理论

第一节 概 述

消费者合同,一般是指消费者与经营者之间缔结的合同。即消费者为购买生活必需物品(商品或服务),与提供此类物品或服务的经营者缔结的合同。但是,因较之于经营者,消费者在商品或服务信息的掌握以及交涉力等方面处于弱势地位,故其在决定合同内容或交易条件时,通常处于不利地位。究其原因,一方面经营者持续且重复地供给同种或者同类商品或服务,可以准确地掌握该商品或服务的信息,而消费者不仅对商品或服务的相关信息几乎一无所知,且对于必要信息的获取亦时常依赖提供商品或服务的经营者。因此,经营者与消费者之间可能存在巨大的信息鸿沟。另一方面,经营者拥有强大的资金实力、组织能力以及对市场的支配力,可依自己的意愿决定价格或交易条件,而消费者则时常不得不无条件接受。因此,经营者与消费者在决定价格和交易条件所必备的交涉能力上,亦存在极大差距。如此的信息和交涉力差距,仅单独作用即可能致使经营者和消费者之间丧失对等性,若两者共同作用,则将导致消费者处于更为弱势的地位。

近代民法以交易当事人的地位对等且立场得互换为前提。但在消费者合同中,当事人之间丧失地位对等性和互换性的情形时有发生,因此,对消费者合同中的诸多问题,仅依据近代民法之规定或原理,难以获得圆满解决。[①] 特别是在大量生产和大量销售的工业社会,经营者为迅速处理大量交易,多使用事先拟定的合同内容或交易条件,因此在消费者合同缔结过程中,消费者的真实意思难以得到反映。[②]

---

① 参见〔韩〕权五乘、洪明秀:《消费者保护的合同法构成及其局限——以德国〈民法〉的改正和日本〈消费者合同法〉的制定为中心》,载《法学》(首尔大学)2002 年第 43 卷第 3 号,第 105 页。

② 参见〔韩〕权五乘:《消费者保护法》,法文社 2005 年版,第 139 页。

在上述情形下缔结的消费者合同，无疑将单方有利于经营者，而使消费者遭受诸多不利益。以实现社会正义为目的的法律秩序不能回避此类问题，故为纠正消费者合同的不公正，大多数发达国家通过对民法上一般条款的解释来否认不利于消费者的合同的效力，或者制定保护消费者的特别法以实现消费者合同公正化。归纳而言，实现消费者合同公正化的方法主要有两种，一是私法救济，二是公法规制，两者各有利弊。发达国家主要使用前者，发展中国家更倾向于后者。

本章系本书的基础理论部分，主要阐述消费者合同的特点以及与消费者合同有关的民法原理，以此为基础比较实现消费者合同公正化的两种方法——私法救济和公法规制的内容与特点，进而提出消费者合同法的课题及展望。

第二节　消费者合同的含义与特征

一、消费者合同的含义

（一）消费者的概念

消费者，是指为消费生活使用或接受经营者提供的商品或服务的人。[①] 此概念，只在生产和消费相分离的工业社会具重要意义。[②] 工业革命后，形成以大量生产、大量销售和大量消费为特征的经济、社会结构，消费生活不再依靠自给自足，而主要依靠日常购买，消费乃至消费者问题由此开始被重视。在高度分工、工业化生产方式日益普遍的现代社会，人们的消费不得不依靠以市场为中心进行的营业性、组织性商品供给活动。因此，消费者概念的界定，必须超越简单消费生活主体的范畴，而应基于其与消费的具体对象（即商品和服务）以及以营业为目供给此类消费对象的经营者之间的实际关系作出。特别是在具体商品交易中，应将动机上的差异全面贯彻至整个界定之中，即经营者系为营利，而消费者则为维持生活而进行交易。[③]

① 韩国《消费者基本法》第 2 条第 1 款。

② 参见〔韩〕苏在先：《消费者合同法的课题和前景》，载《比较私法》1998 年第 5 卷第 2 号，第 197 页。

③ 参见〔韩〕权五乘、洪明秀：前揭《消费者保护的合同法构成及其局限》，第 104 页。

(二)消费者概念在比较法上的检讨

1. 欧盟

欧盟在各类消费者保护立法指南中,消极地定义了消费者的概念。[①]欧盟最常使用的消费者定义为:"不以直接从事事业、营业或专门职业为目的而为行为的自然人。"在《不公平条款立法指南》、《访问销售指南》、《消费者信用指南》、《远程交易指南》、《消费品买卖和品质保证指南》等文件中,均使用上述概念。《关于临时居住的立法指南》则将消费者定义为"实施与其专业性的职业能力无关的购买行为的自然人"。此外,《产品责任立法指南》中采用了"个人使用"这一积极的定义方式。《团体旅游立法指南》则采用了与其他指南全然不同的消费者概念。根据该指南,所谓"消费者"是指以下三类:参加团体旅游或者同意参加团体旅游的人(主当事人);同意主当事人为第三人利益购买团体旅游商品的第三人(受益人);从主当事人或受益人处受让团体旅游商品的人(受让人)。该指南中的消费者为"团体旅游的登记人"或者"旅游商品的受让人"。因此,出差旅行人或者法人,均可作为消费者受到保护。[②]

欧盟在立法指南层面上,具有将消费者和经营者概念统一化的趋势。消费者已不再仅被认为是消费主体,而是在特定情形下,因其协商能力远不如经营者而具有保护必要的主体。据此,虽非为消费,只要不以营利或职业为目的签订合同的人,均被认定为消费者,即采消极定义方式。而与此相反,对于在协商能力等方面均处于优势地位的经营者,则必须以营利或职业为目的缔结合同,即采积极定义方式。[③] 即尽管欧盟将消费限定于自然人,但并未采纳消费者与经营者之间存在结构上差距的观点,而是以消费者是否处在有必要保护的典型情形为标准来构建消费者的概念。因此,其关注的焦点为具体的保护必要性,而不是在一定情形下是否存在一般的保护必要性。

2. 德国

在《德国民法典》统一消费者概念之前,德国就消费者概念的界定已

---

① 欧盟的消费者法体系,由指南、建议案和规则构成,其核心为指南。对此,在李丙儁的《欧盟合同法中的消费者和经营者》(载《外法论集》2006年8月第23辑)第1页以下,详细介绍了《欧盟合同法》中的消费者和经营者的概念。

② 参见〔韩〕金圣天:《关于消费者法上消费者概念的研究》,载《经济法研究》2006年第4卷第1号,第8页。

③ 参见〔韩〕李丙儁:前揭《欧盟合同法中的消费者和经营者》,第11页。

维持了相当时间的争论。就消费者概念类型化的方式上，存在两种模式：其一，角色关联性消费者模式（Personenbezogenes Regulierungsmodell），其二，情形关联性消费者保护模式（situationsbezogenes Verbraucherschutzmodell）。前者是根据缔约当事人的角色而进行类型化保护。申言之，当事人可以扮演消费者的角色，亦可扮演经营者的角色，特定当事人不可能一直为消费者或经营者，当其承担消费者角色之时，即为消费者，而承担经营者角色时，则为经营者。该模式主要流行于20世纪70年代，后因其仅根据角色而判定为消费者，并进一步推定为处于结构性不平等的地位，甚为不妥，故逐渐式微。后者则根据具体情形中，可能发生的危险以及消费者的交易能力进行类型化保护。此种模式下的核心概念是“交涉能力”或“协商能力”，消费者是不具有充分协商能力的主体，相反的，经营者则具备之。因而，该模式主张通过消极定义的方式，保护所有具备充分协商能力的经营者以外的主体。该模式逐渐为多数德国学者推崇，并最终成为德国民法上消费者概念基础的模式。

2000年，德国在制定《通信销售法》的同时，为解决消费者保护法及欧盟立法指南上的规制问题，于《德国民法典》第13条和第14条对消费者和经营者作出定义。该定义可以直接适用于通信销售合同（第312b条）、访问销售合同（第312条）、消费者消费借款合同（第491条）及临时居住权合同（第418条）。自此于立法层面统一了德国的消费者与经营者的概念。其后，在统一的消费者、经营者概念的基础上，德国立法者将相关消费者保护的各单行法[1]编入民法典，在民法典中构成新的较为完整的消费者保护法体系。[2] 由此统一了德国的消费者保护法，为持续三十多年的统一私法争论及消费者保护法作为特别私法的合法性问题画上句点。

《德国民法典》第13条规定的消费者，是指不以营业或独立的职业活动为目的实施法律行为的自然人。该消费者概念，与《一般交易条款规制法》中的概念相一致。由此可见，第13条关于消费者概念采消极定义的方

---

① 包括1976年12月9日颁布的《一般交易条款规制法》（Gesetz zur Regelung des Rechts der Allgemeinen Geschaeftsbedingungen, AGB-Gesetz, AGBG）、1986年1月16日颁布的《访问销售法》（Gesetz ueber Widerruf von Haustuergeschaeften）、1990年12月17日颁布的《消费者信用法》（Verbraucherkreditgesetz, VerbrkrG）、2000年6月27日颁布的《远程销售法》（Fernabsatzgesetz, FernAbsG）及1996年12月30日颁布的《临时居住权法》（Teilzeit-Wohnrechtegesetz, TzWrG）。

② 参见〔韩〕河京孝：《消费者保护法的统合继受》，载《德国债权法的现代化》，法文社2003年版，第136页。

式,不以积极的消费目的为判断要素,因而对一些不以消费为目的签订合同的当事人亦可认定为消费者,如雇员进行从属于雇用人的职业活动的情形、为将来营业或独立的职业活动而取得信用的情形等。此外,消费者保护法的适用也以此消费者概念为前提。因此,与营业或独立的职业活动无关、以私人目的缔结的合同,为民法上的消费者合同,为消费者保护规定的适用对象。

依《德国民法典》第 13 条之规定,消费者概念内含三个要素:其一,主体要素方面,仅自然人有成为消费者之可能,法人被排除于外。因此,不以营利为目的的法人从概念上也不属于消费者范畴,由此可知,德国立法者根据形式上的标准,将有必要保护的非营利法人排除于消费者概念范畴,不能受到有关消费者的保护。其二,功能要素方面,不得以营业或独立的职业活动为目的。判断该目的的时间点应在为法律行为时,且应进行客观的判断,质言之,当事人的内心意思并不重要,否则,得依当事人之意思自由决定是否作为消费者接受保护,将有悖于消费者保护规定的强行性质。此外,经营者是否知晓或可能知晓其目的亦无关紧要。其三,客观因素方面,即实施的法律行为方面,德国立法者并未对其作限定,而直接援引民法总则部分所使用之"法律行为",因而,该法律行为并不局限于特定法律行为,而可为所有法律行为。①

《德国民法典》第 14 条规定的经营者,是指为营业或独立职业活动为法律行为的自然人、法人以及具有权利能力的合伙。据此,不论是否以营利为目的,在市场中收取对价从事活动的所有自然人、法人以及可以成为权利义务主体的合伙,均属于经营者范畴,受消费者保护法的规制并承担相应的义务。

依《德国民法典》第 14 条的规定,经营者概念内含两大要素:②其一,主体要素方面,可以是自然人、法人或具有权利能力的合伙③。其二,功能要素方面,从事营业活动或独立性职业活动。该法典第 14 条第 1 款中的"营业活动"(die gewerbliche Tätigkeit)应作广义解释,不能仅理解为《德国

① 参见〔韩〕李丙儁:《德国民法上的消费者概念》,载《民事法学》2004 年第 26 号,第 189 页。

② 对于法律行为这一要素与消费者同,故不赘述。

③ 德国民法中的"合伙"概念为"Personengesellschaft",系指两个或两个以上的自然人或法人为了一个共同目标组成的民事主体,其本身不是法人,但可以行使权利与履行义务。

商法典》第 1 条意义上的“商营利”(Handelsgewerbe),还应包括独立的、持续的、无须自由职业者资质的有偿参与经济交往的活动。“营利活动”是否都要具备获取利润的动机或以有偿性为前提,目前并无定论。但在消费者保护法中,经营者所从事的活动,只需满足有偿性即足矣。[①]“职业活动”是指持续进行的、对外具有明示性的、有偿的活动,与是否具有营利的意图无关,而“独立性”则是指其活动是由自己负责的,而非作为第三人的代理人或履行辅助人。[②] 实践中常难以明确区分“独立的职业活动”与“非独立的职业活动”,对此,《德国商法典》第 84 条第 1 款第 2 句可以提供借鉴。[③]依据该句规定,当行为人在很大程度上可自由确定自身活动和自由决定工作时间时,视为成立“独立的职业活动”。[④]

德国学者对于在《德国民法典》总则部分界定消费者、经营者概念存有批判,其认为消费者私法的适用对象为消费者、经营者,但消费者保护法就其适用对象方面不具备一贯性。例如,在消费者消费借贷合同(Verbraucherdarlehen svertrag)中,只有在出借方为经营者、贷款方为消费者的情形,方可适用消费者保护法;[⑤]在消费者买卖合同中,出卖人必须为经营者,买受人必须为消费者。[⑥] 但是有关一般交易条款合同[⑦]及访问销售[⑧]的条款中,法律的表述为“经营者与消费者之间签订的合同”,因此,根据文义解释,在消费者向经营者出售货物,并依据一般交易条款订立合同的情形,或者在经营者上门,并提出购买消费者的汽车的情形,似乎均可适用消费者保护法,由此造成了消费者保护法适用上的不一致。

虽然民法典已明确界定消费者、经营者概念,但因日常生活的纷繁复杂,一自然人在不同的情形下常得分别饰演经营者与消费者的角色,因而长时期以来,德国法律界人士不断从多角度探索,试图形成固定的判定标

---

① 参见刘青文:《论消费者、经营者概念在德国民法典中的确立》,载南京大学—哥廷根大学中德法学研究所编:《中德法学论坛》(第 6 辑),南京大学出版社 2008 年版,第 75 页。

② 同上。

③ Tobias Kuntze, Bin ich Verbraucher oder doch Unternehmer? —ein Leitfaden zur Abgrenzung zwischen § 13 BGB und § 14 BGB, http://www.it-recht-kanzlei.de/1/Der_Unternehmer_14_BGB/verbraucher-unternehmer.html, besucht am 08.05.2012.

④ Ibid.

⑤ 《德国民法典》第 491 条第 1 款。

⑥ 《德国民法典》第 474 条第 1 款。

⑦ 《德国民法典》第 310 条第 3 款。

⑧ 《德国民法典》第 312 条。

准,然到目前为止,仍未形成确定性的统一观点。[①] 纷争的焦点主要集中在两方面:其一,消费者行为与经营者行为的区分是否应该完全客观地由行为人所追求的目标决定;其二,消费者与经营者行为的性质判定是否应取决于合同缔结一方可以辨识的客观情况。[②] 对于此类争议,德国联邦最高法院则采取开放的态度,其于 2009 年 9 月 30 日的判决中,在回避上述争议的基础上提出了自身独立的区分经营者与消费者的一系列标准。这一系列标准主要分为三部分:第一,一个自然人所实施的法律行为应基本上被视作消费者行为;第二,只有当以下情形出现,即从(法律行为)另一当事方看来,自然人的行为明显地、无疑地具有营业活动或独立职业活动的性质时,自然人的行为不被视作消费者行为;第三,其余关于具体行为应归入何种行为领域的,应在有利于消费者属性认定的情形下作出判定。[③]

综上所述,《德国民法典》于总则部分统一了消费者与经营者的概念,使得民事法律关系的主体不再局限于自然人、法人。对于消费者概念,概言之,其定义并非单纯地以消费和生产为标准,而是以法律行为的当事人作为标准。并且,与欧盟立法指南相同,《德国民法典》在定义消费者时并未积极地要求以消费生活为目的,而仅仅消极地提出不以营业或独立职业活动为目的。

3. 韩国

韩国并未统一界定消费者的概念,而是在各单行的消费者保护法中分别予以规定。首先,于《消费者基本法》、《标识 · 广告法》、《访问销售法》、《电子交易消费者保护法》等法中对消费者作了定义。但在作为消费者保护关联法的《约款规制法》和《分期付款交易法》中,并未使用“消费者”的概念,而代之以“顾客”或“买受人”。

《消费者基本法》第 2 条第 1 款将消费者定义为“为消费生活,使用经营者提供的物品或服务的人”。依此概念,消费者具有以下特征:第一,消费者是使用或接受经营者提供的物品或服务的人。故使用自己生产或者提供的物品或服务的人,不属于消费者。第二,即使是使用或接受经营者

---

① Heinz Sonnauer, Verbraucher oder Unternehmer? —Abgrenzungskriterien des BGH, http://www.anwalt24.de/beitraege-news/fachartikel/verbraucher-oder-unternehmer-abgrenzungskriterien-des-bgh, besucht am 11.05.2012.

② Ibid.

③ Ibid.

提供的物品或服务,但非为消费生活,而是用于转售或利用其进行生产活动的,亦不属于消费者。根据上述概念,消费者的范围并不局限于具体的法律行为主体,而是包括所有消费生活主体,且在特殊情况下,扩张至生产活动的主体。《消费者基本法》扩张消费者概念存在两方面的原因:首先,基于立法者不仅保护消费生活主体,而且有意保护经济活动中的弱者的立法理念;其次,此亦与《消费者基本法》的法律性质,即兼具公法与私法的性质有关。

《标识·广告法》上的消费者,是指使用经营者或经营者团体生产或者提供的商品等的人(第2条第5款)。可见,该法将经营者也包含于消费者的概念之内。① 此外,《访问销售法》②和《电子交易消费者保护法》③上消费者的概念与《消费者基本法》上的概念本质上相同,并基于政策性考虑,在各自施行令中规定了特殊的可以纳入消费者范围的主体。④ 而《约款规制法》将交易的相对方称为"顾客",并规定:"本法所称'顾客',是指作为合同一方当事人接受经营者提出的将约款作为合同内容的人。"(该法第2条第3款)因此,关于顾客的范畴,是否既包括消费者,也包括商人

① 因为该法仅将消费者定义为使用或利用商品等的人,并未限制使用的目的或方法,因此以商行为为目的,购买商品并加以使用或利用的人,亦可以纳入消费者的范畴。(〔韩〕金圣天:《关于消费者概念的法改善方案》,韩国消费者保护院2004年版,第88页。)但也有学者提出,该法将经营者和消费者同时纳入相对方的范畴,是考虑到该法的立法目的。即,标识和广告是在合同缔结之前,向相对方提供的关于合同标的和合同条件等的信息,是相对方决定明确的购买意思的基础。此类标识和广告,不仅在消费者和经营者之间,而且在经营者之间或者个人之间的合同中,均起到重要的作用,因此,应对所有的合同作统一规范。据此,可以认为,《标识·广告法》将消费者保护与确立公平的交易秩序置于同等重要的位置。因此,标识和广告的相对方不能局限于《消费者基本法》上的消费者,而应将经营者也纳入其中。(〔韩〕高炯锡:《关于消费者合同成立要件的研究》,载《Justice》通卷第112号,第104页。)

② 《访问销售法》第2条第10款规定:"本法所称'消费者',是指为消费生活使用或者利用经营者提供的物品等的人,或者由总统令规定的人。"(2010年11月18日施行)

③ 《电子交易消费者保护法》第2条第5款规定:"本法所称'消费者',是指符合以下规定之一的人:1. 为消费生活使用(以下规定亦同,均包括利用)经营者提供的物品的人;2. 除以上规定之外的,事实上处于与上述规定相同地位或者交易条件的当事人,或者由总统令规定的人。"(2010年11月18日施行)

④ 该法施行令第2条基于政策性的考量,规定了可以认定为消费者的人。即,为生产活动使用或利用经营者提供的物品或接受服务的人,是① 最终使用所提供的物品或接受服务的人;② 将所提供的物品或接受的服务用于农业、畜牧业、渔业活动的人,属于消费者概念的范畴。尽管将此类人员纳入消费者的范畴,是因为立法者认为其与最终消费者相同,有必要作为社会的弱者加以保护。但亦有学者认为,此类人员在交易过程中遭受的损害,可以转嫁至第三人,因此给予其与最终消费者同等程度的保护,并不妥当。(〔韩〕权五乘:《经济法》(第8版),法文社2010年版,第396页。)

以及一般的个人，存在争议，但通说认为消费者与商人均包含在此概念之中。[①] 另在《分期付款交易法》中，将交易相对方称为“买受人”，并排除以商行为为目的进行购买的人（该法第2条）。

4. 日本

日本未在《消费者基本法》中设置消费者定义，而在《消费者合同法》中规定消费者和经营者的概念。此因考虑到，如果在《消费者基本法》定义消费者，有可能造成该法与其他单行消费者法律规范间的冲突，所以仅在特别法中对其各自适用的消费者概念加以规定。[②]

日本《消费者合同法》中的消费者是指个人，而以经营为业或者为经营活动而成为合同当事人的，不在此限（该法第2条第1款）。经营者是指法人、其他团体以及以经营为业或者为经营活动而成为合同当事人的个人（该法第2条第2款）。此处的“经营”是指自己计算、自己承担风险，并以一定目的，反复、持续地为同种行为的活动。通过反复的行为，当事人得积累丰富的经验，较之未从事这些行为的人，必然在信息和交涉能力等方面处于优势地位。然“反复、持续地为同种行为”，并非是认定经营性的唯一标准，营利性和专业性亦须一并考虑，如从事医师、律师、税务师等职业的人，在缔结与其职业有关的合同时，应认定其具有经营性，因此不属于消费者。

日本以经营性为标准区分消费者和经营者，即“是否以经营为业，或是为了经营而缔结合同”。将“法人和其他团体”直接视为经营者的原因在于，“经营性”固有地存在于法人和其他团体的行为之中。

5. 中国

我国法律未明确规定何为消费者，但是《消费者权益保护法》第2条作为确定该法适用范围的条款，规定“消费者为生活消费需要购买、使用商品或者接受服务，其权益受本法保护”。有些地方性法规则作出了相应的定

---

① 对于该立法的妥当性，存在不同的观点，具体内容参见本书第三章“韩国《约款规制法》的适用范围”的内容。

② 日本于1968年制定《消费者保护基本法》（法律第78号），该法于2004年修改，名称变更为《消费者基本法》。关于日本《消费者基本法》的内容，参见〔韩〕金圣天：《日本消费者基本法的修订》，载《法制》2004年6月，第74页以下。

义，如《广东省实施〈中华人民共和国消费者权益保护法〉办法》[①]第2条第2款规定，“本办法所称消费者，是指为生活消费需要购买、使用商品或者接受服务的个人和单位”；[②]《四川省消费者权益保护条例》[③]第2条第1款规定，“本条例所称消费者，是指为生活需要、提高生活水平而购买、使用商品或者接受服务的自然人”；《海南省实施〈中华人民共和国消费者权益保护法〉办法》[④]第2条规定，“本办法所称消费者，是指为物质、文化生活需要而购买、使用商品或者接受服务的单位和个人”。[⑤] 由此可见，我国法律没有明文界定消费者的概念，各地方性法规或者未规定或者各规定间差异较大，对理论界与实务界均造成较大困惑，不仅给人民法院审理消费者权益纠纷案件带来一定的困难，而且在一定程度上造成了司法混乱，同案不同判的情形时有发生。[⑥]

理论界对于消费者概念界定的争议，主要从三个方面展开：其一，主体要件——单位得否成为消费者；其二，行为目的要件——为生活消费之目的；其三，客体要件——商品房等大宗不动产是否为商品。

首先，就主体方面，多数学者认为，只有自然人能够成为消费者，原因在于：

第一，消费者保护法的宗旨在于保护弱者。消费者在消费活动中，往往缺乏商品和服务方面的必要信息，缺乏交涉经验，在信息和交涉力方面

---

① 1999年8月5日广东省第九届人民代表大会常务委员会第十一次会议通过；根据2012年7月26日广东省第十一届人民代表大会常务委员会第三十五次会议《关于修改〈广东省实施〈中华人民共和国消费者权益保护法〉办法〉的决定》修正。

② 青海省、安徽省、云南省、西藏自治区、浙江省、湖北省的消费者权益保护条例或实施办法均采相同定义。

③ 1988年9月26日四川省第七届人民代表大会常务委员会第五次会议通过；根据1992年9月26日四川省第七届人民代表大会常务委员会第三十一次会议通过的《四川省保护消费者合法权益条例修正案》修正；2007年7月27日四川省第十届人民代表大会常务委员会第二十九次会议修订通过。

④ 1997年12月12日海南省第一届人民代表大会常务委员会第三十三次会议通过。

⑤ 其他地区如上海市、天津市、山东省、河南省、湖南省、福建省等的消费者权益保护条例或实施办法采与《消费者权益保护法》相同的方式，仅规定条例或办法的适用范围，如《上海市消费者权益保护条例》(2002年10月28日通过，2003年1月1日起施行)第2条规定，“消费者在本行政区域内为生活消费需要购买、使用商品或者接受服务，其合法权益受本条例保护。法律、行政法规另有规定的，从其规定”。

⑥ 其中在全国范围内影响较深远的两个案例，即何山知假索赔案与王海知假索赔案，其案情类似，判决结果却截然不同：前一案例中，法院判决适用《消费者权益保护法》第49条，由被告返还购画款2900元并赔偿原告2900元；后一案例中，法院仅判决被告返还原告购灯款20240元，不适用双倍赔偿罚则。

较之于经营者均处于弱势地位,因而法律赋予其特殊的保护,以保障当事人间的实质平等,实现真正的合同自由。自然人为消费行为时,因其作为单个个体,势单力薄,在信息或交涉力方面与经营者相去甚远,自然成为消费者保护法的保护对象,自然属于消费者。对于单位则不然,其作为一个有组织的团体,不论是信息的获取抑或交涉能力方面,均远胜于作为个人的自然人。尤其在交涉能力方面,因其通常采购的次数与数量均较多,富有交涉经验,基本上得与一般的经营者相抗衡,与经营者处于对等的地位,[①]更甚是处于强者的地位,因而没有必要将其作为弱者加以保护,否则将违背消费者保护法立法本意。第二,单位的消费最终表现为个人消费。单位在某些情况下会购买商品或接受特定服务,但就生活消费而言,其并非是直接参与者或者说是最终的接受者,其在购买商品或接受特定服务后,仍须将这些商品或服务转化为个人的消费,承受消费权益的主体仍然是自然人。[②] 第三,消费者保护法所确定的权益,主要与个人的权利相关,如《消费者权益保护法》所规定的安全权、人格尊严、民族风俗习惯得到尊重的权利、对商品和服务以及保护消费者权益工作进行监督的权利等。如将单位认定为消费者,则将与《消费者权益保护法》所确认和保护消费者个人权利的目的不一致。[③]

但有少数观点认为,消费者不仅包括自然人也应当包括单位,而多数地方性法规在定义消费者概念之时,将单位包含其中,理由在于:[④]

第一,强势弱势地位是相对的,单位在为生活消费需要而购买商品或接受服务之时,也可能缺乏相关的信息或交涉力而处于弱者地位,不能一概地将单位排除于消费者概念之外,否则将不利于某些处于弱势地位的单位利益的保护。第二,虽然单位不是消费的最终主体,但消费者保护法不局限于保护最终主体的利益。现行《消费者权益保护法》将商品的购买人与商品的使用人相区分,均加以保护,意味着购买商品但自己不使用,转而交由他人使用的亦得主张受消法保护,此时的购买者并非是最终主体,由此可推出,消法并非只保护最终接受者。第三,《消费者权益保护法》所确

① 参见李惠阳:《〈日本消费者契约法〉的消费者概念及其启示》,载《法治论丛》2005 年第 1 期,第 131 页。

② 参见王利明:《消费者的概念及消费者权益保护法的调整范围》,载《政治与法律》2002 年第 2 期,第 7 页。

③ 同上。

④ 如上文所述《广东省实施〈中华人民共和国消费者权益保护法〉办法》第 2 条第 2 款。

定的权益并非仅自然人独享，如知情权、选择权、公平交易权、求偿权、结社权、获取知识权等，单位亦可享有。[①] 因而，认为《消费者权益保护法》所确定的权益主要与个人权利相关的观点不能成立。

其次，行为目的方面，依《消费者权益保护法》第 2 条及各地方性法规的规定，“为生活消费”处于界定消费的适用范围与消费者概念的核心地位。[②] 由此，一自然人，即便是具有营业执照的工商业者或者是企业主，如果其为生活消费而购买商品或接受服务的，其即为消费者；而相反，即使其为家庭主妇，当其非为生活消费而购买商品或接受服务的，就不是消费者，不能受到消法的保护。[③] 但是，考虑到我国的农民多属于小农经营，经济实力较为薄弱，如其购买的生产资料存在瑕疵，将对其影响甚巨，因此不同于发达国家作为农场主的农民，应当对于我国农民提供特殊保护，虽然其为生产而为消费行为，也适用消费者保护法。对此，我国《消费者权益保护法》在附则中作了相应规定：“农民购买、使用直接用于农业生产的生产资料，参照本法执行。”

对于如何界定“生活消费”，学者存在较大争议，具体表现在认定“知假索赔”是否属于“生活消费”问题上。有观点认为，知假买假者订立合同的目的，不是为生活消费的需要。“生活消费”的目的常存在于当事人的心中，当其未表达出来时，法官应当按照“经验法则”，即一般人的社会生活经验加以判断。例如，按照一般人的社会生活经验，一自然人通常一次仅购买一部手机，如其一次购买六七部手机，则显然非以“生活消费”为目的。[④] 有观点则认为，每一个行为都有主观的和客观的目的，主观目的存在当事人内心，不能作为判断标准，而应从客观目的方面加以判断。只要购买者购买的是生活消费品，就是消费者，其购买行为就是为生活消费的

① 参见张凤仙：《论消费者权益保护法中消费者概念的界定》，载《法制与社会》2011 年第 7 期，第 181 页。

② 有认为“为生活消费”过于宽泛、含糊，不宜将“为生活消费”作为消费者概念的要件之一加以规定（李惠阳：前揭《〈日本消费者契约法〉的消费者概念及其启示》，第 131 页）；也有认为，对于消费者的定义，明确其非用于生产消费即可，不必过问其动机（阎宝龙：《消费者概念及相关问题研究》，载《山东财政学院学报》2003 年第 3 期，第 65 页）。

③ 参见梁慧星：《〈消费者权益保护法〉第 49 条的解释与适用》，载《人民法院报》2001 年 3 月 29 日第 3 版。

④ 同上。

目的,不论其主观意志是否为买假索赔。[①] 也有观点认为,认定"生活消费"时,既不应考虑当事人的主观目的或动机,也不能仅从购买商品为生活消费品方面认定,而应当综合考虑当事人是个人还是单位,是否与经营者形成买卖合同关系或服务合同关系或是否已经使用该商品或接受该服务,是否为将商品或服务再次转手而购买等因素。[②]

最后,客体方面,学界关于商品房是否属于商品、商品房的购买者是否属于消费者也是争论不休。有学者认为,商品房买卖合同不适用《消费者权益保护法》第 49 条,理由在于:其一,消法制定时,所针对的是普通商品市场严重存在的假冒伪劣和缺斤短两的社会问题,所设想的适用范围的确不包括商品房在内;其二,考虑到作为不动产的商品房与动产的普通商品之间的差异,即使出卖人在商品房买卖合同上隐瞒了某些真实情况或者捏造了某项虚假情况,这与普通商品交易中的欺诈行为不能等量齐观,商品房质量问题通过瑕疵担保责任制度可以得到妥善的处理;其三,商品房买卖合同的金额巨大,动辄数十万、上百万元,判决双倍赔偿将导致双方利害关系的显失平衡。[③] 有观点则持反对意见,认为商品房可以作为商品,购房者受到《消费者权益保护法》第 49 条的保护,其理由在于:第一,商品房价格昂贵,常花尽购房者的毕生积蓄,也关系到社会大众居住这一基本的生存权利,应当受到法律保护,将房地产消费者利益由一般民法保护上升为《消费者权益保护法》的保护对象存在必要性;第二,房地产中存在的问题具有很强的隐蔽性,如在商品房买卖中故意隐瞒妨碍消费者取得产权的真实情况,故意隐瞒影响消费者使用的重大质量问题等等,这类行为均对购房者影响甚巨,应将商品房中的欺诈行为纳入消法调整范围,以遏制开发商的欺诈行为,更好地保护购房者的权益;第三,根据多数学者观点,只要是为了生活需要而购买商品的人就是消费者,且消法未明文将商品房排除于适用范围之外,亦未将商品区分为一般商品或特殊商品,因而没有理由不将商品房作为商品,不将购房者作为消费者加以保护。[④]

值得一提的是,有关商品房是否适用《消费者权益保护法》第 49 条的

---

① 参见徐广兵:《消费者概念之法律意义的再审视》,载《法学论丛》2011 年第 7 期,第 65 页。

② 参见王利明:前揭《消费者的概念及消费者权益保护法的调整范围》,第 9 页。

③ 参见梁慧星:前揭《〈消费者权益保护法〉第 49 条的解释与适用》。

④ 参见胡兰玲:《新形势下消费者概念的完善》,载《商业时代·学术评论》2006 年第 20 期,第 54 页。

惩罚性赔偿，2003年《最高人民法院关于审理商品房买卖合同纠纷案件适用法律若干问题的解释》第8条及第9条[①]已有相关规定。有些地方性法规亦将商品房作为商品，纳入有关消费者权益保护法规的调整范围，且对于特定情形适用惩罚性赔偿。如《河南省消费者权益保护条例》[②]第17条第2款第3款规定“商品房经营者不得有下列行为：（一）故意隐瞒未取得商品房预售许可证的事实或者提供虚假的商品房预售许可证订立商品房买卖合同的；（二）故意隐瞒所售房屋已经抵押、出卖或者为拆迁补偿安置房屋的事实订立商品房买卖合同的；（三）订立商品房买卖合同后又将该房屋抵押或者出卖的……有前款第（一）、（二）、（三）项规定情形之一的，导致合同目的不能实现、合同无效或者被撤销、解除的，消费者可以请求返还已付购房款及利息、赔偿损失，并可以请求商品房经营者承担不超过已付购房款一倍的赔偿责任。”[③]

二、消费者合同的特征

在现今经济结构下，在消费者与经营者的交易过程中，较之经营者，消费者在信息、技术操作、风险转移、组织能力和市场支配力等方面处于劣势地位。这种劣势，源于消费者自身的特性，并在交易过程中具体表现出来。消费者在与经营者的交易过程中表现出如下特征：[④]

第一，消费者作为交易主体，首先是作为“自然人”参与交易，且其交易目的仅在于“生活”。亦即，消费者并非为追求利润而是为生活而交易，

---

① 《最高人民法院关于审理商品房买卖合同纠纷案件适用法律若干问题的解释》第8条：具有下列情形之一的，导致商品房买卖合同目的不能实现的，无法取得房屋的买受人可以请求解除合同、返还已付购房款及利息、赔偿损失，并可以请求出卖人承担不超过已付购房款一倍的赔偿责任：（一）商品房买卖合同订立后，出卖人未告知买受人又将该房屋抵押给第三人；（二）商品房买卖合同订立后，出卖人又将该房屋出卖给第三人。

第9条：出卖人订立商品房买卖合同时，具有下列情形之一，导致合同无效或者被撤销、解除的，买受人可以请求返还已付购房款及利息、赔偿损失，并可以请求出卖人承担不超过已付购房款一倍的赔偿责任：（一）故意隐瞒没有取得商品房预售许可证明的事实或者提供虚假商品房预售许可证明；（二）故意隐瞒所售房屋已经抵押的事实；（三）故意隐瞒所售房屋已经出卖给第三人或者为拆迁补偿安置房屋的事实。

② 2009年5月22日河南省第十一届人民代表大会常务委员会第九次会议通过，自2009年8月1日起施行。

③ 《四川省消费者权益保护条例》（2007修订）第33条、《山东省消费者权益保护条例》第36条等均有类似规定。

④ 参见〔韩〕权五乘：前揭《经济法》，第400页以下。

所以在交易中,不仅表现出作为"经济人"的合理性,同时也必然显现出射倖心理、虚荣心、非科学性等人性弱点。

第二,消费者受损一旦发生,便有可能扩散至整个交易社会,导致大量同类事件发生,从而引发严重的社会问题。

第三,消费者在种类繁多的商品中购买少量商品,因此通常不能掌握其购买商品的正确知识或信息,且多数情形下,消费者对商品的选择也单纯依靠经营者提供的信息。换言之,消费者在确定交易客体时,在大部分情形下只能依赖经营者来获取决定商品价格的资料。

第四,在当今的经济社会中,经营者时常通过共同行为或企业合并等,形成对市场的支配力,并利用该支配力,单方决定、维持或变更商品或服务的交易价格或交易条件,由此导致消费者只能被动地接受而无法参与到价格或交易条件的决定环节之中。甚至,因消费者处于流通最后一环,其无法转移由不公平价格或质量缺陷所造成的损害或风险,不得不自行负担生命、健康的损害或者经济上的损失,进而被置于更为窘迫的境地。

第三节　民法上的合同自由及其局限

一、私法自治及其局限

市场经济的根本特征在于自由、公平的竞争和私法自治。私法自治通过合同自由和自己责任原则得以实现,而合同自由又包括缔结的自由、选择相对人的自由和决定内容的自由。然而,合同自由的实现依赖于市场上自由且公平的竞争。

工业社会中,个人为满足自己生活需要,不可避免地会与他人形成合作关系。问题在于,以何种方式形成这种合作关系更为合理,是通过个人自由判断抑或是由国家直接予以规制。对此,近代民法以人格绝对主义或自由人格主义为基础,将所有的人视为自由而平等、理性而自私的抽象的人,对个人的意思赋予绝对价值,强调法律上有意义的个人间关系,应以自己决定为基础,如此才最能体现合目的性。以此为前提,认定私法自治或者合同自由的原则。

合同自由作为私法自治的具体表现,是指每个人形成其生活关系,不依赖于国家的监护或第三人单方的决定,而是根据自己的决定,以自己责任,形成法律关系。合同自由原则作为承认自己决定和自己支配的原则,个人的自己决定是其核心要素，仅在自己决定得以保障的前提下，该原则才具有其本来之义。[①] 然合同自由并非被无条件地承认，仅在法律行为不违反强行法或善良风俗以及其他社会秩序的前提下方予认可，否则无效。[②] 上述观点以当事人的自由交易不仅可以调节当事人间的利害关系，而且可以调节社会全体利益的理念作支撑。概言之，当事人在法秩序允许的范围内，可以自由形成法律关系。

然而，在现代工业社会，通过上述制度保护经济上的弱者，面临不可克服的局限性。原因在于，该制度仅在交易内容或条件显失公平以致违反强行法或善良风俗以及其他社会秩序的前提下，方可对经济上弱者加以保护，其保护力度甚微，且过分有利于经济上的强者。这种结果，在客观上不具有正当性，即使存在相对方的同意，亦不能谓之正当。而且，当合同内容或条件违反强行法或善良风俗以及其他社会秩序时，认定该行为无效的理由非为保护个人利益，实为实现社会公共利益。另外，违反善良风俗或其他社会秩序以及侵害公共利益的，仅属于社会重大事件时，方可作为例外予以认定，因此仅以此限制，无法使经济上的弱者免受强者侵害，无法为其提供充分的保护。

概言之，民法以人格平等原则为基础，以私法自治原则为根本，但随着社会的不断发展，不得不对私法自治原则加以修正。具体的人并非如近代民法所设想的自由、平等且独立存在，而更多地呈现出在经济、社会地位方面的不平等，这种不平等存在于诸如雇主和被雇用人、出租人和承租人、经营者和消费者等关系中。因此，国家为了保障国民有尊严地生活，不能仅通过私法自治调节个人间的法律关系，法规范不得不直接或间接地介入法律关系的形成过程，对私法自治原则加以修正。此修正有时反映在民法典内部，但主要还是通过制定民事特别法的方式实现。[③]

二、近代民法保护弱者的相关制度

为纠正当事人间因自律形成的法律关系中出现的不公平，近代民法对当事人间的法律关系作出一定限制，这种限制主要通过以下两种方式

① 参见〔韩〕权五乘：《合同的自由与公平》，载《市场经济与法》，首尔大学出版社 2006 年版，第 183 页。

② 参见韩国《民法》第 103 条，中国《合同法》第 7 条。

③ 参见〔韩〕权五乘：前揭《合同的自由与公正》，第 173 页。

实现：

一种方式是，以当事人具体的交易能力、经验及法律知识不足，或经济上的从属性为基础进行判断。例如，合同当事人一方利用相对方的“窘迫、轻率或无经验”作出的法律行为显失公平时，该法律行为无效。[①] 否认显失公平的法律行为效力的原因在于，一方当事人主观上不具有判断公平与否的能力，且该判断能力的欠缺为他方利用时，民法应当以保护弱者为目的介入该法律关系。

另一种方式是，在近代民法前提，即“当事人的对等性”丧失的情形下，对处于该情形的当事人一律予以保护。此时，民法不考虑当事人具体是否具有交易能力，只要属于有必要受保护的主体即可。如近代民法中，被认定为弱者而一律被保护的，有限制行为能力人。作为限制行为能力人的未成年人、限制禁治产人和禁治产人，在客观上只要具备属于特定范围的主体要件，其实施具体法律行为时，不论是否具有判断该法律行为意义的能力，一律受到民法保护。但是，除此以外，在近代民法上不存在其他作为弱者一律加以保护的特定类型者。[②] 近代民法以人生而平等为前提，每个人根据自己的自由判断形成法律关系，仅对于不具备能够充分认识利害关系的精神能力的人，通过无能力人制度加以保护。因此，近代民法以具有认识利害关系的精神能力者均可实现自己的利益为前提条件。

但是，当事人通过契约实现自己利益的，仅具有认识利害关系的精神能力尚不充分，应同时具备能够实现自己意思的事实上的能力。即，通过契约制度实现当事人间利益的正当调整，在这种情形下，当事人不仅应当具备可以明确认识合同内容的能力，亦应具有能够拒绝对自己不利的合同而缔结对自己有利合同的能力。为此，必须在当事人间维持一定的力量上的平衡，并在市场上形成经营者间自由且公平的竞争，否则，合同制度将无法实现正当地调整当事人之间利益的功能，易造成仅实现经济上强者的利益而将最终的不利益强加于弱者的后果。因此，为正当地调整当事人之间的利益，国家有必要积极地介入合同关系之中。[③]

---

① 参见韩国《民法》第 104 条，中国《民法通则》第 59 条。

② 参见〔韩〕李丙儁：前揭《德国民法上的消费者概念》，第 171—172 页。

③ 参见〔韩〕权五乘：前揭《合同的自由与公正》，第 189 页。

三、经济上弱者的保护及其局限

此处所谓的“经济上弱者”，不同于民法特别保护的精神或心智上的弱者，即与民法上的无能力人，存在以下不同：在精神或心智上处于弱势的无能力人，是指在具体交易关系中，对于正当性及利害关系，不具有判断或认识的精神上的能力者；而经济上弱者，是指在具体交易关系中，具有上述精神上的能力者，但在缔结合同过程中，并不具备拒绝不利条件而提出有利条件以实现自身利益的经济上的能力者。[①]

换言之，尽管两者在实现正当利益调整的能力方面不存在差异，但对正当利益的认识上存在差异，正因此差异导致法律对两者的评价及适用的法律原则不相同。对于因精神上的弱势不能实现自己决定的，例如无意思能力人的法律行为，无效；无行为能力人的法律行为，得撤销；[②]而对于因经济上的弱势而无法实现自己决定的情形，民法并未作一律规定，仅为保证合同的公正性，对合同内容进行规制。

因经济上的弱势而侵害自己决定的情形主要存在于劳动合同、租赁合同、依普通交易约款签订的消费者合同之中，若一味地认定此类合同的约束力，必然会造成在合同自由的名义下，对经济上弱者强加以不当的不利益后果。故而，为保护经济上弱者的利益，出现了所谓的“合同公正性”的观念。

为保护因经济上劣等性而自己决定权被侵害的经济上的弱者，各国通过制定特别法，或者以善良风俗以及其他社会秩序为标准，实施对合同内容的规制。但是，此种规制，仅在经济上的弱者的利益所受侵害达到全社会无法容忍的程度时，方可适用。且适用特别法或善良风俗等标准时，不考虑以合同当事人之间正当的利益调整为内容的合同公正性观念，或者仅在有限范围内间接地予以考虑，此时，对于当事人之间不平等的关系对自己决定权的影响，考虑甚少。而以社会性乃至公共性的立场对合同自由进行限制，存在两方面问题：一方面，即使客观上当事人得通过自己责任缔结合同并调整其正当利益，但依客观观念或社会观念，认定其不能正当调整时，有否认双方当事人合意效力之虞；另一方面，当经济上的弱者的自己决定受到侵害而被迫接受一定不利益，但从社会观念出发，认定该不利益不

---

① 参见〔韩〕权五乘：前揭《合同的自由与公正》，第188页以下。

② 此处的意思能力与行为能力系按照韩国民法法理，与我国民法法理不同。

具有重要意义时,则可能将对于此经济上弱者的保护排除于法律保护范畴之外。如此,不仅不能有效地保护经济上的弱者,而且违反合同自由的根本宗旨——通过双方当事人的自己决定,实现其正当利益的调整。因而,不允许以客观的观念修改当事人基于自己决定所作的判断,更不允许一方当事人单方地确定不当的合同条件。

因此,为有效保护经济上弱者的自己决定,不应仅在合同内容显失公平或者具有重要社会意义时方才提供保护,而应以当事人的自己决定为原则。一方面,合同内容不违反善良风俗以及其他社会秩序时承认其效力;另一方面,当事人一方的自己决定受到侵害时,应以客观的观念为标准,否认合同效力,以实现当事人之间利益的正当调整。

第四节　为保护消费者的法律规制

一、消费者保护观的比较

20 世纪 70 年代,源于欧洲的有关保护消费者的基本理念,主要有三种观点:其一为,以自由主义私法观为基础的市场完善型消费者保护观(marktkomplementäres Verbraucherschutzkonzept);其二为,以社会性私法观为基础的市场矫正型消费者保护观(marktkorrigierendes Verbraucherschutzkonzept);其三为,信息模式型与保护模式型的消费者保护观(Verbraucherschutzkonzept des "Informationsmodells" und des "Schutzmodells")。[①]

(一)市场完善型的消费者保护观

市场完善型的消费者保护观,以消费者乃理性经济人为理论前提。理性的经济人在缔结合同时,可以预见包括合同所致风险和纠纷在内的所有法律问题,并在协商过程中,能够自律解决。自由主义私法观主张,针对消费者的保护,不宜采取介入市场或契约结果的方式,而应当采能够帮助消

① 详细内容参见〔韩〕权五乘:《合同自由和消费者保护》,载《法学》(首尔大学)2001 年第 42 卷第 2 号,第 3 页;〔韩〕李丙儁:《民法中消费者的地位和消费者特别法的民法编入》,载《民事法学》2007 年第 39-1 号,第 208 页以下;〔韩〕裴成镐:《日本消费者合同法》,载《比较私法》2001 年第 8 卷第 1 号,第 578 页以下;〔日〕潮見佳男:《日本消费者合同法的立法动向及问题点》,〔韩〕河润秀译,载《东亚法学》第 26 号,第 361 页以下。此外,〔韩〕白庆一:《对消费者保护法的存在意义和效用性的批判性考察——对〈消费者保护法〉的规范正当性和经济实效性的分析》,载《法学研究》(釜山大学)2009 年第 49 卷第 2 号,第 254 页以下,详细叙述了市场完善型消费者保护观和市场矫正型消费者保护观之间的争论。

费者在市场经济和私法自治范畴内实现自己解决的措施。

该观点源于20世纪80年代欧洲和美国的小政府理论。根据该理论，不再考虑作为弱者的消费者概念和作为社会福利政策内容之一的消费者保护观念。在该理论下，可以作为消费者保护手段的，应当是在市场经济和私法自治范畴内，为消费者自助提供条件（完善市场的措施），而不是介入市场现象或契约结果。对于市场行为的介入，该观点认为，其不仅会使市场丧失自律性，而且会使消费者无法继续履行规范市场的功能，而且由于现今的法律无法填补消费者和供给者之间的差距，于消费者不能基于自己的判断作出行为时，可将其作为对消费者保护的最后手段。在此意义上，该消费者保护观强调，应当为消费者行使自己决定权提供必要环境，尤其为确保市场竞争机制，提供和公开消费者行使自己决定权所必需的信息。

（二）市场矫正型的消费者保护观

以社会私法观为基础的市场矫正型消费者保护观，亦被称为依据福利国家论、社会弱者论的消费者保护理论。特别是20世纪70年代在欧洲涌现出的这一思潮，否认纯粹市场完善型消费者保护政策的基本前提——消费者主权之命题，主张在经济上、社会上处于弱势的消费者成为经营者相对人时，通过法律保护以实现消费者的正当利益是现代法的理念之一。依该观点，消费者并非经济人，不具有利用自己所掌握的信息实施完全合理的、与自己利益相符合之交易的行为能力。且将消费者理解为民法上的理性人，具有通过法律行为追求自己利益的意思能力及相关法律知识的观点，不切实际，恰与之相反，现实中的消费者属于轻率且注意力极弱的人，易因不合理的冲动为购买行为，且易受经营者营销活动的影响。原因在于：一方面，消费者从属于供给人，并且在经济上依赖于消费，因此政府仅通过提供信息的方式，不能达到对消费者的完全启蒙；另一方面，消费者为了选择所需信息，首先需要掌握事前信息，但这种事前信息的掌握亦完全依赖于供给人。故而，该观点主张，相对于经营者，有必要将消费者作为一个阶层予以特别保护，消费者政策的目标在于通过调整市场行为以保障交换关系的实质公正。为实现这一目标，应当对违反社会秩序的法律行为进行价格控制，对约款内容进行规制以提供预防性保护及进行广告监督等。

（三）信息模式型与保护模式型的消费者保护观

信息模式型与保护模式型的消费者保护观，承继了市场完善型消费者保护观的理念,对于市场矫正型消费者保护观所主张的通过引入强行规定或通过控制价格和合同条件等手段保护消费者的观点,持否定态度。其理由为,市场矫正型消费者保护观过度扩张监督机关的管辖权,从而大量增加监督机关的业务量和费用,致使经营者因此回避与消费者缔结合同;而在消费者方面,其与经营者缔结合同须付出更多成本,承担更多不利益。国家为了实现合同公正而实施的监督和控制以及对合同缔结过程的介入和干涉,无疑在经济上带来过多费用,而该费用大部分又必将以税收的方式转嫁至消费者。但是,该保护观亦认为,如果仅在经营者之间的完全竞争被扭曲而使得市场失灵的情形下,才通过经济法上的规制实现保护消费者之目的,除此之外,在其他情形下,则由当事人自治,此也不符合现实中消费者问题的严重性。基于此,信息模式型与保护模式型的消费者保护观将消费者保护的范围,由垄断所致完全竞争市场扭曲的情形,扩展至因信息不均衡而导致的市场失灵的情形。为了纠正市场失灵,规制垄断行为的同时,亦要规制信息的不均衡。据此可主张,消费者保护范围,不应仅停留在以规制垄断和确立公平交易秩序为目的的经济法领域,应通过诚实信用原则的说明义务、意思表示瑕疵理论以及违反公序良俗的合同无效理论等,扩张到私法领域。这一主张,源于信息的不均衡,故由此创设的新的私法上的消费者保护模式称为信息模式型消费者保护。其虽然承继市场完善型消费者保护观的理念,但在信息不均衡领域,允许国家以保护消费者的名义对合同内容予以介入和控制,这一点克服了市场完善型消费者保护模式仅在经济法领域解决消费者问题的局限性。换言之,该观点在保留理性的、合理的、积极的消费者形象的同时,保障消费者在消费生活中完全行使自己决定权,从而真正实现私法自治。为此,该保护观要求经营者向消费者公开其所掌握的主要信息,以保证市场的透明化。此主张于20世纪90年代后半期始在德国民法学界被认可并得到支持。①

二、消费者保护之宪法依据

当今社会,消费者购买和消费生活用品的过程中呈现出形态多样的消费者问题,难以将其全部纳入私法体系,而且采司法救济的方式未必是解决消费者问题的最佳方案。例如对于侵害消费者生命安全或身体健康的,

① 有关该部分的内容,参见〔韩〕白庆一:前揭《对消费者保护法的存在意义和效用性的批判性考察》,第260页。

事后救济无法恢复原状，因此有必要动员公法手段，对于商品的制造、流通等全部阶段予以行政规制。[①]

然而，为了积极保护消费者而引进的行政规制，有可能成为限制私法自治和财产权的因素，因此有必要首先明确行政规制的宪法根据。现代宪法将消费者问题理解为，不仅仅是自由市场上的纯粹经济性问题，其更多的是为全社会福祉，福利国家必须干预的法律问题。这一理解被明文规定于宪法之中，例如韩国《宪法》第 124 条规定："国家依法保障引导健康的消费行为，促进产品质量的消费者保护运动。"[②]韩国宪法裁判认为："消费者在购买或接受商品或服务时，享有自由选择交易相对人、交易场所、交易价格、交易条件等权利。以'消费者主权思想为基础'的市场经济中，消费者通过市场机制可以决定生产的种类、数量和方向。在市场经济体制下，竞争可以使消费者的需求在市场中更容易得到满足，而消费者自身的购买决定权又对竞争产生深远影响。因此，竞争机制为保护消费所不能忽视的重要组成部分。"[③]其间接地表明自由市场经济以消费者主权思想为基础。在现代产业社会中，消费者权利的法律性质属于以生存权为内容的基本人权。其目的在于在结构性损害中保护经济上处于弱者地位的消费者利益，保障消费者的尊严，据此，消费者有权请求国家提供积极的保护。[④] 因此，在产业社会的经济生活中，消费者在自己责任下，因欠缺商品、服务的信息和交涉力，难以满足其作为人的尊严和价值要求时，国家有必要积极介入保护消费者。

---

① 参见〔韩〕权五乘、洪明秀：前揭《消费者保护的合同法构成及其局限》，第 126—127 页。

② 详细内容可参见〔韩〕李圣焕：《消费者保护的改正方向》，载《公法学研究》2005 年第 6 卷第 1 号，第 309 页以下。该文第 332 页作如下叙述："韩国在宪法上未将消费者权利作为基本权利予以明确列举，而是通过保障消费者运动的方式，将其规定于属于经济条款的第 124 条之中。但是，不能将《宪法》第 124 条认定为仅是为确立保护消费者的客观性法律秩序的规定，而应被解释为是确认消费者权利为宪法上的基本权利的法律依据。消费者权利作为宪法上未予列举的基本权利，应被纳入广义的个人尊严的权利范畴，并将《宪法》第 124 条作为其主要依据。"

③ 宪裁 1996.12.26，96 宪 ga 18。

④ 值得注意的是，根据韩国《宪法》的规定，所有国民享有追求个人尊严、价值和幸福的权利。宪法明确个人享有不可侵犯的基本人权，并保障其不可侵性。这是以自主人的形象为前提的，所谓"自主人"是指能够自主追求自身幸福而不受国家共同体的操纵或抑制的人。因此，消费者作为经济主体，原则上须以自己责任，自由地参与经济生活，而在这种自己责任下的经济生活中，因商品或服务的信息不对称等，不能达到与人的尊严和价值相应的要求时，国家方可予以干预。(〔韩〕李圣焕：前揭《消费者保护的改正方向》，第 317 页。)

三、对消费者合同的限制

长期以来，各国主要通过私法救济手段规制和预防消费者损害。私法救济的实现主要依据民事特别法或民法典。然私法救济本身具有诸多局限性，为了克服这些局限性，各国又引入公法规制，但公法规制同样引发诸多问题，为此，各国又回归私法救济。

（一）民事特别法向民法典的转变

全球范围内，推进消费者权益保护的立法工作，始于发达国家，其发展过程大体如下：

首先，在初创期，将消费者损害理解为具有强大经济力量的经营者和消费者之间的结构性损害，认为两者之间不存在互换性。亦即，认为消费者问题是在现代资本主义经济结构下不可避免的所谓的“结构性损害”问题，从而将消费者定义为与经营者对立的阶层。正因为如此，该时期，市场矫正型的消费者保护观居于支配地位，①多数国家通过民法和特别法来解决消费者问题。但是，这些特别法大部分是以消费者保护为目的的消费者行政法、消费者私法、消费者程序法、消费者刑法的混合型法律。②

其后，随着消费者特别法的大量制定，强调梳理消费者关联法的观点开始盛行，德国于2002年的民法典修改中将消费者特别法编入民法典。在德国，消费者问题已不再是附属的或者特别的问题，而是私法必须予以考虑的普遍性问题。③

另外，日本于2001年制定《消费者合同法》。该法制定之前，日本对消费者合同的规制，根据个别行业或者交易形态而展开。这些个别行业法，尽管规范典型的消费者合同事例，但主要依赖于行政规制。对此，日本学界与立法界认为对行政规制的过度依赖，将成为根本解决消费者问题的障碍，同时，为了顺应缓和行政规制的时代要求，日本出台上述《消费者合同法》。该法根据较之经营者处在弱势地位的消费者的特征，以遏制经营者的不当行为、实现市场的正常化、纠正不公正的合同内容作为目的。因此，

---

① 参见〔韩〕李丙儁：前揭《民法中消费者的地位和消费者特别法编入民法》，第209—210页。

② 例如韩国的《约款规制法》、《分期付款交易法》、《访问销售法》，中国的《消费者权益保护法》，日本的《访问销售法》等。对这类法律的详细论述，参见本书第三、四、五章的内容。

③ 详细内容，参见〔韩〕权五乘、洪明秀：前揭《消费者保护的合同法构成及其局限》，第119页。

有学者认为，日本消费者法律政策的中心，由市场矫正型消费者保护观向市场完善型消费者保护观转变。[①]

韩国于2006年，将《消费者保护法》更名为《消费者基本法》。为反映“消费者政策的方向，有必要从之前单纯的消费者保护转向消费者在市场中自律活动，并对结果承担责任的所谓消费者主权的实现”的政府立场，立法者在原来的“消费者保护法”名称中删除“保护”二字。[②]有学者认为，韩国全面修改《消费者基本法》，与当今的新自由主义思潮不无关系，并主张相对于政府和保护，市场和自律更能有效解决消费者问题。消费者政策模式的转换，亦是由从前的市场矫正型消费者保护观，转向于市场完善型消费者保护观。[③]但也有学者认为，韩国一直根据以行政规制为基础的个别行业法解决消费者问题，这一点与日本相同，但是在韩国，行政规制更具现实意义，在韩国现行国情下，转换个别行业法的性质尤为困难。[④]

概言之，各国的消费者保护政策，从市场矫正型消费者保护观，逐渐转向于市场完善型消费者保护观。即20世纪80年代以后，各国围绕消费者合同问题，一方面，顺应缓和规制的时代要求，确立国家尽可能不介入市场的原则，另一方面，由国家履行完善市场竞争条件的职责。顺应时代潮流的公法规制的缓和，在促进市场竞争和增进经济社会活力的同时，在保护消费者利益，提高国民生活质量方面，或可被评价为具有十分重要的意义。但从“即使市场的竞争机制完全发挥其功能，消费者仍处于弱势地位，并且根本上不符合市场机制的合同条件仍大量存在”[⑤]的观点来看，国家尚有必要积极介入市场，保护处于不利地位的消费者。

---

① 参见〔韩〕裴成镐：前揭《日本消费者合同法》，第579页。与此相反，有学者认为，日本未效仿德国将相关消费者合同的特别法编入民法典，而是制定作为特别法的《消费者合同法》，仍然将消费者视为社会性的弱者，强调保护消费者问题上经济法的要素，因此未脱离市场矫正型的消费者保护观。（〔韩〕崔镇求：《日本消费者合同小考》，载《民事法学》2006年第32号，第69页。）

② 具体条文中，也以“促进权益”一词代替了原来的“保护”。受该法影响，韩国政府于1987年设立的、隶属于财政经济部的韩国消费者保护院也更名为消费者院，而其主管机关亦变更为公平交易委员会。（〔韩〕李丙儁：前揭《民法中消费者的地位和消费者特别法的民法编入》，第218页。）

③ 参见〔韩〕李丙儁：前揭《民法中消费者的地位和消费者特别法的民法编入》，第219页。

④ 参见〔韩〕权五乘、洪明秀：前揭《消费者保护的合同法构成及其局限》，第124页。

⑤ 〔日〕潮見佳男：前揭《日本消费者合同法的立法动向及问题点》，〔韩〕河润秀译，第362页。

(二)私法规制与公法规制

保护消费者权益的规制,最初主要在合同法或责任法等私法领域,以有效救济或预防消费者损害为目的的私法救济为中心而形成。其代表性的法律有:《分期付款交易法》、《访问销售法》、《约款规制法》、《产品责任法》等。在《分期付款交易法》和《访问销售法》中,为防止因信息不平等所造成的损害,要求经营者向买受人提供与合同内容或交易条件相关的详细信息,并针对冲动购买,赋予买受人以撤回权。在《约款规制法》中,为确保根据约款进行的交易的公正性,对约款进行了内容规制。此外,《产品责任法》为有效地规制因产品缺陷所造成的消费者损害,引入了严格责任,以修正过去的过失责任原则,并规定相关缓和举证责任等保护措施。

此外,上述相关消费者损害的救济和预防,均需要消费者向法院提起诉讼,法院方可予以干预,消费者可向法院提出诸如不公正约款无效、停止使用,或者不当行为的停止请求等。但是,大多数消费者因法律知识的缺乏、诉讼费用过高、诉讼程序复杂等原因,尽可能回避诉讼,除非发生高额损害或者生命、身体健康受到侵害等严重情形。并且,大多数的消费者损害,均具有小额数众性之特征,所以通过法院救济被害消费者或预防消费者损害,具有局限性。为此,各国为了有效救济具有小额数众特征的消费者被害问题,引进三倍赔偿(Treble Damage)等惩罚性赔偿制度,或者集团诉讼(Class Action)或团体诉讼(Verbandsklage)等制度。

为克服上述司法救济的局限性,各国政府也积极介入消费者损害的救济或预防。例如,为保障消费者的安全,对食品或药品的制造、加工、进出口,引进许可制度,或者根据食品和药品的种类,接受监督部门的许可,以此预防消费。并且,通过对保险约款进行事前审查,从源头封锁不利于消费者的约款使用。

另一方面,在短期内高速成长的国家,分期付款交易、访问销售、电子商务等新形态的交易激增,基于此新形态的消费者损害亦大幅扩散,逐渐演变为社会问题。但在有效规制这些问题的私法救济制度尚缺失的情况下,政府为了解决这些新形态中的问题,在《分期付款交易法》、《访问销售法》、《电子商务交易法》、《约款规制法》等民事特别法中,也引入行政规制,导致行政规制的范围严重扩大。

行政规制在其性质上具有强制性,并且可以强行要求实施相关的预防措施，从这一层面而言，公法救济较之私法救济具有诸多优势，[①]但公权力过多介入私人间的交易领域，有可能导致经营者的经营自由和消费者的自律救济大幅萎缩。因此，各国在缓和过多或不必要的规制的同时，亦采取有效利用私法救济的措施。

① 参见〔韩〕权五乘：前揭《消费者保护法》，第25页。

第三章　韩国约款规制法

第一节　概　　述

一、韩国的消费者合同关联法概要

20世纪80年代,韩国发表了关于消费者合同的公正化宣言。1980年制定的《消费者保护法》,在第5章设"交易正当化"的标题,于该章明文规定有关公正交易的原则和不当交易方法以及对不当交易的纠正命令等内容。[①] 自此,韩国开始施行以消费者交易正当化为目标的政策,制定消费者交易法。于1986年制定的《约款规制法》,是韩国规制消费者合同的最早的法律规范。该法的制定在较短时间内,达到消费者合同领域的法制化目的。之后,又陆续制定了多部关于消费者合同的特别法,消费者合同法作为一个独立的法领域而存在。

在韩国,与消费者合同有关的代表性法律主要有:《关于约款规制的法律》(以下简称《约款规制法》)、《关于分期付款交易的法律》(以下简称《分期付款交易法》)[②]、《关于访问销售等的法律》(以下简称《访问销

---

① 此后,于1986年全面修订的《消费者保护法》中,"交易的正当化"标题下的内容即与现行规定相同。

② 《分期付款交易法》制定于1991年12月31日(法律第4480号)。此后,历经多次修订:1993年3月6日法律第4541号、1997年8月28日法律第5374号、1997年12月13日法律第5454号、1999年5月14日法律第5983号、2005年3月31日法律第7489号、2005年12月19日法律第7793号。该法的目的是通过确保分期付款合同的公正性以保护消费者。《分期付款交易法》为明确分期付款交易合同的内容,规定合同应采取书面主义,以分期付款合同书上的记载事项为准(同法第4条),违反该规定的,处以罚款(同法第14条)。同时,规定消费者可以自接受合同书,或者未收到合同书的,则自接受标的物转让之日起7日内,行使撤回权(同法第5条)。另外,该法还规定卖方违约时相关损害赔偿请求金额的限制(同法第9条)、买方的抗辩权(同法第12条)、存在不利于买方的禁止规定时否定合同条款的效力。

售法》)[①]、《关于电子交易等中消费者保护的法律》(以下简称《电子交易消费者保护法》)[②]以及《关于标识·广告公正化的法律》(以下简称《标识·广告法》)[③]等。

在此,值得指出的是,在韩国尽管有不少如上述列举的有关消费者合同的法律规范,但鉴于特殊交易中的消费者合同在大部分情形下也是利用约款订立,而且本书研究的中心为以韩国和日本的消费者合同法的实践经验对中国的启示为目的的比较法研究,因此本书在韩国的有关消费者合同中以《约款规制法》为研究重点,直接将其与中国格式条款法及日本消费者合同法进行比较研究。

① 《访问销售法》于1991年12月31日制定(法律第4481号)。此后,历经多次修订:1993年3月6日法律第4541号、1995年1月5日法律第4896号、1995年12月29日法律第5086号、1997年8月28日法律第5374号、1997年12月13日法律第5453号、1999年2月5日法律第5771号、1999年5月24日法律第5982号、2002年3月30日法律第6688号、2004年12月31日法律7315号、2005年1月27日法律第7344号、2005年3月31日法律第7490号、2005年12月29日法律第7795号。该法针对访问销售、电话劝诱销售、多阶段销售(传销)、继续交易和事业劝诱交易等情形,规定了相关商品或服务的公正交易事项,以全面保护消费者的利益。《访问销售法》规定,在访问销售、电话劝诱销售、多阶段销售(传销)、继续交易等交易中,在缔结合同之前,卖方负担提供使消费者理解合同内容的信息以及交付合同书的义务(同法第7条、第16条、第28条);并规定要约撤回期间(同法第8条、第17条)、损害赔偿请求金额的限制(同法第10条、第19条)、禁止行为(同法第11条、第23条、第32条)、继续交易中合同的终止(同法第24条)、违约金条款(同法第25条)以及委托公平交易委员会制定消费者保护指南(同法第33条)、多阶段销售中为救济受害消费者的消费者损害补偿保险合同的缔结义务(同法第34条至第35条之2)、禁止不利于消费者的合同(同法第45条)、消费者信息保护(同法第48条)等一系列关于消费者保护的规定。

② 2002年,有关电子交易和通信销售的事项,自《访问销售法》中分离出来,纳入至另行制定的《电子交易消费者保护法》,并于2004年和2005年作部分修订。该法通过规范电子交易和通信销售等行为中有关商品或服务的公正交易的事项,保护消费者权益,提高市场的可信赖度,实现国民经济的健康发展。

③ 为解决《独占规制法》针对欺骗或误导消费者的不当标识、广告等只能单纯地进行事后规制的问题,于1999年2月5日另行制定了《标识·广告法》(法律第5814号),并于同年7月1日起施行。该法非仅局限于防止不当的标识、广告,更是积极地确保向消费者提供的信息的正确性、实用性和充分性,从而实现消费者的合理的消费目标。为此,该法引入了一系列新的制度,如:(1)公平交易委员会应将消费者选择商品时所必需的重要信息进行公示,并要求经营者将该信息纳入标识和广告之中的所谓"重要信息公开制";(2)刊登广告者对其广告内容所主张的事实,须具有客观的实证资料并向消费者予以公开的所谓"广告实证制";(3)旨在迅速防止因不当标识、广告造成不特定多数人损害的"临时中止命令制"等。该法于2004年12月31日进行部分修订(法律第7315号)。

二、韩国《约款规制法》的制定及修订过程

(一) 制定过程

为规范约款,韩国于 1986 年 12 月 31 日制定《约款规制法》(法律第 3922 号),于 1987 年 7 月 1 日始施行。该法的立法目的为:通过制定规范约款的法律,使违反诚实信用原则而丧失公正性的合同条款无效,并设置专门的约款审查委员会,对使用违反《约款规制法》的约款的经营者进行审议,由经济企划院长官责令纠正劝告,以保障经济上的弱者享有名副其实的合同自由。

在此之前,韩国消费者合同领域面临严峻问题:在日常生活中,违背公平原则侵害消费者权益的约款普遍存在,但对其规制无法可依。鉴于此,自 1980 年以来,以韩国法学家、法律人以及消费者团体为主导力量,提出制定规制约款法律的重要性,并且通过《商法修订案》(1981 年)[①]和《民事法修订意见书》(1982 年)[②]提交具体法案。[③]

在韩国,于 1985 年成立"制定约款规制特别法的研究委员会"(下称"约款法制定委员会"),正式启动立法工作。约款法制定委员会在政府的资助下,开始着手约款使用情况的实际调查[④]和约款规制特别法草案的拟定工作。约款法制定委员会一方面通过问卷调查分析各界对立法必要性和具体立法事项的意见,另一方面参考已经发表的学术论文,调查各种约

---

① 参见〔韩〕李成均:《关于商法修订的个别意见的综合》,载《商法修订的论点》,三英社 1981 年版,第 335—336 页;〔韩〕孙珠瓒:《商法修订的论点》,三英社 1981 年版,第 24—26 页。

② 参见〔韩〕权五乘:《普通交易约款法草案》,载《民事法修订意见书》,博英社 1982 年版,第 402—411 页。

③ 参见韩国研究消费者问题的市民的会议:《约款规制的立法》,1986 年,第 19 页。

④ 关于此,〔韩〕李相理、权大佑在《关于约款规制的法律解说》(《韩国消费者保护院研究报告书》,1987 年)第 17 页中,作以下陈述:"1984 年 9 月至 1984 年 12 月,对各种交易约款,如信用卡约款、保险约款、航运约款等种类约款进行了实情调查,该调查表明现存诸多问题。1985 年,将各种交易约款的改善工作作为消费者保护政策的主要内容,并于 1985 年 1 月 19 日及 1985 年 9 月 1 日,分别对汽车运输业标准约款和人寿保险标准约款作出了完善。但是对个别约款的改善工作仍存在诸多问题。即,除旅游运输约款、汽车货物运输约款和人寿保险约款以外的其他个别约款,不仅没有改善的法律根据,而且若要对形态众多的约款一一进行讨论和改善亦存在局限性,并且若由各个主管机关单独进行,很难保证其标准的统一性。因此有观点开始倡导有必要制定概括性的规制法。"

款的实际使用情况。[①] 基于此,约款法制定委员会先制定约款规制特别法草案,然后以该草案为基础于 1986 年制定《约款规制法》,于次年 7 月 1 日起正式施行。[②] 迄今,《约款规制法》已施行二十余年,学界评价其在促进约款交易的公正化方面作出相当贡献。[③]

韩国在制定《约款规制法》过程中,主要有以下争论:概括性规制方式与个别规制方式之争。前者是将交易中使用的所有约款作为规制对象,而后者是以特殊交易形态或特定交易领域中所使用的约款作为规制对象。约款法制定委员会在分析当时在韩国实际使用约款的情况、外国立法例以及专家意见后,认为在当时的社会环境下,采概括性的规制方式更为合理。其理由如下:首先,通过分析约款的使用情况发现,约款几乎在所有交易形态和交易领域中均已得到广泛使用,但这些约款却包含着诸多不公正内容,因此采取概括性的规制方式,可逐渐改善交易秩序,为经济的持续发展提供帮助。其次,个别的规制方式仅可以在特殊交易形态或特定交易领域中发挥其效用,对于规制范围以外的约款却束手无策,并且委员会未能完全掌握实际交易领域中约款的具体使用状况,因此个别立法存在其局限性和不易操作性。此外,若采个别规制的立法方式,可能形成只有专家才懂的法律,有碍于法之统一性;反之,若采取概括规制的方式,关于约款的所有法律问题,均可通过单一的法律加以解决,方便国民理解与适用。

当时制定的《约款规制法》主要内容为:[④]对于使用约款交易的经营者,负担明示和说明约款之义务(该法第 3 条);解释约款的一般原则,采诚实信用原则、客观解释原则和对制定人不利解释原则(该法第 5 条);无效约款的一般原则(该法第 6 条),具体的无效规定:不当规避经营者法律责

---

① 1985 年 11 月 28 日,韩国将为《约款规制法》制定的调查研究工作委托"研究消费者问题的市民的会议",该会议于 1985 年 11 月成立了由孙珠瓒、金东勋、黄迪仁、金洪奎、朴吉俊、李银荣、金宰玉 7 名教授、律师和专家组成的制定委员会,并推举孙珠瓒教授为委员长。该委员会于 1985 年 12 月至 1986 年 6 月间,共举行了 11 次研究会议和 2 轮关于约款制定法律(案)的讨论会。另外,参考 1986 年 2 月—3 月期间对专家意见的调查结果,最终的调查结果表明 98% 的专家认为有必要制定约款法,理由在于保护消费者(54%)和防止约款单方面有利于制定人(17%)。(参见〔韩〕李相理、权大佑:前揭《关于约款规制的法律解说》,第 18 页;〔韩〕宋宝炅:《消费者政策和消费者团体的作用》,载《消费者和法的支配》,首尔大学出版社 2008 年版,第 241—242 页。)

② 〔韩〕李银荣:《约款规制法》,博英社 1994 年版,第 50 页以下。

③ 〔韩〕权五乘:《约款规制法执行的改善》,载《亚细亚女性法学》2009 年第 12 号,第 9 页。

④ 1986 年 12 月 31 日,以法律第 3922 号公布《约款规制法》。在制定当时,该法由 6 章 33 个条文和 3 个附则构成。

任的条款（该法第 7 条）、不当预设损害赔偿限额的条款（该法第 8 条）、不当限制顾客解除、终止合同权利的条款（该法第 9 条）、规定经营者有权单方决定交付内容或者有权不当停止履行或代为履行内容的条款（该法第 10 条）、不当排除或限制顾客法律上权益的条款（该法第 11 条）、不当拟制意思表示的条款（该法第 12 条）、加重代理人责任的条款（该法第 13 条）、对顾客不利的禁止起诉和裁判管辖的协议条款（该法第 14 条）。与此同时，在经济企划院内设立约款审查委员会，以设置纠正不公正约款的制度（该法第 17 条以下），使其有效地进行约款审查。

（二）修订的过程和内容

为解决法律实施过程中出现的问题，并明确法律内容，自制定以来，韩国《约款规制法》已历经 10 次修订，其主要内容如下：

首先，1992 年 12 月 8 日，对《约款规制法》进行了大幅修订，主要内容是：制定当时的《约款规制法》规定，该法的施行由属于行政部门的经济企划部负责，而经济企划部长官，只是针对有必要审查的约款，经约款审查委员会审查后，对使用不公平约款的经营者，作出属于行政指导性质的纠正劝告。对此，各界指出有必要设立独立的准司法机构来履行约款审查业务，并且对其赋予在必要时对使用不公正约款的经营者，采取具有法律强制力的纠正措施的权限。根据各界的意见，修订的《约款规制法》将约款的审查机构移交至公平交易委员。公平交易委员会是根据《独占规制和公平交易法律》①而设置的准司法性行政机构。修订后的《约款规制法》新设由公平交易委员会对使用不当约款的经营者，作出具有法律强制力的纠正命令之规定；又考虑到约款审查的专业性和减轻公平交易委员会的业务负担，允许由公平交易委员会委托约款审查咨询委员进行事前审查。此外，修订的《约款规制法》为了预防因约款交易发生的消费者损害，引入了标准约款制度和对标准约款的事前审查制度。

其次，2004 年 1 月 20 日的修订，完善了有关标准约款制度的内容，具

① 1980 年 12 月 31 日（法律第 3320 号）制定，最近修改为 2012 年 3 月 21 日（第 11406 号），共有 40 多次修改。主要内容为：第一章，总则；第 2 章，禁止市场支配地位的滥用行为；第 3 章，企业结合的限制及经济力集中的抑制；第四章，限制不当共同行为；第 5 章，禁止不公正交易行为；第 6 章，经营者团体；第 7 章，限制维持转销售价格行为；第 8 章，限制不当的国际契约的缔结；第 9 章，专门机构；第 9 章之 2，韩国公平交易调整院的设立及纠纷调整（新设 2007. 8. 3）；第 10 章，调查等程序；第 10 章之 2，罚款及没收；第 11 章，损害赔偿；第 12 章，适用例外；第 13 章，附则；第 14 章，罚则。

体如下：(1) 对消费者团体和韩国消费者保护院赋予请求制定标准约款的权限，公平交易委员会可根据该请求制定标准约款并劝告经营者使用该约款；(2) 对使用标准约款的经营者，赋予其使用“标准约款标识”的权利，以促进标准约款制度的活跃。[①]

此后《约款规制法》的修订，大体局限于法律术语之修订，以便国民理解其内容。[②] 截至目前，对《约款规制法》的修订未涉及属于实体条款的第6条至第14条，仅限于程序条款，引入了纠正命令及标准化约款制度，以便提高《约款规制法》的实效性。[③]

三、韩国《约款规制法》的特点

韩国的《约款规制法》既不属于纯粹的经济法又不属于纯粹的民事法，一般认为兼具经济法和民事特别法的性质。纵观《约款规制法》的内容，首先，该法包括国家为确立健全的市场交易秩序，从国民经济的立场规制合同主体的法律关系，以此确保以合同公正为目的的内容，从这一点上认定其属于经济法的一部分。其次，该法将合同法的一般理论，特别是民法的利益平衡原则予以具体化，将民法上任意规定予以强行化，因此亦可理解为民事特别法。

此外，韩国的《约款规制法》借鉴德国《一般交易条款规制法》[④]，但并非完全照搬德国法。韩国《约款规制法》由实体法和程序法构成，在实体法方面，主要参考德国的《一般交易条款规制法》，但程序法方面，则在设置法院事后审查司法制度的同时，又新设以公平交易委员会事前抽象的内容审查为中心的程序法规定，进行约款审查，这一事前规制和事后规制并存的立法方式，实乃比较法上较为罕见的特殊立法例。

---

① 当消费者团体等提出请求，或者在一定交易领域中多数顾客遭受损害时，公平交易委员会在调查之后，若无约款或存在不公正约款条款的，公平交易委员会可以劝告经营者和经营者团体制定标准约款，该经营者等不听取劝告的，公平交易委员会在听取交易当事人和消费者团体的意见，并与关联部门进行协商后，可以自行制定标准约款，并劝告经营者使用该约款（同法第19条之2第3款至第5款）。

② 韩国针对《约款规制法》最近一次的修订，完成于2011年3月28日。现行的《约款规制法》由6章34个条文构成。

③ 参见〔韩〕尹荣硕等：《关于约款审查制度发展方向的研究》，载《公平交易委员会研究报告书》，2007年9月，第11—12页。

④ 1976年12月9日制定，2002年1月1日废除。

第二节　约款规制

一、约款的意义及其法定性质

（一）约款的定义与构成要件

韩国《约款规制法》规定："本法所称约款，是指不论其名称、形态或范围，由一方当事人为了与多数的相对人订立合同，以一定的形式，预先拟定的合同的内容。"（该法第 2 条第 1 项）作为合同当事人，向相对方提议将约款作为合同内容的一方当事人称为"经营者"，①而接受经营者提议的称为"顾客"（该法第 2 条第 2 项、第 3 项）。约款具有不以订立具体合同内容为前提、为统一适用于同类交易而事先拟定、于必要时可随时使用的合同草案的性质，因此与双方当事人之间通过意思表示合意的个别约定有区别。②

根据韩国文献，作为《约款规制法》适用对象的约款，必须具备以下要件：③

第一，约款须以双方当事人订立合同为前提，并将构成该合同内容。未以合同关系为前提者，不具有约款之性质，仅为未使用的合同草案。当

---

① 韩国《约款规制法》制定委员会认为，韩国学界及商界未形成通用于基于约款所签订的合同之当事人的名称，有必要以法律明确其称呼。由于"经营者"一词已为商界所熟悉，且广泛使用于一般交易当中，因此选择"经营者"作为其称呼。（韩国研究消费者问题的市民的会议：前揭《约款规制的立法》，第 27 页。）但是为保护消费者及接受约款的当事人，尤其是考虑到约款在订入过程中提案人的作用、不利于提案人的解释原则以及针对约款的规制等相关问题，"提案人"概念意义更为重大。而经营者与提案人的差异，取决于"提案"的含义。关于提案的含义尚存争论。即，"提案"是否意味着在约款订入合同时无协商的可能性，或者提案人是否在合同的协商及签订过程中自发地进行提案等。在回答这些问题的过程中，发展出两种学说：一种学说认为，提案人以接受自己的条件为限，准备签订合同，因此认为"提案"是对合同条件的单方强迫，对合同订立具有一定程度的强制及压力；而另一种学说认为，提案人是为合同的协商或签订自发地提供约款的人，因此"提案"是一方当事人的订入要求，或者至少在客观上是合同的一方当事人向相对方提出订入的要求。

② 参见〔韩〕权五乘：前揭《经济法》，第 442 页。

③ 参见〔韩〕李银荣：前揭《约款规制法》，第 86 页；〔韩〕李俊炯：《约款主要审结事例及行业间不公平条款 FAQ》，载《公平交易委员会研究用役报告书》，2006 年 12 月，第 34 页；〔韩〕赵汉畅：《约款的意义及规制体系的考察》，载《约款规制及消费者保护》（大韩律师协会、律师研修院）2007 年 7 月，第 8—11 页；〔韩〕李在铉：《约款的概念》，载《比较私法》第 10 卷第 1 号（通卷第 20 号），第 333—334 页。

规定交易条件，且以订立合同为目的而拟定时，构成约款。[①] 另外，对于交易条件，若原文照搬法规内容，即以法律、命令或条例之内容作为交易条件，该内容相当于法规而不认定为约款。[②③]

第二，约款由经营者拟定，其性质须属于单方性。首先，约款是由一方当事人事先拟定，此不同于与相对方经过协商而订立的合同；其次，约款是为将来订立同种类合同而事先拟定的合同草案；此外，约款无须经营者亲自拟定，标准约款由合同当事人以外的主体拟定亦可。[④]

第三，约款是为与多数消费者订立合同而拟定。一般而言，约款是为集团性、重复性的大量交易而拟定。根据韩国通说，此“多数”是指数量上的复数性，而不一定为不特定的多数，为特定多数而预先拟定的合同条件，亦属约款。[⑤] 但是，考虑到约款的大量性及抽象性，相对人为特定少数人时，不能将其视为约款。[⑥] 对于拟定时以与多数人订立合同为目的的，即

---

① 参见〔韩〕李俊炯：前揭《约款主要审结事例及行业间不公平条款 FAQ》，第 35 页。

② 依据该观点，大法院判决：“《关于(旧)学校听课费及入学金的规章》(修订为 1997.8.14 教育副令第 669 号之前的规定)第 6 条是根据《教育法》第 86 条第 2 款，针对国公、私立各级学校征收听课费及入学金的返还事由制定的具有一般拘束力的法规命令。参照《约款规制法》第 1 条及第 2 条的规定，类似此规章第 6 条的法规、命令不属于该法所规定的约款。”(大法院 1998.1.23 宣告，97 da 15613 判决。)关于根据《电力行业法》制定的“韩国电力公司的供应规定”的法定性质，大法院判决：“《电力行业法》为保障向多数一般消费者提供生活必需的电力的公益事业即电力业的合理经营及使用者的利益保护，对合同自由原则作出部分的限制，禁止一般电力供应者与一般消费者进行个别协商订立合同，要求其遵循该供应规定的内容。因该供应规定适用于一般电力经营者同该区域内现在及未来的不特定消费者之间所签订的所有电力合同，具有一般合同约款的性质。”(大法院 2002.4.12 宣告，98 da 57099 判决。)

③ 类似共同海损中的 York Antwerf 规则、CIF 交易中的 Warsaw-Oxford 规则、关于海运提单的 Harter 规则等统一规则，均不属于约款(〔韩〕李相理、权大佑：前揭《关于约款规制的法律解说》，第 33 页)。但基于此类规则而制订的合同条款，可以认定为约款(〔韩〕李俊炯：前揭《约款主要审结事例及行业间不公平条款 FAQ》，第 35 页)。

④ 参见〔韩〕李银荣：前揭《约款规制法》，第 88 页。

⑤ 根据韩国《约款规制法》设立的约款审查委员会亦认为，此时的“多数”并非指不特定的多数(审结集 Ⅰ，s.123)。(〔韩〕孙智烈：《民法注释》(Ⅻ)，博英社 1997 年版，第 301 页。)

⑥ 根据该观点，韩国大法院判决认为：“建设公司为向特定人出卖商铺及土地而制定的商铺买卖合同书，并非以签订多数合同为目的预先拟定的合同条件，因此不符合《约款规制法》第 2 条第 1 款所规定的‘约款’。”(大法院 1999.7.8 宣告，98 da 13754，13761 判决。)但是，该案例中若经营者具有将合同书中类似“先履行义务条款”等的规定反复适用于其他买卖合同书的目的时，可以视其为约款。

使其后仅适用于少数人,亦可属于该法的约款。①

第四,约款须以一定形式事先拟定。约款具有内容上的"固定性"及拟定上的"事先性"特征。韩国《约款规制法》第2条第1款规定,"依照一定形式""事先拟定"②的合同内容,方为约款。此时,"依照一定形式"是指约款必须具备一定形式,口头说明的不能成为约款,③用打字机或手写的均可成为约款。如果合同内容中有未固定的部分,则该内容不构成约款。④ 对此,韩国大法院首先认为,"经营者与顾客之间经过协商而形成的条款,因不具备拟定的单方性,不构成《约款规制法》上的约款",然后,又指出,"于该情形,原则上应逐条审查是否均经过协商,但如果不能视为经营者与顾客在对等地位上协商变更的",认定成立经营者的"单方性"。⑤

第五,约款若具备以上要件,可不考虑其名称、形态。在实际交易中,约款大体上都印制于合同背面或者以个别用纸单独印制,因此消费者或不知约款的存在,或虽知道约款存在但未予认真阅读即订立合同。但是,是否属于约款应该根据其本质而确定,不应根据其形式或形态。即使存在形

---

① 参见〔韩〕孙智烈:前揭《民法注释》(Ⅻ),第301页。关于该问题,大法院认为:"地方自治团体向建筑承包商提供住宅用地时,事先将合同内容单独备置于地方自治团体的运营规定之中,并且以此为基本内容制定了住宅用地供应合同书。当地方自治团体使用该合同书与多数建筑承包商签订住宅用地供应合同时,上述住宅用地供应合同书构成《约款规制法》所规制的约款。"(大法院1998.12.23宣告,96 da 38704判决;大法院1997.2.28宣告,96 da 48312判决。)"经营高尔夫球场的公司为统一适用于不特定多数的会员而制定的业务规章中,规定接受此规章并决定加入俱乐部的会员与公司之间的权利和义务,其中类似会员权的转让和受让程序等有关当事人权利义务的条款,具有约款的性质。"(大法院1999.4.9宣告,98 da 20714判决;大法院2000.3.10宣告,99 da 70884判决。)

② 关于该问题,"为进行个别协商,亦可事前制定特定的合同内容。反之,具体合同中临时协商的合同内容,欲在今后重复使用的,亦可成为约款。因此,事先拟定与否并不能成为认定是否为约款的标准。即,判断的重点并不在于合同的内容是否为事先拟定,而在于合同内容是否已被固定而丧失协商的余地。"(〔韩〕李俊炯:前揭《约款主要审结事例及行业间不公平条款FAQ》,第36页。)

③ 参见〔韩〕孙智烈:前揭《民法注释》(Ⅻ),第300页;同旨"约款需要物质载体,因此头口表达并非约款"(〔韩〕李俊炯:前揭《约款主要审结事例及行业间不公平条款FAQ》,第36页)。但有观点认为,虽然"《约款规制法》第2条第1款的规定中,要求以'一定形式'为要件,而立法草案中并不存在此项要求。并且此项要求在无充分解释的情形下,便被纳入立法,由此造成需要一定的书面形式等物质载体的认识。"但是,结合第2条第1款前段所规定"不论其名称、形式及内容",约款作为事先拟定的合同内容,不论通过口头方式、电视节目、电话等方式传达,均可以构成约款。(〔韩〕李在鉉:前揭《约款的概念》,第340页。)

④ 大法院认为,"票据交易约定书中,为正式订立合同时另行记载而空出的相关合同期限或者交易金额等的条款,不能认定为约款。"(大法院2001.11.27宣告,99 da 8353判决。)"根据连带保证合同书订立合同时,针对赊账交易限度额或连带保证人的责任限度等条款存在个别协商的情形,该条款不适用《约款规制法》。"(大法院2002.10.11宣告,2002 da 29807判决。)

⑤ 大法院2000.12.22宣告,99 da 4634判决。

式或形态上之瑕疵,亦不可否认实质性内容在其构成要件中的地位。此外,约款中无须涵盖合同的全部内容,包括合同的部分内容亦可,因此,构成约款内容的条款的多少,不影响约款的成立。

(二)约款的本质

在韩国学界,关于约款得以约束顾客的根据,即对约款的本质,曾有过激烈争论。主要有以下观点:其一为,从合同角度说明约款拘束力的所谓"合同说"。该说主张,仅在消费者知道约款存在并同意的情形下,该约款对消费者发生拘束力。该说有利于消费者保护。[①] 其二为,从与规范的相似性中寻求约款拘束力根据的所谓"规范说"。该说认为,法律在整个国家范围内具有规范力,因此即使国民不知道法的存在或者法的具体内容,亦受其拘束。同理,在特定交易范围内,约款具有如同法律的规范力,顾客一旦进入该特定交易范围内,即使不知道约款的存在或其内容,也不能免受其拘束。"规范说"以交易的迅捷与安全为目的,主张即使顾客不同意,其亦受约款的拘束,由此将约款拘束力范围予以扩大。[②] 其三为,折中"合同说"和"规范说"的所谓"折中说"。该说对约款拘束力的根据,原则上采"合同说",但对于行政机关许可的约款,采"规范说"。[③] 韩国大法院认为,"一般交易约款订入合同后对合同当事人具有拘束力的根据,并不在于其

---

① "合同说"从顾客针对经营者提供的约款表示同意时作出的"遵循约款"的意思表示中寻求约款拘束力的根据。该说以顾客同意的意思表示作为适用约款的要件,因此又称为"意思说"。但批判该说的观点认为,合同依据当事人之间的意思表示而成立,但这无法正确说明现实生活中依照约款订立合同的过程。即,顾客根据约款与经营者订立合同时,针对约款的每个条款逐一同意的情形甚少,因此从适用约款的合意中,寻求约款拘束力的根据并不妥当。并且,若严格遵循此学说,将侵害大量交易的迅捷性和安全性。"意思推定说"作为进一步发展"合同说"的学说,强调顾客在未作出"不遵循约款"的意思表示而签订合同时,推定其已作出"遵循约款"的意思表示,并据此推定其接受约款的拘束。虽然该说考虑到订立合同时,大部分对约款适用的意思表示均非以明示方式进行,但该说将经济、社会上相对于经营者处于弱势地位的顾客的不作为或沉默推定为作出意思表示的观点,不仅对消费者过于严苛,而且由顾客对"不知晓约款条文",或者"无遵循约款的意思表示"承担举证责任,易造成侵害交易安全的后果。(〔韩〕张敬焕:《约款拘束力的根据》,载《考试界》1996 年 7 月,第 138—139 页。)

② "规范说"是为克服"合同说"在解释订立合同时,顾客未作出明示同意的意思表示却受约款拘束时所存在的问题发展而来的理论。"规范说"在解释约款具有与法律相同的规范力的问题上,又可划分为"自治法说"与"商惯例说"。

③ "折中说"认为:"存在经营者的提议,约款便成为合同内容。而类似的提议即构成合同内容的情形称为'合同的订入',并非是经营者向顾客告知约款内容,或者获得顾客同意而订入合同。且,考虑到约款在交易中所承担的社会功能,若否认合同的订入,将造成交易的混乱,因此韩国《约款规制法》原则上承认合同的订入,而仅在特定情况下否认其效力。"(〔韩〕李银荣:前揭《约款规制法》,第 58 页。)

本身为法规范或具有法规范的性质,而是因为合同当事人明示或默示同意将约款作为合同内容。”由此可见,韩国判例明确采“合同说”。[1]

(三)适用范围

韩国《约款规制法》的适用对象,不限于消费者与经营者之间的约款,接受约款的当事人为经营者或商人的,亦可适用。这一点与德国不同。在德国,对于约款规制的适用范围,是仅限于消费者交易之中的约款,还是亦包括商人之间交易的约款,存有争论。韩国则对这两种交易适用基本上相同的约款规制法理。[2] 对此,学说认为,《商法》针对商人之间的买卖,适用与《民法》不同的特殊原则,因此,商人之间的交易,不宜适用《约款规制法》,因为《约款规制法》是将民法上的任意性规定予以强行化的民事特别法。但对此又有观点认为,如果将《约款规制法》的适用对象,区分为商人和非商人,便会产生适用标准的二元化问题。因此,《约款规制法》中有关内容规制的一般规定,仅限于消费者交易,至于其他交易当事人,可根据其交易特性,适用区别于消费者交易的原则。[3]

韩国《约款规制法》作为规制约款的一般法,适用于所有交易形式,但该法明文规定排除适用的除外。即,现行韩国《约款规制法》第 30 条第 1 款规定,“关于《商法》第 3 编[4],《劳动基准法》[5]及其他总统令规定的非营

---

① 大法院 1985.11.26 宣告,84 daka 2543 判决(一般保险约款的拘束力根据);大法院 1991.9.10 宣告,91 da 20432 判决;大法院 2004.11.11 宣告,2003 da 30807 判决(一般交易约款的拘束力)等。

② 1986 年制定的《约款规制法》规定,针对经营者之间的约款,除该法第 6 条外,不适用关于不公正约款的规定,而适用《垄断规制法》的规定。但在 1992 年修订《约款规制法》时,删除了该项规定,从而商事交易中的约款,同样适用《约款规制法》的规定。

③ 参见〔韩〕权五乘:前揭《消费者保护法》,第 171 页。据此,有观点认为《约款规制法》上对消费者概念的规定不同于《消费者保护法》。即《消费者保护法》第 2 条第 2 款规定的消费者,是指为了生活消费而使用经营者所提供的商品的最终消费者,并且必须为非法人的自然人,《约款规制法》却无此项要求。(〔韩〕李俊炯:前揭《约款主要审结事例及行业间不公平条款 FAQ》,第 44 页。)但也有观点认为,《约款规制法》第 2 条第 3 款中关于顾客概念与《消费者保护法》第 2 条第 2 款所规定的消费者概念相同。(〔韩〕金大奎:《约款订入规制条款的功能研究——以保护消费者为出发点》,载《比较私法》2004 年第 11 卷第 1 号(通卷第 24 号),第 253—254 页。)

④ 《商法》第 3 编中规定的合同是指,公司章程制定相关公司的设立、内部关系等的所有合同。该领域不仅不使用传统意义上的约款,即便使用,鉴于《公司法》已对相关内容备有规定,无须再适用《约款规制法》进行双重规制。

⑤ 《劳动基准法》涉及的约款是指,相关就业规章团体协议等劳动合同领域中,事前拟定并使用的规定的总称。在现行的劳动关系法律中,已经针对最低劳动条件及劳动者地位保障等作出相当的规定,若以《约款规制法》进行双重规制,必造成混乱。(韩国司法研究院:《约款规制法》,2000 年,第 92 页。)

利领域合同[1]的约款，不适用本法”；第 2 款规定，“关于特定交易领域的约款，其他法律有特别规定的，优先于本法适用”。即对于特定交易领域中使用的约款，排除《约款规制法》的适用。[2] 此外，韩国《约款规制法》中部分条款，不适用于国际通用的运输业、金融业、保险业以及《输出保险法》规定的贸易保险。[3] 这是因为，有时会发生某约款条款根据《约款规制法》被判定无效，但对于外国的交易相对方仍有效的情形，因此存在阻碍国际交易关系之虞。

二、关于约款的拟定及订入的规制

（一）概述

合同通常是依当事人意思表示的合致而成立，即要约和承诺的合致。这是在以私法自治为基本原理的私的法律关系中，能够将当事人约束于合同的唯一根据。使用约款订立合同的，亦不例外。只有当事人之间达成将约款订入合同的合意，约款方能成为合同内容。并且，该订入合意不同于一般合同，是指将约款全部内容订入合同的概括性合意。[4]

然而，对于约款合意的成立要件，不能作严格解释。鉴于在实际交易中，不可忽视约款的作用及约款合同的效率，宜采宽松解释。即便如此，不能不考虑消费者在不知道约款的存在或对约款内容不认知的情形下签订合同，由此遭受不利益的情况。[5] 因此，根据经营者一方的意思而拟定的约款，具体何种情形下可以订入合同内容，值得慎重考虑后予以决定。

在《约款规制法》制定之前，韩国大法院就约款的拘束力采“合同说”，并且对于订入要件之合意的成立，予以宽松解释。即，韩国大法院认为关于订入合意，可以明示，亦可以默示。因此，只要存在订入合意，不管合同当事人是否知道合同的具体内容，原则上认定为订入有效，除了订入合意

---

① 总统令针对该部分暂无相关规定。

② 一般而言，《约款规制法》第 30 条第 2 款规定的宗旨在于，特定领域的约款在其他法律有明文规定时，排除《约款规制法》的全部或部分规定的适用，或者存在不同于《约款规制法》关于约款效力的特别规定的，不适用《约款规制法》而适用特别法规定。

③ 《约款规制法》第 15 条，该法施行令第 3 条。

④ 参见〔韩〕孙智烈：《约款的订入内容与明示、说明义务》，载《民法学论丛》1995 年第 2 卷，第 288 页。

⑤ 参见〔韩〕权五乘：前揭《约款规制法执行的改善》，第 12 页。

外，无须对约款的明示或说明义务等附加要件。①

（二）约款的合同订入

1. 作为订入要件的合意

如上所述，使用约款签订合同，为了使约款构成合同的内容，必须存在将约款订入于合同的合意。但考虑到约款的功能及交易现实，对于如何解释该合意的内容，学界存有争议。关于约款本质的"合同说"认为，约款订入合同须要合意，但考虑到约款交易的现实，约款订入合同的合意应被解释为将整体约款编入合同的概括性合意。相反，"折中说"则强调考虑到约款交易的现状及大量交易的必要性，应扩张解释约款订入合同的合意，认为只要存在经营者提供约款的事实，就可以认定当事人之间具有合意。前者观点的主要论据为：(1) 私法自治为民法的基本原理，因此不能承认非基于当事人意思的义务承担；(2) 根据《约款规制法》的立法宗旨，为了规制经营者滥用约款的行为和保护消费者，将合意作为约款订入要件，更为合理；(3)《约款规制法》规定，经营者为"约款提供人"而顾客为"接受提供人"，其原因在于，经营者与顾客之间对于约款的订入必须存在"提供与接受提供"的关系，强调向顾客提供约款时，约款才具有法律意义；(4) 过分强调大量交易之特性，将未经顾客承诺或同意的约款订入合同内容，有可能使顾客遭受更多不当损害。② 后者观点的论据为：(1) 鉴于约款在实际交易中的社会功能，若对订入要件的解释过分严格，将会扰乱市场交易秩序；(2) 顾客有时对未经合意的约款有合同成立之期待，因此，对此期待有保护之必要；(3) 约款规制除订入规制外，还有内容规制和效力规制，因此无须在订入规制阶段过于严苛；(4)《约款规制法》规定，经营者为

① 关于此，大法院认为："即使合同书是被告银行为取得一般交易者的抵押权而事先印制，并且原告若在订立抵押权合同时，仔细审查约款条款所记载的事项，必将拒绝该内容，仍不能以此认定，作为处分文书的合同书中关于以上所提及的最为重要的条款为范本，或者为未经原告同意由银行自行订入的事实。"（大法院 1970.9.22 宣告，70 da 1611 判决。同旨，大法院 1982.7.27 宣告，81 daka 1117 判决；大法院 1982.12.14 宣告，82 da 413 判决；大法院 1984.1.31 宣告，83 daka 1034 判决；大法院 1985.9.24 宣告，81 da 440 判决；大法院 1985.11.26 宣告，84 daka 2543 判决等。）有学者将大法院以上的观点解释为："一般情况下，在合同当事人之间签订的合同中包含约款时，可以推定当事人之间存在将约款作为合同内容的默示的合意，因此即使合同当事人不知约款全部或者部分内容时，依然认定以约款全部内容订入合同。采纳了修改传统合同法理论的立场。"（〔韩〕金知衡：《一般交易约款法论及与此相关的判例理论》，载《法曹》1989 年第 37 卷第 9 号，第 112 页。）

② 参见〔韩〕孙智烈：前揭《民法注释》（Ⅻ），第 301—312 页。

约款提供者，顾客为该提供之接受者，因而约款的订入无须双方合意，只要存在经营者的提供即可订入合同。[①]

本书认为，消费者合同为合同的一部分，合同的成立与否，不仅依据民法的基本原理而判断，也应考虑《约款规制法》的规制目的，但过分强调使用约款的大量交易之特性，将未经消费者或者顾客承诺或同意的约款也订入合同，将有对顾客造成严重损害之虞，因此从保护消费者的角度，要求当事人之间的合意，更为妥当。大法院也认为：约款要订入合同，当事人之间须有明示或默示的合意。正因为如此，《约款规制法》将经营者规定为“约款提供者”，而顾客则规定为“提供接受者”，意指经营者与顾客之间须存在“提供与接受提供”的关系；在此，对于经营者的提供，解释为要约，将顾客的明示或默示的意思表示，解释为承诺。其具体内容如下：

首先，经营者应当对约款订入合同作出提议。此时，关于“提议”的含义，尚有争论：(1) 该提议是否要对约款内容具体说明；(2) 提议的方式和程度是否要达到使顾客知道约款存在之程度；(3) 提议的时间是否应于合同订立之前。

本书认为，经营者向消费者提议时，无须对约款内容进行具体说明，通过标记使消费者能够知道哪些条款将订入合同即可。凡是有过提议的，其效力及于约款全部内容，但约款中明示保留部分除外。即使约款以单独形式予以记载，但在合同书或者相关合同订立的文书中，明确记载以约款作为合同内容的，仍视为已提议。同时，提议为不要式行为，口头或书面均可，然若无法以口头或书面形式作出提议或提议十分困难的，应以顾客之认知可能性为判断标准。如，于合同场所以显著方式予以提示，且足以引起顾客注意，将其解释为已进行提议。此外，若使用约款订立合同已成为交易惯例，顾客可预知该订入的情形，即使经营者未作特别提议，亦将其视为存在约款提议。提议程度，以具有平均注意力之群体为标准认定是否具有认知可能性。约款的提议应于合同成立前或合同成立时进行。换言之，合同订立之后，对约款作出提议的，则不认为具有约款提议之效力。

其次，应由顾客接受经营者将约款订入合同的提议，此时，顾客明示或默示的意思表示，均可视为承诺。对经营者的提议未表示反对的，亦认定为承诺。即使消费者未仔细阅读约款内容，或不理解约款内容，仍不影响

① 参见〔韩〕李银荣：前揭《约款规制法》，第 310 页。

对合同订入合意的认定。

2. 订入合意不成立之效果

经营者未提议使用约款而成立合同的,该约款不能成为合同内容,因此,合同的有效成立不包括约款内容。此时,如果约款构成合同的重要内容,基于民法的错误(重大误解)理论,经营者因轻过失未提议的,可以以错误为由撤销合同(韩国《民法》第109条)。同理,对于经营者的约款提议,顾客明确表示拒绝的,当事人之间的合同不成立,或者成立的合同不包括约款内容。

此外,存在将约款订入合同的合意,且基于此,合同成立后,如果发生订入合意无效或被撤销的,可以类推适用《约款规制法》第16条的规定,原则上,排除无效或被撤销约款内容后,其余部分不影响合同的继续有效;但如果该约款为合同的重要组成部分,排除则合同目的不能达到,或对一方当事人严重不利,应解释为该合同的全部内容无效。

(三)约款的明示、交付义务

为提高约款的规制效率和顾客对约款的认知程度,《约款规制法》赋予经营者在约款拟定阶段的义务和合同订立阶段的说明及交付义务。

具体内容如下:

1. 约款拟定上的义务

《约款规制法》规定,拟定约款应遵循一定的标准。即,经营者拟定约款,为便于顾客理解约款内容,应当使用韩文字及标准化、体系化的用语,对于约款的重要内容,应以符号、色彩、粗体和较大字体作出醒目标记,方便顾客认知和注意(第3条第1款)。

2. 约款的明示、交付义务

《约款规制法》规定,在订立合同时,经营者应根据合同的种类,以通常可预想的方式向顾客明示约款内容,并依顾客要求向其交付约款副本,便于其理解约款内容(第3条第2款前段)。[①]

《约款规制法》对于经营者赋予向顾客明示约款内容义务,是主要考虑当事人之间一旦成立约款订入合意,顾客即使不知道约款的具体内容,

① 对此,有观点认为,韩国《约款规制法》不以经营者明示指示约款及顾客的同意作为积极要件,是对德国《一般交易条款规制法》规定的合同订入要件的缓和,但该法赋予经营者对约款的明示义务及对约款重要内容的解释义务,因而从结果上严格了订入要件。(〔韩〕孙智烈:《约款的判例动向》,载《民事判例研究》(X),博英社1988年版,第410页。)

约款亦成为合同内容，使顾客受到未知内容的约款条款的拘束，实为不公平。[①] 但过去的判例，对于经营者除了赋予订入合同的合意外，未赋予经营者向顾客告知约款内容之义务，[②]现行《约款规制法》则明文规定了经营者的明示、告知义务，进一步加强对顾客的保护。[③]

在此，对约款的明示，应具体且详细。所谓具体，是指经营者明示约款，使顾客具有能够认识约款的可能性即可，并不要求使顾客实际上理解约款的内容。此外，对约款内容的明示义务，属于合同的附随义务，违反该义务的效果仅限于约款不订入合同，而不发生债务不履行或者合同解除之效果。[④]

对约款的明示，应根据合同种类，以通常可预想的方式进行。交付或提示的约款应以一般人可理解的方式予以表达。因此，以外文拟定的约款，在无特殊情形时，应附加译文；对于高度专业化的用语，应附加该专业用语之解释；以微小字体印刷或记载于不明显之处，不能认定为以通常可预想之方式的明示。[⑤] 约款的明示义务，不仅应在合同订立时履行，在合

---

① 但关于该规定（该法第 3 条），有观点认为："考虑到该法旨在保护社会、经济上处于弱势地位的顾客，可以赞同该规定，但仍有批判的观点认为该立法忽视了交易现实。针对此类争议，应结合上述重视交易现实的关于订入要件的判例，在调整交易当事人利害关系的立场上，慎重检讨针对《约款规制法》第 3 条的解释及运用。"（〔韩〕张在贤、成渭锡：《对约款私法规制的趋势》，载《法学论丛》（庆北大学）第 5 集，第 7 页。）

② 即，大法院判定，"当保险公司拟定的保险合同将一般保险约款作为合同内容时，除未以通常可以预想的方式明示约款的内容，或者保险业者对于约款的重要内容不作解释的情况外，投保人不能以其未仔细阅读保险合同中的约款内容，或未理会保险业者的说明为由，否认约款的拘束力。"（大法院 1989.11.14 宣告，88 daka 29177 判决）同旨，大法院 1992.7.28 宣告，91 da 5624 判决；大法院 1993.3.9 宣告，92 da 38928 判决（公 1993，1147）等。

③ 参见〔韩〕孙智烈：前揭《约款的订入内容与明示、说明义务》，第 297 页。

④ 大法院 1992.3.10 宣告，91 da 31833 判决（公 1992，1284）。

⑤ 参见〔韩〕李俊炯：前揭《约款主要审结事例及行业间不公平条款 FAQ》，第 45—47 页；与此相关，公平交易委员会在"信用卡公司违反约款明示义务案"的审结例中，关于"申请书以双面记载，并且交付的约款字迹过小是否违反《约款规制法》第 3 条第 2 款前段规定的经营者明示义务"的问题，认定"其是违反《约款规制法》的行为，但是因其违法程度轻微，并且考虑到被审人已为顾客的便利主动作出纠正的意思表示，依据事件处理程序的规定，认定该行为违法，并给以警告处分。在该事例中，信用卡公司在约款中使用的字体，经调查为 4—6 号，而一般报纸的基本字体约为 9—10 号，保险约款的字体约为 8 号，汽车买卖约款约为 10 号。经比较，最终认定信用卡公司的约款字体为一般顾客难以阅读的过小字体。"公平交易委员会的该审结例被评价为是首个依据《约款规制法》第 3 条规定的约款明示、说明义务、交付义务的法执行例。

同存续期间或变更时，亦要履行。①

虽然经营者对顾客负有明示约款的义务，但并不要求在所有情形下，均应向顾客交付约款副本，只是在顾客索要时，将约款副本交于顾客，使之理解约款内容。顾客不仅在合同订立时，在合同关系存续期间，亦可随时向经营者索要约款副本，据此最大限度保护顾客利益。

3. 约款的明示、交付义务之免除

韩国《约款规制法》规定，依据其他法律，经行政机关认可的约款中，为了交易的迅速性而由总统令指定的特殊行业的约款，可以免除经营者的明示、交付义务。例如客运业、电、天然气及自来水行业、邮政业、提供公共电话服务的通信业等行业，无须履行约款的明示、交付义务（第 3 条第 2 款但书）。② 但是，即使属于被免除明示义务的行业约款，经营者也应在营业所备置约款副本，在顾客索要时，予以交付（该法施行令第 2 条第 2 款）。也就是说，对于上述免除明示义务的行业所使用的约款，虽然无须履行明示义务，但其明示义务仅是以经营者在营业所备置约款副本的消极方式被替代而已，其约款交付义务和对约款重要内容的说明义务，仍未被免除。

4. 违反约款明示、交付义务的效果

经营者违反约款的明示义务及副本的交付义务而订立合同的，对于该约款不能主张其为合同内容（第 3 条第 4 款）。③ 但经当事人之间合意的

---

① 大法院认为："当事人协议将约款作为合同内容时，原则上该约款在合同订立当时应为有效实行的约款。同一保险合同当事人在一定期限内周期性反复订立同种类合同的，当原始约款内容发生变更，并且其内容不利于投保人时，应认定保险人在订立新的保险合同时，负有依诚实信用原则将约款的变更事实及变更内容告知投保人的义务。若未经告知而订立合同，应认定为依据原始约款订立合同。与此类似，在继续交易关系中，保险人未向投保人告知约款变更事实的，通常投保人会基于对原始约款继续有效的信赖，向保险人作出依原始约款订立保险合同的要约。若此时认定当事人之间存在基于新约款订立合同的协议，则属于无视投保人意思的过分拟制，必将造成投保人的不利益，违反正义。因而此种情况下，负有向投保人告知约款变更事项这一诚实信用义务的保险人，在无其他意思表示而接受投保人要约时，应认定为是对投保人依据原始约款订立合同的要约作出的承诺。"（大法院 1986. 10. 14 宣告，84 daka 122 判决。）

② 减轻这些行业对使用的约款的明示、说明义务的原因在于，这些行业交易的性质及行政机关的认可可保障其一定的公正性。但是在列举的行业中，依据所有交易性质，将约款内容逐一向顾客明示是否极为困难，存在疑问。这些行业大部分为国家支柱产业，但是，如今通信、电力、天然气及水利等行业已部分民营化，或者已经处于民营化的过程之中，是否继续赋予其法律上特惠，值得重新审视。因此，有观点认为，若当该行业已完成民营化，应将其排除在适用除外的情形之外。（〔韩〕金大奎：前揭《约款订入规制条款的功能研究》，第 266 页。）

③ 但对该问题，也有观点认为，在经营者履行了针对约款的明示义务，而未履行副本的交付义务时，经营者不能主张约款的拘束力的规定，是对经营者过分严苛的规制。（〔韩〕孙智烈：前揭《民法注解》（Ⅻ），第 318 页。）

约款已订入合同的,若经营者违反明示义务,并不意味着该约款不能成为合同内容,只是经营者不能主张该约款的效力。此时,经营者虽然无法主张全部或部分约款条款的效力,但剩余部分依然有效,而当仅依剩余部分约款条款,合同将无法达到目的,或对经营者不当不利时,该合同全部无效(第 16 条)。

与此相反,顾客对于违反明示、交付义务的经营者,根据订入合意,可以向其主张将约款作为合同内容。值得注意的是,上述情形下顾客只能对该约款的全部内容主张有效,而不能主张部分约款条款有效。

对此,有观点认为,对于约款的明示、交付义务的举证责任由经营者承担,而且约款内容的明示义务并不属于为了公平交易的抽象义务,是为了直接保护顾客的义务,因此明示义务的履行与否,应当根据顾客的具体情况作出判断。①

(四) 重要内容的说明义务

1. 重要内容说明义务的内容

经营者对于约款的重要内容,应以顾客可以理解的方式予以说明。(第 3 条第 3 款)。此时经营者的说明义务,原则上直接通过口头说明方式予以履行;而对于特别重要的内容,可以采用书面形式,以一目了然的方式予以罗列,并由顾客签名的方式代替口头说明。至于说明的程度,原则上应当具体且详细,但一般说明即可,无须取得顾客对约款的个别、具体的同意。

说明义务的对象并非约款的全部内容,而仅限于约款的重要内容。在此,"重要内容"是指,根据社会通常观念,直接影响顾客决定合同订立或价款的事项,在具体的操作中,究竟何为"重要内容",应根据个案具体判断。②

---

① 但关于举证责任,有观点认为"当顾客主张经营者未履行明示义务时,经营者则应证明其在订立合同时,已向顾客履行针对约款的明示、说明义务。关于证明的程度,经营者只须概括证明其通常向所有的顾客均履行了明示、说明义务即可,如此规定,是考虑到经营者直接证明向特定顾客作出明示、说明义务,在事实上存在举证困难。"(〔韩〕李银荣:前揭《约款规制法》,第 119 页。)

② 参见〔韩〕权五乘:前揭《约款规制法执行的改善》,第 13 页;有关重要事项说明义务的大法院判例有:保险要约书中关于记载事项的变动事由及保险人的免责事由(大法院 2001.7.27 宣告,99 da 55533 判决;大法院 2004.11.25 宣告,2004 da 28245 判决);汽车综合保险合同中,关于限定家族驾驶人驾驶的特别约款(大法院 2003.8.22 宣告,2003 da 27054 判决);其他"汽车驾驶担保特别约款"中关于不予赔偿损害的条款(大法院 2001.9.18 宣告,2001 da 14917,14924 判决);区别于商法的一般条款,规定保险人的责任起始期限的条款(大法院 2005.12.9 宣告,2004 da 26164,26171 判决);将依据签名的让与通知及针对保险证券上的承认背书作为保险合同继承要件的条款(大法院 1994.10.14 宣告,94 da 17970 判决);银行交易约款中关于让与禁止的特约(大法院 1994.10.14 宣告,98 da 20059 判决)等。

一般而言，变更给付、合同解除事由、免除经营者责任、加重顾客责任、不起诉合意等事项，均可认定为重要事项，但这些事项，如果在具体交易中，因属于一般性和共通性事项而为顾客可预见的，可以认定不属于"重要事项"。

韩国大法院关于重要内容的说明义务，其重要判决有如下：关于保险约款中记载的、无保险合同人特别说明投保人亦可充分预见的事项，或者通过法律规定已明确的事项，保险人是否负有明示、说明义务，大法院认为："一般而言，保险人或保险代理人在订立保险合同时，应承担向投保人及被保险人具体且详细地说明保险约款中规定的保险商品的内容、保险利率体系以及保险要约书中所变更的事项等保险合同重要内容的义务。当保险人违反明示、说明义务而订立合同时，不可主张约款内容成为保险合同的内容。明示、说明义务在于避免使投保人不知晓的重要内容成为合同内容，致使其遭受不利后果。因此，约款所规定的事项，若已成为交易中一般且共通的事项，无保险人特别说明亦可充分预见，或者仅为单纯地重复、解释法令规定的情形，可以免除保险人的明示、说明义务。"①其次，关于举证责任，大法院认为："根据《约款规制法》第3条的规定，保险人在订立合同时，对于保险约款中规定的保险商品的内容、保险利率体系、变更保险要约书的记载事项及免除保险人责任的事由等重要内容，承担向投保人具体且详细地明示、说明的义务。当保险人违反明示、说明义务订立保险合同时，不可主张约款成为合同内容，但即使是保险约款的重要内容，当投保人或其代理人充分了解其内容时，该约款即成为合同内容，拘束当事人之间的法律关系，保险人无须再向投保人或者其代理人另行说明解释。此时，主张投保人或其代理人充分了解约款内容的一方，承担举证责任。"②第三，关于"保险约款中记载的事项为交易上一般且共通的内容，无须保险人具体说明也可充分预见，或者单纯地重复或解释法律的规定时，保险人是

① 大法院 1998.11.27 宣告，98 da 32564 判决；大法院 2004.4.27 宣告，2003 da 7302 判决；大法院 2003.5.30 宣告，2003 da 15556 判决。

② 大法院 2008.8.22 宣告，2003 da 27054 判决；大法院 2001.7.27 宣告，99 da 55533 判决。另外，关于"韩国电力公社在约款中规定的因电力器械故障等导致电力供给中止，或采取其他使用限制措施时，对用电人遭受损害的免责条款，是否构成《约款规制法》中所规定的说明义务的'重要的内容'"的问题，大法院判定："若将该条款解释为仅适用于韩国电力公社非因故意或重大过失所发生的损害的情形，从客观上而言，并不能将其认为若韩国电力公社在订立电力供应合同时向用电人说明该项免责条款的，则用电人不会订立合同。因此该免责规定不属于《约款规制法》第3条第3款规定的说明义务所要求的'重要的约款内容'。"

否负有明示、说明义务”的问题，大法院认为：“赋予保险人对保险约款的明示、说明义务，其原因在于，防止在投保人不知晓的情形下，约款的重要事项成为合同内容，造成当事人无法预料的不利益。因此保险约款中记载的事项为交易上一般且共通的内容，无须保险人具体说明也可充分预见，或者单纯地重复或者解释法律的规定时，免除保险人的明示、说明义务。”[①]

2．免除说明义务的情形

在大量、迅速的交易中，严格贯彻说明义务存在诸多困难。[②] 因而即使是对约款中规定的重要内容，在一定情形下，亦可免除说明义务。《约款规制法》规定，因合同性质致使经营者的说明显著困难时，可以免除其说明义务（第 3 条第 3 款但书）。然而在何种情形下免除说明义务，应综合考虑合同内容和缔约过程具体确定。例如无人设施或者自动贩卖机交易等情形，与多数顾客进行集体、持续交易的银行、百货商店、运输等情形，事实上皆存在说明困难。然而在银行交易中，鉴于合同的重要性不能免除其说明义务。而且，公司内部事由导致说明困难的，不能免除说明义务。此外，对于保险合同，不适用免除说明义务的规定。[③]

3．违反重要内容说明义务的效果

违反重要内容说明义务的法律效果与前述违反明示义务的法律效果相似。即若经营者违反约款的说明义务而订立合同的，不可主张该约款成

---

① 大法院 1998.11.27 宣告，98 da 23564 判决。另外，在汽车综合保险一般约款中，关于保险单中记载的“被保险人或其父母、配偶及子女死亡或受伤时，不予赔偿”的免责条款之中的“配偶”是否包括事实婚关系中的配偶的问题，大法院认为：“被保险人或者其配偶等因事故遭受损害时，通常是在家庭内部予以解决，因此，依照社会通常观念，当事人不会提起损害赔偿请求，因而作出如上规定。由于事实婚关系中的配偶亦符合该观念，因此，此时的‘配偶’并不仅限于法律上的配偶，虽未进行婚姻登记，但依惯例举行婚礼、进行婚姻生活的事实婚姻关系中的配偶，亦适用该规定。”并且，“客观而言，投保人在订立保险合同时，不会发生倘若其知晓保险人免责条款中的配偶包括事实婚关系中的配偶的，便不订立合同的情形，因此该条款不成为说明义务的对象，即约款的重要内容。”（大法院 1994.10.25 宣告，93 da 39942 判决；大法院 2000.5.30 宣告，99 da 66236 判决。）此外，鉴于炸鸡加盟经营交易的特性及炸鸡产品的价格决定结构，加盟经营者在销售炸鸡产品时，无偿供应腌萝卜或卷心菜沙拉等辅助食品的经营形式，对炸鸡加盟交易而言，具有一般性和共通性，在订立加盟合同时，无须特别说明亦可充分地预见，因此对于该条款不承担明示、说明义务。（大法院 2005.6.9 宣告，2003 du 7484 判决。）

② 参见〔韩〕金东勋：《〈约款规制法〉的最新判例争议》，载《法学论丛》（国民大学）2006 年第 18 集，第 119 页。

③ 参见〔韩〕赵汉畅：前揭《约款的意义及规制体系的考察》，第 27 页。

为合同内容(第3条第4款)。但违反明示义务时,因明示的对象为约款整体,此时对整体约款的效力产生影响;而违反说明义务时,其对象仅为个别约款条款,即约款中的重要内容,因此违反说明义务时,仅影响相应条款的效力。当经营者违反约款的明示、交付及说明义务时,该约款是否订入合同取决于顾客的主张。即,经营者不得主张约款成为合同内容,而顾客有权主张。

关于"保险人违反保险约款的明示、说明义务而订立保险合同时,可否主张该约款成为保险合同内容"的问题,大法院判决认为:"根据《商法》第638条之3第1款及《约款规制法》第3条的规定,保险人在订立保险合同时,应针对记载于保险约款中的保险商品内容、保险利率体系、变更保险要约书记载事项及免除保险人责任的事由等构成保险合同重要内容的事项,承担明示、说明义务。因此,当保险人违反该义务而订立保险合同时,不能主张该约款成为保险合同的内容。"①

另外,《商法》规定保险人违反明示、说明义务的,投保人自合同成立之日起1个月内,可以撤销保险合同(《商法》第638条之3第2款)。关于该问题,大法院认为:"就《商法》第638条之3第2款与《约款规制法》第3条第4款之间的关系而言,不能认定前者是排除后者适用的特别规定。因此,即使投保人未撤销保险合同,保险人违反说明义务的法律效果亦可消灭,因此不能认为保险合同人不得主张违反说明义务的法律效果,或者认为保险人违反说明义务的瑕疵并不被治愈。"②

(五)个别约定优先

1. 意义

根据《约款规制法》,经营者向顾客就约款予以明示、交付及说明,且顾客不反对约款订入合同,约款即成为合同内容。若顾客拒绝约款订入合同,该约款则不构成合同内容,此时顾客可以拒绝全部约款,亦可拒绝部分约款条款。若顾客只拒绝部分条款,当事人可要求删除相应约款条款,亦可就该条款另立个别约定,此时,可能出现个别约定与约款条款互相冲突之情形。③

---

① 大法院2000.5.30宣告,99 da 66236判决。

② 大法院1999.3.9宣告,98 da 43342判决。

③ 参见〔韩〕权五乘:前揭《约款规制法执行的改善》,第14页。

为解决该冲突,《约款规制法》规定当事人对约款的部分事项以不同内容进行个别约定时,个别约定优先于约款(该法第 4 条),即为学理上之个别约定优先原则。个别约定优先原则,是指约款条款不同于当事人之间的个别约定时,个别约定优先成为合同内容,约款在与个别约定不相冲突的范围内,构成合同内容。确立该原则的原因在于,防止经营者在与顾客订立不同于约款内容的个别约定后,仍主张适用约款,而造成对顾客不利的后果。约款对当事人发生拘束力之根源在于,当事人之间就约款订入合同达成了合意。当事人以明示方式就不同于约款的内容进行个别约定时,意味着在否定该约款条款订入合同的同时,同意将不同于该约款条款的个别约定订入合同。

大法院判决认为:"虽然在信贷交易基本约款中,规定基于金融情势变更等原因,金融机构享有单方调整利率的变更权,但在签订个别约定书时却约定,在该交易期间内一方当事人不得随意变更利率,此时约款条款与约定书所规定的内容产生冲突。根据《约款规制法》第 4 条即个别约定优先的原则以及该约定书中的个别约定优先适用的条款,认定个别约定优先于约款条款,即发放贷款之后在本交易期间内,金融机构单方上涨利率的行为,不发生效力。"①此外,判决认为,"当约款条款成为个别协商的对象而予以修改时,该条款丧失其约款性质,但不影响其他约款条款的约款性质。"②

2. 适用要件

第一,个别约定应有效存在。个别约定,与事先由经营者单方拟定的约款相对,是指经营者与顾客对特定事项进行个别协商而确定的合同条件。被认定为个别约定者,应存在可证明双方当事人就约定内容进行提案及达成合意的事项。对于个别约定适用合同自由原则,因而原则上任何当事人均可订立个别约定。

个别约定可以是明示或默示,亦可为口头或书面。根据合同订立前后的情势而推断的协议,仍可成为个别约定。在订立合同时,经营者就约款

① 大法院 2001.3.9 宣告,2000 da 67235 判决。
② 大法院 2000.12.22 宣告,99 da 4634 判决。

内容作出不同说明的,该说明亦可成为个别约定。[①]

即使约款条款与当事人订立合同之目的,或者与当事人之间协议的事项不相符,亦应认定其具有与约款内容不同的个别约定之效力。基于个别约定优先原则,即使约款中明示规定订立不同于约款的个别约定应以书面形式作出,非书面的个别约定亦发生效力。合同订立过程中增设个别约定的,无须修改或删除原约款记载事项,便可认定个别约定的效力。

第二,个别约定的内容应不同于约款条款的内容。一般而言,个别约定与约款条款的矛盾多发生于合同订立阶段,但在此后合同的变更或补充过程中,约款与个别约定不同时,亦适用个别约定优先原则。值得注意的是,在合同履行过程中,以不同于约款的内容为履行而相对方接受的,亦可将其认定为个别约定。

关于个别约定与约款条款的矛盾及矛盾程度,不可单纯根据字面含义进行判断,而应在对文字的意义及目的解释的基础上加以判断。

与约款条款不同,对于个别约定的内容不论其对顾客是否有利,均发生效力。但经营者利用顾客的轻率、无经验等诱导其订立对其不利的个别约定的,应根据民法对不公平法律行为的规定,认定为无效。

3. 效果

存在个别约定时,整体约款仍构成合同内容,但与个别约定不同的约款条款不具有作为合同内容的效力,个别约定优先适用。即与约定内容不同的约款条款,并非绝对无效(内容规制),仅在与个别约定相冲突的范围内,个别约定效力优先;之后若个别约定被认定为无效的,该约款条款仍成为合同内容。

---

① 大法院认为:“如同原审判决所认定的,在订立以 6 个月为保险期限的短期保险合同,并在期限届满时予以更新的持续性合同关系中,当一般保险约款的内容被修改,而其代理人不仅不告知约款变更的事项,反而进一步强调该修改仅为名称的修改,而未作内容的变更的,由此导致投保人误认为合同内容与旧约款相同而更新合同,作出签订合同的意思表示,致使合同成立的情形,应视为当事人之间达成依据旧约款订立合同的合意,因此修订的约款内容并不产生拘束力。但原审法院并未考虑上述具体事项,单纯地以一般保险约款具有法规性质作为前提,认为保险合同当事人应该受修订后约款的拘束,认定原审法院错误适用一般保险约款拘束力的法理。”并以此为由,认为“一般保险约款对当事人发生拘束力,并非因其本身为法规范或者其具有法规范的性质,而是因为双方之间达成约款订入合同的合意。虽然,通常当事人之间订立的保险合同包含一般保险约款为内容的情形,即使当事人并不知晓该约款的内容,亦不能排除该约款的拘束力,但当事人之间另行约定的,可排除该约款的拘束力。”(大法院 1985.11.26 宣告,84 daka 2543 判决;大法院 1989.3.28 宣告,88 da 4645 判决;大法院 1991.9.10 宣告,91 da 20432 判决等。)

关于“订立保险合同时，是否可以订立与保险约款不同的个别约定”的问题，大法院认为：“保险合同是约定一方当事人支付约定保险费，并在其财产或生命、身体遭受不特定损害时，由保险人支付保险金或为其他给付的不要式诺成合同。合同内容无须局限于保险约款的规定，当事人之间存在不同于保险约款的特别协议时，认定其效力。”①

三、约款的解释规则

（一）概述

根据韩国《约款规制法》，约款本质为合同草案，一旦订入合同，即构成合同内容。因此订入合同的约款，原则上应遵循法律行为之解释原理。② 与一般合同不同，约款即使订入合同，仍不能改变一方当事人事先拟定，相对人在未充分研究或确认其具体内容的情况下被动接受的事实。因此，韩国《约款规制法》对约款的解释规定了几种特殊原则（该法第5条）：③第一，约款的解释，必须根据诚实信用原则公正解释（诚实信用原则）；第二，约款的解释，不能因顾客而异（统一解释原则）；第三，约款含义不明确的，必须作有利于顾客的解释（拟定人不利原则、限制解释原则或不明确原则）。这些解释原则，不限于单纯地明确约款的含义及内容，更旨在通过解释规制不当约款的内容，因此亦将其称为间接的内容规制。④ 以下梳理关于《约款规制法》第5条具体的解释论及判例。

（二）公平解释原则

《约款规制法》第5条第1款前段规定，约款应当根据诚实信用原则公

---

① 大法院1997.9.5宣告，95 da 47398判决；另外，大法院认为：“作为信用保证合同内容的信用保证约款，即使对抵押执行顺序有规定，但银行作为债权人，在订立信用保证基金及信用保证合同后，从信用保证基金中获取部分债权的代为抵偿，就该债权及其相应的抵押，转让于信用保证基金，并且与信用保证基金明确约定，上述抵押权担保的债权人有剩余债权时，债权人优先收回债权。因此不能以信用保证约款中具有关于抵押执行顺序的规定，否认当事人之间个别约定的效力。”（大法院1998.9.8宣告，97 da 53663判决。）

② 参见〔韩〕权五乘：前揭《消费者保护法》，第147页。一般而言，法律行为应根据当事人的目的、习惯、任意规定、诚实信用原则等标准进行解释，而这些标准同样适用于约款的解释。即，一般而言，解释法律行为应以尽可能实现双方当事人通过其法律行为所欲达成目的的方式进行。并且，当法律行为中存在相互矛盾、冲突的条款时，应进行统一解释，以可能达成当事人目的的方式进行解释。当事人的意思不明确的，以习惯、任意规定及诚实信用原则为标准，进行补充解释。（〔韩〕权五乘：前揭《约款规制法执行的改善》，第15—16页。）

③ 参见〔韩〕权五乘：前揭《约款规制法执行的改善》，第15—16页；〔韩〕李湖映：《消费者保护法》，弘文社2010年版，第139页。

④ 参见〔韩〕权五乘：前揭《约款规制法执行的改善》，第16页。

正地解释。约款是经营者为了将来的不特定多数合同事先单方拟定的,因此对其应区别于一般合同,予以公正的解释。

首先,根据《约款规制法》的规定,对于约款公正解释的判断标准为诚实信用原则。虽然法律未明文规定诚实信用原则[①]为合同解释之基本原则,但作为民法基本原则,将其适用于合同解释,并无异议。因此,《约款规制法》强调将诚实信用原则作为判断公正解释的标准,亦有据可依。与此相关,韩国大法院认为:"民法上的诚实信用原则,是指法律关系中的当事人应考虑相对人的正当利益,不得以违背衡平和诚信观念的方式或内容行使权利或履行义务的抽象规范。将其适用于具体法律关系时,应综合考虑相对人的具体利益、相对人要行使的权利和要履行的义务与相对人利益之间的相互关系,以及相对人信赖的合理性等具体事由。"[②]

其次,依据诚实信用原则的约款解释,始终要考虑约款为经济上居于强势地位的经营者单方面事先拟定的事实,[③]从而,对经营者提出更高的诚信要求,以实现真正的公正与衡平。[④] 这是因为,约款为一方当事人事先拟定后订入合同,而拟定约款的经营者较之于顾客或消费者,在经济上和法律上均居于优越地位,因此经营者拟定的约款,对相对人不利或者有可能不利。即拟定的约款,不能只考虑拟定者的利益,同时应考虑相对人的正当利益与合理期待。而且,在约款解释上,应同时考虑经营者的利益和消费者的利益,不能偏向于任何一方。[⑤]

基于此,韩国大法院认为:"约款的用语解释栏[⑥]与正文一同构成约款的内容,因此其解释限于明确在正文使用的用语中含义不明确者,以此防

---

① 诚实信用是指共同生活的社会成员,秉持相互信赖,依诚信为行为。诚实信用是对个人行为或态度作伦理性、道德性评价的标准,而作为法律原则之一的诚实信用原则将该伦理性、道德性评价作为法定价值判断的内容。(〔韩〕孙智烈:前揭《民法注解》(Ⅻ),第330页。)

② 大法院1992.5.22宣告,91 da 36642判决。

③ 民法的基本原理要求在一般合同中,双方当事人以平等为前提,依相同的伦理及道德标准为行为。

④ 在解释一般合同时,若当事人所追求的目的不违反强行法,便成为解释的绝对标准,但是对于经营者欲通过约款所达成的目的则不得赋予绝对价值,应依据诚实信用,将被认定为公平范围内的目的,作为解释的标准。(〔韩〕孙智烈:前揭《民法注解》(Ⅻ),第330页。)

⑤ 有观点认为,特殊情况下,经营者会利用自己的优势地位追求利益最大化,因此"具有保护价值的顾客利益"和"顾客的合理期待"应成为优先考虑事项。(〔韩〕孙智烈:前揭《民法注解》(Ⅻ),第331页。)

⑥ 用语解释栏并非约款正文,而是另行以书面形式或作为约款的附录,对约款中用语进行具体解释的部分。

止解释上的混乱,而不得任意限制正文含义或解释与正文相矛盾的内容,因此,汽车综合保险的一般保险约款中,关于'植物人等情形中,根据汽车综合保险对人赔偿保险金的支付标准计算的保险金,视为法律上的损害赔偿金'用语解释栏的解释,事实上属于限制植物人等情形的法定损害赔偿金的含义,这与约款文本所规定的'对于法定的损害赔偿金,全部作为保险金支付'的约款正文的意义相冲突,因此不认定其效力。"[①]同时,关于"约款内容应以经营者的解释为准"的约款条款,公平交易委员会认为其会导致经营者的任意解释优先,从而实现经营者单方利益的后果,因此认定其不当。[②]

(三)统一解释原则

《约款规制法》第5条第1款后段规定,对于任何顾客,不得作出不统一的解释。这是因为,约款是为与不特定多数人订立合同而事先拟定的,因此对于所有顾客应作统一解释,而不能对不同顾客作出不同解释,因此又将其称为客观解释原则。

约款并非是为特定当事人间的特定交易拟定的,而是一方当事人为定型化处理同种类的多个合同关系而事先拟定的。消费者接受经营者提议将约款作为合同内容的方式,已成为交易习惯。基于此,约款的解释不能以个别合同当事人为标准,应以参加交易的一般人的平均理解水平作为标准;而且不能以个别当事人的具体利害关系作为考虑标准,而应将参与该交易的集体之整体利益作为考虑对象。[③] 换言之,因约款适用于多数人,不能根据拟定人的意图进行主观解释,而应根据约款的内容进行客观解释,且不能因顾客类型的不同,作不同解释,应进行统一解释。对于该原则,韩国大法院认为,约款内容不应考虑个别合同订立人的意思或者具体情形,而应以顾客的一般的、平均的理解可能性作为标准,考虑顾客整体的

① 大法院1990.5.25宣告,89 daka 8290判决。但是,不应过分强调诚实信用原则而造成该原则的滥用,否则将导致法律和道德的混乱,法官的过度裁量亦有碍法律的稳定性。(〔韩〕孙智烈:前揭《民法注解》(Ⅻ),第330页。)

② 韩国公平交易委员会1988.11.7,第99-7号议决。

③ 参见〔韩〕孙智烈:前揭《民法注解》(Ⅻ),第331页。

利害关系，进行客观、统一的解释。[①]

（四）对拟定者不利原则

韩国《约款规制法》第5条第2款规定，于约款含义不明确的情形，应作有利于顾客的解释，一般称为“对拟定者不利原则”、“限制解释原则”或“不明确原则”。

对拟定者不利原则来源于罗马法上“存在疑问时，对拟定者不利”原则，[②]亦是将德国法或英美法上“拟定者不利原则”适用于约款解释的产物。[③] 在适用其他解释原则之后，若仍存在疑问，或者具有两种以上解释可能时，适用该原则。因此，虽然双方对约款内容存在争议，但其法律上含义明确时，不适用该原则。该原则并非是将所有解释上存在疑问的不利益均强加于经营者，而是在进行客观解释后仍存在疑问时，方将风险转嫁于经营者。因此，该原则被认为是约款解释的补充性解释。[④]

值得注意的是，对拟定者不利原则，限于约款内容客观上不明确的情形，因此当约款内容明确且以单义表述，无多义解释时，不适用该原则。即，虽然约款内容脱离私法自治的范畴导致不公平，但其内容明确时，不得适用对拟定者不利的原则，而应以违反民法上强行性规定及公序良俗、诚

① 大法院1991.12.24宣告，90 daka 23899判决；大法院1995.5.26宣告，94 da 36704判决；大法院1996.6.25宣告，96 da 12009判决等。基于该观点，大法院认为：“鉴于一般交易约款及保险制度的特征，针对约款的解释应区别于一般法律行为，不以具体合同当事人的目的或者意思为标准，而应以一般顾客的理解能力为标准，考虑保险团体整体的利害关系，进行客观、统一的解释。在汽车综合保险中，家族驾驶员限定驾驶特别约款中关于记名被保险人的母亲，其适用对象为记名被保险人法律上的母亲，而记名被保险人父亲事实上的配偶，不在此限。因此，将上述汽车综合保险中，家族驾驶员限定驾驶特别约款中关于记名被保险人的母亲的规定，仅适用于记名被保险人法律上的母亲，而不包括记名被保险人父亲事实上的配偶的规定，较为妥当。”（大法院2009.1.30宣告，2008 da 68944判决；同旨，大法院1995.5.26宣告，94 da 36704判决。）大法院判决认为：“经1990.1.13法律第4199号关于民法的修订，继母不再是法律意义上的母亲，但是被保险人的继母作为父亲的实际配偶，成为一起生活的家庭共同体的成员，履行作为被保险人母亲应尽的义务，在使用被保险人的汽车时，鉴于上述特别约款条款的宗旨，应当认为该情形下，继母是汽车综合保险中，家族驾驶员限定驾驶特别约款中的母亲。”（大法院1997.2.28宣告，96 da 53857判决。）

② 参见〔韩〕赵汉畅：前揭《约款的意义及规制体系的考察》，第44页。

③ 参见〔韩〕李湖映：前揭《消费者保护法》，第140页。根据韩国《约款规制法》第5条第2款的立法宗旨，约款是由一方当事人事先单方拟定的，因此通常认定其有利于经营者，不论在经济上或是法律知识上，经营者均处于优势地位，在其单方制定的约款中存在模糊条款或者疑似不明确的情形时，认定由约款拟定人承担风险。因此，规定在约款含义不明确时，应进行有利于顾客的解释。（〔韩〕权五乘：前揭《约款规制法执行的改善》，第17页。）

④ 参见〔韩〕赵汉畅：前揭《约款的意义及规制体系的考察》，第45页。

实信用为由否定其效力。[①]

与此相关,韩国大法院认为:“一般交易约款的内容,不应考虑个别合同订立者的意思或具体情况,应以一般顾客的理解能力为标准,作客观统一的解释;为保护顾客,约款内容不明确或有疑问时,应作有利于顾客而不利于约款拟定者的限制解释。”[②]

(五)缩小解释原则(严格解释原则)

缩小解释原则或严格解释原则是指对免除或限制经营者责任的约款条款作严格解释。韩国《约款规制法》对缩小解释或严格解释的原则未作明文规定。对于缩小解释原则是否为独立的解释原则,学说存有分歧。一种观点认为,缩小解释原则与对拟定者不利原则有区别,应作为独立的解释原则;[③]另一种观点则认为,缩小解释或者严格解释的原则是从对拟定者不利原则派生的附属性原则。[④] 根据前者观点,当约款内容对相对方法律地位造成重大影响时,例如排除或限制法律规定的经营者责任或限制顾客权利的约款,应进行缩小解释或严格解释。[⑤] 反之,根据后者的观点,排除或限制法律规定的经营者责任或者限制顾客权利等约款内容,对相对人法律地位造成重大影响时,适用对拟定者不利原则,或者以不公平条款为由否定其效力,因此,无须将缩小解释或者严格解释认定为独立的约款解

① 参见〔韩〕李湖映:前揭《消费者保护法》,第 140 页。

② 大法院 1998.10.23 宣告,98 da 20752 判决。基于该宗旨,大法院认为:“关于保险单中记载的‘被保险人或其父母、配偶及子女受伤或死亡时,不予赔偿’的免责条款中,‘配偶’是否包括事实婚关系中的配偶”的问题,“被保险人或者其配偶等因事故遭受损害时,通常于家庭内部予以解决,因此,将不提起损害赔偿请求认定为依一般社会通念而作的规定。由于事实婚姻关系中的配偶亦符合该观念,因此,此‘配偶’并不仅限于法律上的配偶,虽未进行婚姻登记,但依惯例举行婚礼,进行婚姻生活的事实婚姻关系中的配偶,亦适用该规定。”并且“根据合理的解释原则,这样的解释不能认定为对顾客造成了不利。”(大法院 1994.5.25 宣告,93 da 39942 判决。)

③ 参见〔韩〕权五乘:前揭《消费者保护法》,第 148 页;〔韩〕权五乘:前揭《约款规制法执行的改善》,第 17 页。

④ 〔韩〕李银荣:前揭《约款规制法》,第 156—157 页,认为“该条款的拟定人通过在约款中规定一定的责任限制,而获得利益时,应同时适用拟定者不利原则和缩小解释原则。但对于确定权利条款的解释,不可适用缩小解释原则。与此相类似,在大多数事例中,缩小解释原则常与拟定者不利原则发生关联。《约款规制法》将缩小解释原则理解为拟定者不利原则的派生原则,未认定其独立性,因此未进行个别规定。”此外,亦有观点认为,虽然《约款规制法》未独立规定缩小解释原则,但遵循拟定者不利的观点,可以将其认定为不确定原则的派生原则。(〔韩〕赵汉畅:前揭《约款的意义及规制体系的考察》,第 45 页。)

⑤ 典型例子有免除债务不履行责任或者瑕疵担保责任等经营者责任的约款条款等。不能将该种免责条款单纯地理解为一般的免责条款,而应将免责的范围严格地解释为仅限文本中明文罗列的情形。

释原则。

与此相关,韩国大法院认为:"法律行为的解释,不应考虑当事人的内心意思,而应根据当事人表意行为的客观意义,作合理的解释。特别是在一方当事人拟定的约款作为合同内容,对相对人的法律地位造成重大影响时,应根据《约款规制法》第6条第1款、第7条第2款规定,作更为严格的解释。"①

(六)修正解释理论

当约款的客观含义明确但其内容不公正时,通过作出与约款内容不同的解释,纠正其不公正性的,为修正解释。修正解释与对拟定者不利原则或缩小解释原则的区别在于,修正解释是对于文意明确的约款,通过解释予以修正的解释原则。②

关于修正解释存在的问题,学界批判称,"通过法院对合同内容进行实际修正,有国家权力过分干预私法领域之嫌,并且有可能破坏法的稳定性。此外,法院通过解释的方法规制约款内容,放弃不公正条款无效的立法宗旨,最后可能导致不能充分保护顾客之后果。立法通过规定内容规制的方式,赋予法院强有力的武器,因此法院应当严格审查约款条款,属于无效条款的,可直接判定无效,而不属于无效条款的,应客观解释,使其效力继续存续"③。

与此相关,在韩国《约款规制法》实施之前,大法院的判决认为:"银行信用卡交易中,即使约定因信用卡的毁损、盗窃而发生的所有责任,均由信

---

① 大法院2006.9.8宣告,2006 da 24131判决。关于该问题,大法院认为:"在订立信用卡使用合同时,规定的会员每月使用限度,以其月收入等财产状况为标准,评估其价金支付能力,规定信用交易限额。因此,未特别规定信用卡连带保证人的保证责任范围时,可以认为是以被保证人信用交易限度额为限,保证价金债务的履行。"(大法院1986.1.28宣告,85 daka 1626判决。)

② 对于依客观含义解释仍然符合无效事由的约款,通过刻意地修正其内容以维持效力的情形,被称为维持效力的缩小解释。虽然不符合无效事由,但属于偏向于经营者一方利益的不公平条款,对其通过修正解释,使其内容公平化的情形,亦可能发生。这是相对于"公开内容规制"的"隐性内容规制"。在"公开内容规制"立法形成之前,各国的法院经常使用此方式针对约款进行内容规制。在无法律依据可宣告其无效或者直接进行解释将造成严重的不公平时,法院只能依据该变相的方法进行处理。(〔韩〕孙智烈,前揭《民法注解》(Ⅻ),第336页。)

③ 〔韩〕孙智烈:前揭《民法注解》(Ⅻ),第336页。参见〔韩〕李银荣:前揭《约款规制法》,第98页。在德国《一般交易条款规制法》通过第9条至第11条明文规定直接内容规制之后,间接内容规制应作出让步。否则,这不仅会削弱直接内容规制的作用,更重要的是,当约款条款存在问题时,较之通过解释的规制方式,宣告该条款无效,或者变更其内容的规制方法,更有利于保护顾客的利益。(〔韩〕张敬焕:《约款规制法一般条款的研究——以德国约款规制法第9条为中心》,首尔大学大学院1990年博士学位论文,第28页。)

用卡会员自行承担，但当会员及时将毁损或被盗窃的事实依规定样式书面告知银行，而银行迟延通知其加盟店，或者加盟店怠于确认被盗窃信用卡或签名而导致交易成功的，不能将该责任归属于信用卡会员。”[①]此为韩国法院第一个适用修正解释的案例。此后，1991 年 12 月 24 日，《约款规制法》实施以后，在宣告 90 daka 23899 [②]全员合议制的判决中，作为直接的内容规制接受修正解释。[③]

韩国法院在审查约款的公正性时，为追求经济性和具体合理性，发展了有关约款解释和内容规制的独特判例理论。修正解释理论对于存在问题的约款，并不以无效为由将其完全排除，而是通过最大限度的修订，使其发生效力，从而避免部分内容被判定为无效，并且在审查部分无效是否导致全部约款无效时，以任意性法规进行补充或探究当事人意思进行补充，是一种较为繁杂的解释程序。采纳修正解释，可避免不当条款的全部无效导致交易的混乱和规制的空白。此外，修正解释理论仅在有限范围内有效，使当事人协议的约款最大限度地成为合同内容，最少地限制当事人的私法自治。

尽管韩国学说指出了不少关于修正解释论存在的问题，但在实务中，修正解释原则通过大法院的判决，已成为稳定的判例理论。

---

① 大法院 1986.3.11 宣告，85 daka 1490 判决。

② 关于“保险约款中，作为约款内容规制一般原理的诚实信用原则的含义，以及针对违反该原则约款的解释方法”的全员合议判决中认为：“作为约款内容规制原理的诚实信用原则，是指鉴于保险约款是由保险经营者单方拟定，且相对人无审查及确认约款具体内容的时间及能力，因此约款拟定人应考虑相对方的正当利益与合理期待，在不违反对保险损害填补的合理信赖的情形下，公平地拟定约款条款的行为原则。一般交易约款的拟定属于私法自治范围，超越私法自治范围而拟定的条款，当然成为法院进行内容规制的对象，即修正解释的对象。并且，该修正解释不仅适用于条款全部无效的情形，条款部分无效且排除无效部分后剩余部分继续有效的情形，同样适用。”（同旨，大法院 1991.12.24 宣告，90 daka 16143 判决。）

③ 该全员合议判决“该修正解释不仅适用于条款全部无效的情形，条款部分无效且排除无效部分后剩余部分继续有效的情形，同样适用”的目的在于，排除过于不合理的部分，使剩余部分继续有效，此时，为使过于不合理部分无效，并在合理范围内维持免责条款的效力，首先应根据内容或者阶段区分合理及不合理部分，由于过于不合理部分通常规定在概括性或一般性的概念及标准之中，因此应针对一般条款的要件进行解释，将其具体化、类型化。在上述全员合议制的判决中，区别对待被保险人对“无证驾驶”要件的明示或默示的承认或不承认的情形，将前者解释为承认免责的规定，并在该解释范围内承认其效力。特别是在免责条款中，最具代表性的要件类型化的情形即根据归责事由程度进行划分，区分故意、重过失、轻过失。法官在实际审查约款的不公正性时，解释规制和内容规制相互重合，多难以区分界限，并且当约款条款内容不明确，包含多种含义时，虽为解释规制提供更多余地，但亦会造成解释和内容规制难以区分的问题。

四、约款的效力规则

(一) 概述

根据韩国有关《约款规制法》的解释论，即使约款已订入合同，并在解释上无任何问题，也需要进入最后的对约款效力的规制阶段。[①] 对约款效力的规制是以公正性为判断标准，将不公正条款认定为无效，是《约款规制法》强行法性质的体现，也是该法的核心部分。[②]

首先，对约款效力规制的必要性，可以从以下几个方面理解：根据合同自由原则，当事人可以自由决定合同的内容，但是合同内容有悖于强行法或者公序良俗以及其他社会秩序时，合同无效（韩国《民法》第103条），若约款符合上述情形，约款条款无效。但是，若约款未违反强行法或者公序良俗以及其他社会秩序，仅在客观上存在不正当性或者缺乏公正性，根据民法典的规定不能否定其私法上的效力。然而，约款由经营者单方面事前拟定，未经双方当事人协商，因此难以确保内容的正当性。为确保约款合

① 关于效力规制与其他规制之间的关系：① 与订入规制之间的关系：约款发生效力的前提为具备将约款订入合同内容的双方合意。但当经营者未履行针对约款内容的明示、说明义务时，该约款内容便不能成为合同内容。未订入合同的约款在当事人之间无任何法律意义，因此无适用效力规制的必要。② 与解释规制之间的关系：在进入效力规制之前，应先适用解释规则，必须通过解释规制明确约款内容的意义之后，方可对约款内容的公正性进行审查。根据约款的解释原则，对约款内容进行客观、统一的解释之后，审查约款条款是否符合一般的公正性标准。若约款适用于具体交易中，必须审查该约款是否可以维持当事人之间的利益衡平。当约款含义不明确时，适用拟定不利者原则（不明确原则）；而针对限制顾客权利的条款，通过缩小解释之后，对其效力进行规制。但是，当约款可以通过解释消除其不正当性时，有观点认为应通过对约款的解释，消除其不正当性。（〔韩〕孙智烈：前揭《民法注解》（Ⅻ），第339页。）当约款的含义存在两种以上解释的情形，若对其进行有利于顾客的解释，可使得该约款发生效力，而对其进行不利于顾客的解释，则根据第6条或者第7条至第14条的规定，将使其丧失法律效力。此时，有观点认为应该对该约款进行不利于顾客的解释，使其不发生效力，并通过任意规定进行补充，如此更符合第5条第2款保护顾客的宗旨。（〔韩〕张敬焕：前揭《约款规制法一般条款的研究》，第87页。）但是，由于对约款进行有利于顾客的解释是约款解释的基本原则，因此应根据该原则确定约款的含义，并根据确定的含义，审查该约款是否正当。所以，有观点认为无须以使约款无效为目的，而特别对约款进行不利于顾客的解释。（〔韩〕孙智烈：前揭《民法注解》（Ⅻ），第336页。）也有观点认为更为妥当的做法为，比起在每次纠纷发生之后再将约款进行有利于顾客的解释，不如在抽象审查中便将含义模糊的条款认定为无效，杜绝其流通的可能性。（〔韩〕李银荣：前揭《约款规制法》，第198页。）但是，以上观点均为学说上的争论，在实务裁判过程中，并无义务遵循以上观点。（〔韩〕孙智烈：前揭《民法注解》（Ⅻ），第336页。）假设同时存在主张违反明示、说明义务和约款内容不当的诉讼请求时，省略针对明示、说明义务的审查，而径直对内容正当性进行判断亦可。这是因为，其最终效果均使得约款不能成为当事人之间的合同内容。

② 参见〔韩〕尹荣硕等：前揭《关于约款审查制度发展方向的研究》，第22页。

同的公正性，优先于合同自由原则，违反诚实信用、失去公正性的约款应被认定为无效。

其次，否认不公正约款私法上效力的立法模式有两种：不设具体的无效事由，通过一般条款，认定无效之立法模式；设个别的、具体的列举性的条款，认定无效之立法模式。① 韩国《约款规制法》的特征在于采纳设一般条款和列举具体无效事由条款并列的立法模式。即韩国《约款规制法》并行设一般规定（该法第 6 条）的前者立法模式和设个别禁止规定（该法第 7 条至第 14 条）的后者立法例。②韩国《约款规制法》上，一般条款与具体无效事由之间的关系为一般与具体的关系，在审查约款条款的正当性时，先适用第 7 条至第 14 条的具体禁止规定，后适用第 6 条的规定。③ 关于第 6 条的适用，大法院在多数判决中，将其与具体禁止条款同时适用。④

（二）一般条款

《约款规制法》第 6 条第 1 款规定，因违反诚实信用原则而有失公正性

---

① 否定不公正约款私法上效力的立法模式有：(1) 设立一般条款，进行无效认定；(2) 设定个别的、具体的列举性条款，进行无效认定。适用一般条款进行无效判定的方式，由于其概括性的判断标准适用于所有约款条款，因此具有统一审查标准的优点。但其判定标准过于抽象，审查人的自由裁量空间过于宽泛，且经营者或者消费者无法准确判断何为不公正条款，因此影响判断标准的可预测性，无法保证法的稳定性。对无效条款进行个别、具体的列举方式，使经营者及消费者准确地把握不公正条款的形式、避免裁判人享有过多自由裁量权，但其固有缺陷在于，不可能将形式各样、种类繁多的不公正约款一一列举。

② 李银荣在其前揭《约款规制法》第 173 至 174 页中，阐述了《约款规制法》采取该种立法形式的理由："将一般条款与具体禁止条款同时进行规定，具有两方面的必要性。一方面有必要提出规制不公正条款的抽象原则，并以此应对多变的交易现状，另一方面有必要作出具体禁止规定，防止裁量自由的过度扩张。"在此，德国《一般交易条款规制法》的立法模式，可作为参考。即，在规定基于一般条款的规制的同时，规定基于禁止目录的规制。

③ 韩国公平交易委员会：《约款审查指南》，2008.1.1，Ⅳ. ga. na。

④ 关于将《约款规制法》第 7 条第 1 款与第 6 条同时适用的案例为："露天停车场的管理人在其所出售的作为停车券的'停车费用合意书'背面所记载的'车辆被盗或者发生毁损，本停车场不负担任何民、刑事责任'条款，大法院根据《停车场法》第 17 条第 3 款的规定：'若使顾客遭受不当不利益，或者无正当理由排除停车场管理人基于故意或者重大过失，未尽到善良管理人的注意义务所发生的损害赔偿义务的约款，为无效条款'，将其判定为无效。"（大法院 2006.4.14 宣告，2003 da 41746 判决。）而关于大法院同时适用第 7 条第 2 款及第 3 款与第 6 条的案例："根据第 6 条第 1 款、第 2 款，第 7 条第 2 款、第 3 款的规定，作为约款效力规制基本原则的诚实信用原则，是保证约款制定人公平地拟定约款，使约款内容符合合同相对人的正当利益及合理期待的行为规范。由于保险约款由保险人单方拟定，合同相对人因无足够的能力与时间对约款的内容进行检查而签订合同，因此，即使约款的制定属于私法自治的范畴，若该约款违反以上的行为规则，必将脱离私法自治，当然成为法院效力规制的对象，也即成为修正解释的对象。该修正解释不仅适用于约款条款全部无效的情形，亦适用于部分条款无效且除去无效部分后剩余部分依然有效的情形。"（大法院 1991.12.24 宣告，90 daka 23899，一致同意的判决。）

的约款条款无效。因此，适用第 6 条应满足“违反诚实信用原则”与“失去公正性”两个要件。

首先，关于诚实信用原则，[①]可从以下不同侧面理解：

第一，《约款规制法》规定的一般禁止条款与民法上的诚实信用原则有着密切联系，约款的内容规制从本质上亦是对私法最高原则——诚实信用原则的具体化。[②] 民法上的诚实信用原则，是指作为社会共同生活的成员，个人应以诚实为基础而为行为，并建立相互间的信任。该原则为现今各国私法的基本原则，韩国《民法》第 2 条规定了该原则，并称其为“帝王规定”。[③]《约款规制法》第 6 条第 1 款将违反诚实信用原则作为判定约款无效的依据，不仅为内容规制提供了根据，亦成为实体法上内容规制的审查标准。《约款规制法》第 6 条与《民法》第 2 条所规定的诚实信用原则，在本质上是相同的。因此，关于《民法》第 2 条的解释论及大法院的判例可直接适用于《约款规制法》第 6 条的解释及适用。[④]

第二，诚实信用原则，应该是在违反顾客非细小的不利益的情形下适用。“非细小的不利益”较之“显著的不利益”外延更为广泛。即使经营者尽最大的诚信亦不可能拟定出完全均衡双方利益的约款，因此细小的不利益应由消费者自行承担，而消费者需承担不利益的程度，应根据诚实信用原则进行判断。

第三，诚实信用原则要求经营者负担考虑顾客利益的义务。根据《约款审查指南》，鉴于约款是由经营者单方制定，交易相对方在无足够的时间及能力审查约款内容的情况下签订合同，因此，诚实信用原则要求约款拟定人拟定约款时不仅考虑自身利益，而且要考虑交易相对方即顾客的正当

① 参见〔韩〕权五乘等：《不公正约款规制制度的确立及今后发展方向》（公平交易委员会用役报告书），1994 年，第 9—10 页；〔韩〕曹圣国：《约款规制法上不公正约款——以一般条款为中心》，公平交易法上的争议及课题，竞争法中心，2010 年 5 月，第 330—331 页；〔韩〕孙智烈：前揭《民法注解》（Ⅻ），第 346 页以下；〔韩〕张敬焕：前揭《约款规制法一般条款的研究》，第 93 页。

② 违反民法上的强行法或者公序良俗以及其他社会秩序时，合同无效（韩国《民法》第 103 条）。约款违反以上规定的亦无效。因此，当约款在未违反民法上的强行法或者善良风俗及其他社会秩序时，个别约定的合同有效，但是相同情况下，基于约款所签订的合同，存在被判定为无效的可能性。如此，约款的效力比起个别约定的效力范围，更为狭窄。因此，应区别适用约款与个别约定效力的判定标准。

③ 法律将原本为道德性、伦理性评价标准的“诚实”与“信用”纳入法的价值判断的标准。

④ 参见〔韩〕孙智烈：前揭《民法注解》（Ⅻ），第 346 页。

利益与合理期待，以符合衡平原则。[①]即强调经营者在拟定约款时，必须考虑顾客的正当利益与合理期待。[②]

总之，由于约款是将本应由交易双方协商确定的合同内容根据单方的意思制定，因此制定人在考虑自身利益的同时应考虑到相对方的利益，除相对方抽象的利益外，可以基于交易的种类、动机、交易惯例等因素确定相对方欲通过交易所达之目的，并将其体现在制定的约款内容中。具体情形中，在审查某个约款条款是否因违反诚实信用原则而失去公正性时，必须综合考量交易的目的、形态等诸般事由。[③]

其次，关于“不公正性”要件的解释论。一般认为上述的违反诚实信用原则，通过不公正性之要件予以具体化。例如，在韩国法上根据第 6 条被认定无效的约款，除了违背“诚实信用原则”，必须“失去公正性”。

“不公正性”是指经营者与顾客之间利益分配的不公正，[④]但在此仅考虑顾客遭受不利益的情况，对于经营者遭受的不利益，不予考虑。[⑤]另外，《约款规制法》上的不公正性和《民法》上的不公正性，应该为同一概念，但《民法》第 104 条规定的是利用当事人的窘迫、轻率、无经验的显著不公正的情形，而《约款规制法》第 6 条则是违反诚实信用原则的单纯的不公正，其适用范围较之《民法》第 104 条的规定更为广泛。

根据《约款审查指南》，“失去公正性”，是指在经营者与顾客的利益关系中，顾客遭受不当的不利益，其判断标准乃通过比较衡量经营者与顾客的利益来确定。[⑥] 亦即，应先确定并评价经营者及顾客各自的利益，再将双方利益进行比较。相比之下，经营者通过约款取得企业的经营合理化、成本的降低、风险的分担等利益较为明显。因此，判断公正与否的关键是

---

① 韩国公平交易委员会:《约款审查指南》,2008.1.1,Ⅳ.2.ga.(1);同旨,大法院 1994.12.9 宣告,93 da 43873 判决。

② 韩国《民法》第 2 条所规定的诚实信用原则，要求在有效合同中，权利的行使与义务的履行必须依据诚实信用原则。但针对约款，在订入合同作为合同内容之前，在约款的制定阶段即要求制定人遵守诚实信用原则。中国《合同法》第 39 条第 1 款，关于订入规制，明文规定了约款提供人必须基于公平原则确定当事人之间的权利义务。对此，有批判的观点认为，在约款制定阶段不必针对约款提供人提出此项义务。

③ 参见〔韩〕权五乘:前揭《约款规制法执行的改善》,第 19 页。

④ 与德国《一般交易条款规制法》第 9 条第 1 款规定的“使相对方遭受不当的不利益”具有相同的含义。

⑤ 参见〔韩〕孙智烈:前揭《民法注解》(Ⅻ),第 347 页。

⑥ 韩国公平交易委员会:《约款审查指南》,2008.1.1, Ⅳ.2.ga.(2)。

经营者在取得自身利益的同时,是否照顾到顾客的利益,即约款是否维持了经营者与顾客之间利益的平衡。

对于利益衡量,应设定具体的判断标准,法之正义、衡平及经济层面上的等价考量均可成为其判断标准,但依据抽象的标准进行判断存在诸多困难,因此《约款规制法》在第 6 条第 2 款中具体列举不公正条款的类型,从而将判断标准细化。

然而,当某个约款未违反强行法或者善良风俗及其他社会秩序,但在客观上不正当或者缺乏公正性时,对其效力应依合同的不同形式进行区分认定,即该合同是由双方当事人自由协商确定的,还是通过经营者单方、事前制定的约款所签订的。于个别约定情形,由于该合同是双方自由协商的产物,根据私法自治原则中对正义的理解,应最大限度地尊重当事人的自由意思,此时合同自由优先于合同公正。因此,该条款即使在客观上不当或者不公正,但在未超出合同自由内在界限①的前提下,应认定为有效。然,若合同是基于经营者单方制定的约款而签订时,因缺乏双方的协商,仅体现经营者的单方意思,故于最初即不能期待约款的正当性,且此种情况下,经营者极有可能将不利于顾客的内容制定于约款,此时合同公正优先于合同自由。当以客观第三人的标准认为合同有不当或者不公正时,应认定该合同无效,因此,针对约款的内容规制较个别约定更为严苛。②

(三) 不公正性的推定

如上所述,诚实信用原则的内容过于抽象、模糊,因此在具体适用上存在相当困难。为解决适用上的难题,③《约款规制法》于第 6 条第 2 款规定

---

① 合同自由并非是无限制的,只在法秩序所允许的范围内被认可。并且,这样的限制是由强行法或者善良风俗及其他社会秩序所确定。此界限被称为合同自由的“内在界限”或者“原本界限”。(〔韩〕权五乘:前揭《合同的自由与公正》,第 183 页。)关于限制合同自由的根据、必要性及其限制的程度问题,大法院通过判例认定:“无限制地认定合同自由必然会使经济上弱势处于更加不利的地位蒙受不合理的不利益,因此,国家为消除当事人之间实质上的不平等,确保公正性,必然有干预当事人之间合同签订及其内容的必要。而合同自由原则是以民法基本原理,即诚实信用原则为基础,因此国家对公正性的保障应在必要范围内进行,若超出此范围而武断作出限制,必然侵害合同自由的本质,这种情形是不被允许的。”(大法院 1991.3.27 宣告,90 da 14478 判决。)

② 参见〔韩〕权五乘:前揭《约款规制法执行的改善》,第 18 页;〔韩〕孙智烈:前揭《民法注解》(Ⅻ),第 338 页等。除对约款的内容规制之外,约款规定的权利行使亦有必要通过诚实信用原则进行规范。虽然约款内容本身具有公正性,但是约款中所规定的权利行使违反诚实信用原则的,该权利行使当然不被允许。但是这种对权利行使的规制并非是约款所特有的,而是一般的权利行使规则。(〔韩〕孙智烈:前揭《民法注解》(Ⅻ),第 339 页。)

③ 参见〔韩〕权五乘:前揭《约款规制法执行的改善》,第 19 页。

推定条款。即若约款条款中存在以下内容,推定该约款有失公正性(该法第6条第2款):造成顾客不当的不利益的条款(第1项);顾客根据合同交易形态等诸多情形,难以预料的条款(第2项);因限制合同中本质性权利,致使相对人无法达成合同目的的条款(第3项)。但是第2款各项规定并未包含一切不公正条款,仅列举部分不公正条款类型。故存在不适用第2款,而径直适用第1款判定该约款是否公正的情形。[①] 通常审查一项约款公正与否,首先应判定其是否属于第2款各项所规定的类型,再适用第1款规定。

以上规定均只是关于约款条款不公正性的"推定",经营者可以通过证明顾客亦具有相应利益等方式,提出特别根据,推翻不公正推定。当经营者提出特别理由时,应根据第1款重新审查公正性。

然而,对于推定条款,有评价称其对约款的公正性判断并无任何实质性帮助。[②] 首先,在"造成顾客不当的不利益的条款"中,附加了"不当的"要件,由于价值判断标准类的概念具有不确定性,其不但不能提供准确的判断标准,若将违反诚实信用原则的核心问题看做是造成顾客不当的不利益,反而使得第6条第1款与第6条第2款第1项具有同义反复之嫌。[③] 其次,对于"顾客根据合同交易形态等诸多情形,难以预料的条款",在实际交易过程中与该条款相适应的情形并不多见。因此,得在立法论上参考德国《一般交易条款规制法》,直接将该情形作为订入规制的要件,即作为不订入合同的要件。[④] 由此,不难发现"不公正性的推定条款"中最具价值的规定即为"因限制合同中本质性权利,致使相对人无法达成合同目的的条款"。然此规定的目的在于保障顾客的核心地位。

以下,梳理韩国学界关于推定条款要件的解释论与公平交易委员会的《约款审查指南》及大法院判例的内容:

1. "不当的不利益的条款"的含义

韩国《约款规制法》第6条第2款第1项规定,对于顾客不当不利益的条款,推定其失去公正。即,对于顾客不当不利的条款,被推定为不公正。

① 参见〔韩〕孙智烈:前揭《民法注解》(Ⅻ),第349页。

② 参见〔韩〕权五乘:前揭《约款规制法执行的改善》,第20页。

③ 参见〔韩〕曹圣国:前揭《约款规制法上不公正约款》,第330—331页。

④ 参见〔韩〕张敬焕:《约款的不公正性判断标准》,载〔韩〕权五乘编:《公平交易法讲义》,法文社1996年版,第586—587页。

具体而言，将经营者与顾客的利益进行衡量，将经营者通过某种特定条款取得的某种利益，与作为对价的顾客获得的利益进行比较。[①] 值得注意的是，“顾客的不利益”并非是指个别顾客的、特殊的不利益，而是针对整个顾客集合体的、典型且平均的不利益。即使某个特定的条款对顾客产生一定的不利益，若在其他条款中赋予其与之相当的利益，进而使整个合同的正当性得以平衡，则不能认定其为不利益的条款。

根据公平交易委员会的《约款审查指南》，“不当性”的判定必须综合考虑设定该约款的意图及目的、该行业的交易惯例、交易对象的特性、顾客所遭受的不利益的内容及程度等因素。[②]

与此相关，“所谓的 Himalaya Clause 约款，是否为符合第 6 条第 1 款规定的‘因违反诚实信用原则而失去公正性的条款’或者符合第 6 条第 2 款各项情形的条款”，韩国大法院判定：“所谓的 Himalaya Clause 约款，关于能够援用运送人抗辩及责任限制、运送关联人范围及责任限制程度等方面，Himalaya Clause 约款在有些具体内容上有不同的规定，但是鉴于该约款与海上运输的危险性或特殊性相关，一般记载于提单背面，不仅通用于国际，且与托运人所承担的运费有间接关系，因此不能认定为属于《约款规制法》第 6 条第 1 款规定的‘因违反诚实信用原则而失去公正性的条款’

---

① 韩国公平交易委员会：《约款审查指南》，2008.1.1，Ⅳ.2.na.(ga).1)。

② 韩国公平交易委员会：《约款审查指南》，2008.1.1，Ⅳ.2.na.(1) 4)。《约款审查指南》中列举了推定为造成顾客不当不利益条款的具体类型：(1) 在租赁合同期限届满后，承租人在未履行腾房义务时，出租人可未经诉讼或者其他合法程序，直接将承租人所有物品移出该房间的条款；(2) 听课人基于自己意愿放弃听课的情形，在教学开始之前应该将全部学费返还，但是约款中规定各种理由而拒绝返还学费的条款；(3) 基于可归责于顾客的事由而解除合同时，约款规定的违约金过分高于基于可归责于经营者的事由而解除合同时的违约金条款；(4) 合同中未明文规定的内容须由双方协商确定，但约款规定可由经营者单方决定的情形；(5) 对合同的解释发生分歧时，应根据诚实信用原则进行公正且客观的解释，但约款规定以经营者的解释为准的条款；(6) 虽然关于合同的解除效力，根据解除程序，仅在明示的解除意思表示到达相对人时发生，但约款却规定当经营者向顾客发出解除通知时即发生的条款；(7) 虽然宪法上保障集会、结社的自由，但约款规定无经营者的许可或者同意，不能组成团体或者不能参与团体活动的条款；(8) 虽然诉讼费用原则上由败诉方承担，但是约款规定在诉讼中，不论胜诉与否或者胜诉率的多少，诉讼费用均由或者更多地由顾客承担的条款等。(韩国公平交易委员会：《约款审查指南》，2008.1.1，Ⅳ.2.na.(1)(na)。)

或者第6条第2款各项所规定的条款。”①

此外，在“‘经营者根据市场情况，于必要时可在已有销售代理店的地域内，增选销售代理店’的约款条款，是否可以推定为‘对于顾客不当的不利益的条款’”的案例中，大法院的判决认为：“虽然经营者对于顾客即销售代理店，不承担必须保障销售地域权的义务，但不允许经营者不当侵害事实上存在的销售代理店的销售地域权，上述由经营者单方决定是否在销售代理店地域内增选代理店的条款，事实上允许经营者单方缩小销售代理店的销售地域权，从而不当侵害其销售地域权，因此将其推定为《(旧)约款规制法》(2001年3月28日，第6459号法律)第6条第2款第1项所规

① 大法院2007.4.27宣告，2007 da 4943判决。并且大法院在“加盟总店与加盟店之间所签订合约的内容中规定‘加盟总店保有不与加盟店协商即可进行促销活动的权利’”的案例中，针对该约款条款是否符合“造成顾客不当不利益的条款”问题，判决如下：“加盟行业，是指加盟店使用加盟总店的商标、服务标识、商号、装潢等营业标识，根据总店要求，提供一定质量的商品及服务，并由总店负责支持、辅导、规范加盟店使用营业标识或者其他营业活动；而作为接受总店支持、辅导、规范其营业活动及商标使用的对价，加盟店向加盟总店支付加盟金，并维持持续性的交易关系。因此，加盟行业是加盟总店与加盟店之间相互依存的经营方式，以相互信任为基础，将个别加盟店的利益与整个加盟组织的维持与发展作为目标。考虑到加盟行业的特性，虽然促销行为是全国性行为，但是促销行为必然是以加盟店销售量的提升为前提，具有提高加盟店收益的效果，并且通过加盟店增加的销售量，同时使加盟总店在原材料供给等方面增加收益。因此，促销行为不论对总店或者对加盟店来说均为可获利行为。因此，只要在约款中将促销行为所产生的成本在总店与加盟店之间进行适当分配，那么即使约款规定促销行为不与加盟店协商，亦不构成第6条第2款第1项所规定的‘造成顾客不当不利益的条款’。”并且在该判决中，关于总店进行全国性的促销行为时，令加盟店在其营业地域发放促销广告单，并使其承担相应的广告单费用的约款是否符合《约款规制法》所规定的“造成不当不利益的行为”的判断标准问题，大法院判决如下：“应综合考虑加盟行业中交易所具有的特性、全国性促销行为的目的及加盟合同的内容、促销行为的决定及实行过程、事前与加盟店协商与否、费用分担的适当性等因素，具体分析判断。”(大法院2005.6.9宣告，2003 du 7484判决。)关于“在转包金支付保证约款中，作为建设共济组合(Construction Guarantee Cooperative)的免责事由规定，‘转包人接受《建设产业基本法》上所禁止的工程，转包人为无资质人的’，是否属于《约款规制法》第6条第2款第1项的‘对顾客造成不当不利益的条款’，大法院认为：应以该合同的当事人，即建设共济组合的工会会员平均且典型的利益作为标准进行判断。但是，如果建设共济组合在以上情形仍具有保证责任，那么必然会无正当理由地扩大以工会会员所提交的保证手续费作为主要财源的建设共济组合的保证责任，最终造成全体工会会员利益的损失。因此以工会会员平均且典型的利益作为判断标准，不能认定该约款为‘造成工会会员不当的不利益’的条款。”(大法院2009.7.9宣告，2008 da 88221判决。)

定的'对顾客不当不利益的条款'。"①

2. 顾客根据合同的交易形态等诸情况,难以预料的条款

《约款规制法》第6条第2款第2项规定,顾客根据合同的交易形态等诸多情形,难以预料的条款,推定为失去公正。此规定的目的在于规制"奇袭条款"②或者"意外条款"。原因在于,消费者因缺乏信息或者专业知识,不能影响约款内容的制定,亦不能充分研究约款中的所有条款,甚者在签订合同时未认真阅读约款条款,由此导致实际交易中,经营者利用消费者此项弱点的情形较多。即消费者在签订合同时,就重要事项与经营者进行个别约定,而对于一般事项则直接接受经营者所提供的约款条款,消费者仅根据交易的种类、目的及交易形态,预测和期待约款的内容而已。然而,经营者有时在约款中插入与交易目的或者交易形态截然不同的顾客无法

① 大法院2003.1.10宣告,2001 du 1604判决。在同一判决中,关于约款条款中"经营者与销售代理店双方任何一方解除代理店合同的,必须将解除合同的意思表示在解除合同之日前的两个月,以书面形式预先告知"的条款,是否可以推定为"造成顾客不当不利益的条款"的问题,大法院判定如下:"虽然在形式上似乎保证了双方同等的解除权,但考虑到销售代理店的投资成本,不可能随意解除合约,而经营者可在两个月的有限期限的前提下随意解除合同,这在实质上认定了经营者的自由解除权。事实上导致不论当事人之间是否出现信任关系的破裂、发生不得已的事由、债务不履行等特别事由,只要经营者提前两个月告知,即可随意解除合同。因此,将该约款条款推定为'造成顾客不当不利益的条款'。"并且"根据银行与信金融交易基本约款条款中的规定,银行在抵消时,可任意确定利息及迟延损害金等的结算日期。这使得作为顾客的债务人遭受不当的不利益,违反诚实信用原则而失去公正性。因此,根据《约款规制法》第6条第1款或者第6条第2款第1项,判定其为无效。"(大法院2003.7.8宣告,2002 da 64551判决。)关于"在快递公司的委托营业所合同中规定,快递公司可以根据市场情势变动单方面变更运送手续费率"的约款条款,根据《约款规制法》是否可以判定为无效条款的问题,大法院判定:"快递公司的委托营业所合同中规定的运送手续费率作为营业所运送行为的对价,是决定营业所可能取得收益的重要事项。若发生必须修订对价的事由,通常应经双方协商确定。但上述约款中规定若发生修订事由,仅由快递公司单方决定,该条款事实上赋予了快递公司在无任何理由的情形下,单方修订对价的权利,因此根据《约款规制法》第10条第1款的规定或者根据该法第6条第2款第1项的规定即'顾客遭受不当的不利益的条款'的推定条款,判定该约款条款无效。"(大法院2008.2.14宣告,2005 da 47106判决。)

② "奇袭条款",通常是指内容超出约款范围的异常的约款条款。即,其规定的内容令顾客无法预测。美国法院的主流观点认为,具有类似不公正性的意外条款,因在程序上违背良心而不予执行。即,在约款包含意外条款时,合同当事人不受该约款条款的拘束。而与韩国的规定不同,美国的"非良心性"原理的适用并非限定于约款,而是贯穿于整个合同法的一般原则。《德国民法典》第305c条第1款亦有规定:"根据诸般情形特别是合同的外在形态,普通交易约款中的条款出人意料的,约款提供人的相对人则无须接受该项条款的拘束,因为该项约款条款并不构成合同的内容。"此为于约款的订入阶段即排除约款适用的规定。

预测的条款。①

关于“奇袭条款”违法性的判断，不能从个别顾客的立场分析其意外性，而应从一般顾客的立场审查其能否预测。此外，不能仅根据其外观形态判断，应综合考量合同的目的、交易习惯等因素。② 因该约款条款的无效适用于所有接受该约款的顾客。

公平交易委员会的《约款审查指南》中，列举的属于本项规定的具体情形如下：(1) 住院患者因个人原因提前出院或者死亡的情形，约款规定拒绝归还提前收取的诊疗费（例如提前交付一个月的医疗费）的条款；(2) 信用卡终端租赁合同中规定，在解除合同时，终端所有权自动移转至承租人，且不可退还的条款；(3) 排除商品买受人接受维修等售后服务权利的条款；(4) 基于故意或者过失的医疗事故应由医院承担责任，但约款规定在入院接受治疗的期间，基于手术、检查等所有行为所造成的后果，均由本人承担，医院不予承担的条款；(5) 金钱消费借贷中，保证人解除的意思表示到达金融机构时发生解除效力，但约款规定到达之后，必须经过一定期限（例如45日）后始发生效力的条款等。

“奇袭条款”的典型例子有：(1) 使顾客承担新的注意义务的条款；(2) 双务合同中，排除其双务性质的条款；(3) 以外观可判断的典型合同中变更典型内容的条款。

3. 限制合同中本质性权利，致使相对人无法达成合同目的条款

《约款规制法》第6条第2款第3项规定，限制合同中本质性权利，致使相对人无法达成合同目的的条款，推定其失去公正。在此，不能达成合同目的的情形包括物理不能与基于社会通常观念而难以达到的情形，其判断标准应以顾客的立场为基础。“本质性权利”作为一类合同的特征，是该类合同的核心权利。审查是否符合这一要件，必须考虑所使用约款的交易类型。一般而言，当某种义务构成合同的本质时，不以此义务为内容的约款合同无任何意义。经营者若通过约款排除或者限制该义务，应认定为限制顾客本质性权利，该约款条款无效。因此，此类条款多为与基本债务相对应的的权利，对于附随义务，若为达成合同目的所必需的，亦可成为本

① 例如“在代理店合同约款中，规定关于雇用的条款”，或者“在厨艺教学合同约款中，规定关于厨具买卖的条款”等情形。

② 参见〔韩〕孙智烈：前揭《民法注解》(Ⅻ)，第351页。

质性权利。“不能达成合同目的”,是指依据约款条款规定,合同失去其本应有的意义或者性质发生转变,其判断标准当然亦应以顾客的立场为基础。

公平交易委员会的《约款审查指南》列举了属于该条款的具体情形:(1) 补习班合同中,本质性权利是接受补习的权利,但是约款规定以提供教材等其他形式代替该本质性权利的条款;(2) 商铺销售合同中,对于本属于商铺入住者固有决定事项的商品的更换、修理、退货等销售、管理活动,规定必须接受经营者指示的条款。

除此之外,海上运输合同中船舶所有人及船长对船舶的适航及货物装载能力不承担任何责任的条款,及在石油供给人提供的买卖合同中,供给人可以拒绝买受人提出的确认油罐车中所装载燃料是否符合合同规定的类型及品质的请求,并且不承担因油罐车装载的汽油溢出所致损害的条款等,均属于该情形。[①]

(四) 具体的无效事由

如在概述所说,韩国《约款规制法》在其内容规制方式上,采依据一般无效条款和列举具体的无效条款并行的方式。以下第 7 条至第 14 条的规定,便可以看做是具体列举的依据第 6 条无效的重要情形。在此,具体的禁止规定,分为相对无效规定和绝对无效规定。是对于须作进一步评价的要素,如“无正当理由”等,当其评价被否定而予以禁止时,属于相对无效规定;而当一行为后果极其严重,无须另外评价直接被禁止的,为绝对无效规定。

1. 关于免责的约款条款

《约款规制法》第 7 条规定,关于合同当事人责任的约款条款,存在下列情形之一的,该条款无效:(1) 免除经营者、履行辅助人或被雇用人因故意或重大过失所造成的法律上责任的条款(第 1 项);(2) 无正当理由限制经营者的损害赔偿责任范围,或是将本应由经营者承担的风险转嫁给顾客的条款(第 2 项);(3) 无正当理由排除或限制经营者的担保责任,或加重顾客因该担保责任产生的权利的行使要件的条款(第 3 项);(4) 存在合同标的物样品或者关于标的物品质、性能等标志的情况下,无正当理由排除或限制保障该内容责任的条款(第 4 项)。由于“免除或者限制法律上所

① 参见〔韩〕赵汉畅:前揭《约款的意义及规制体系的考察》,第 80 页。

规定的经营者责任”的免责条款的危害最为严重,因此第1项属绝对无效条款,其效力为当然无效;第2项、第3项作为相对无效条款,将“无正当理由”这一评价要素作为要件。

首先,于第7条第1项的情形,免除故意或者重大过失责任的约款条款绝对无效。原因在于,该约款不仅免除债务人的全部责任,且因债务人的故意或重大过失导致的所有不利后果均由债权人承担,严重违背正义观念。[①] 在此,关于免除轻过失责任的法律效力如何,解释论上,一般认为轻过失的免责条款原则上应认定为有效,但当该免责条款违反诚实信用原则时,应根据第6条第1款认定为无效。[②] 当约款条款中的免责条款未区分重过失与轻过失时,根据为维持效力而缩小解释的否定说,应认定该约款条款全部无效,故轻过失的免责条款亦不发生效力。另有观点认为,在公平交易委员会的行政审查阶段应被宣告为全部无效,而在法院个别判断中,仅将免除故意或者重大过失责任的约款条款认定为无效,对于单纯的轻过失免责条款,应认定有效。[③]

关于违法性审查标准,公平交易委员会的《约款审查指南》第7条规定:“免责条款,是指现在或者未来可能负损害赔偿责任的当事人,对于法定的损害赔偿责任的原因及范围,约定免责的条款。将经营者或者由经营者承担责任的履行辅助人、受雇人因故意或者重大过失所引起的法律上的责任,通过约款予以免除的条款为无效条款。法律上的责任包括债务不履行责任、缔约过失责任和侵权责任等。这一条款仅规定故意或者重大过失所造成的法律上责任,对于轻过失的免责条款原则上认定为有效,但在违反诚实信用原则的情况下仍应根据《约款规制法》第6条,认

① 参见〔韩〕孙智烈:前揭《民法注解》(Ⅻ),第360页。在《约款规制法》制定之前,韩国大法院的判决认为,因故意或者重大过失侵害财产权的,对限制或者免除类似侵权责任存在当事人间合意的情形,通常因其违反社会秩序,在大多数情况下应认定为无效。(大法院1983.3.22宣告,82 daka 1533判决。)

② 参见〔韩〕孙智烈:前揭《民法注解》(Ⅻ),第361页。

③ 同上书,第362页。

定为无效。”①

对于经营者限制其损害赔偿范围，或者将危险转嫁至顾客的条款；免除或者限制担保责任，限制顾客行使基于该担保责任所形成的权利，或者加重其权利行使要件的条款；关于合同标的物，在提供样品或者具有关于特定商品质量、性能等标注的情形中，免除或者限制对上述内容的保证责任的条款，均以“无正当理由”为前提认定为无效。在此，须明确“无正当理由”的概念。根据公平交易委员会的《约款审查指南》：判断是否具备“正当理由”应综合考量设定该约款的意图及目的、该行业通常的交易惯例、关联法规、交易商品及服务的特性、经营者营业上的必要及顾客所承担的不利益的内容和程度等因素。②

关于该问题，大法院判决如下：“韩国电力公社的《电力供给规程》第51条第3款、第49条第1款和第3款规定，韩国电力公社的电力设备发生故障或者可能发生故障时，电力公社可以终止或者限制供电，在这种情况下，对用户造成的损害不承担任何赔偿责任。由于该规定的性质是免责约款，若将其解释为免除韩国电力公社因故意或者重大过失造成的损害赔偿责任，根据《约款规制法》第7条第1项应认定为无效条款，而除此之外，免

---

① 韩国公平交易委员会：《约款审查指南》，2008.1.1，Ⅳ.3.ga.（1）。《约款审查指南》中，列举了免除基于故意或者重大过失发生责任的条款的具体情形：（1）在体育馆内，因遭受盗窃或者其他安全事故而发生的损害，当经营者存在重大过失，或者由于设施的设置、维持存在瑕疵等而经营者应当承担责任时，约款规定经营者对使用体育馆设施过程中发生的财产及身体上的损失，不承担任何责任的条款。（2）民法规定：基于自身的故意或者重大过失致使他人遭受损害的情形，必须承担责任。但约款规定：不论是否具有可归责于经营者的事由及所承担责任的程度，顾客进入商店后由于火灾、盗窃或者其他事由遭受损害时，经营者一概不承担任何责任的条款。（3）停车场经营者针对车辆或者车内的财物，基于故意或者重大过失未尽到善良管理人的注意义务所发生的损害，应承担相应的责任。但约款规定：在停车场发生的盗窃、毁损、火灾等情形，经营者不承担责任的条款。（4）经营者所提供的不动产买卖关联信息具有虚假或者不实情形的，对于顾客损失存在可归责于经营者的事由时，应由经营者承担责任。但约款规定：基于该信息所发生的损害，经营者一律不承担责任的条款。（5）疗养院的经营者基于自身的故意或者重大过失造成疗养人员损害的情形，由于经营者未完全履行合同所规定的义务，必须承担损害赔偿责任。但约款条款规定：在入院期间，因疏忽所发生的事故，疗养院不承担任何责任。（韩国公平交易委员会：《约款审查指南》，2008.1.1，Ⅳ.3.ga.（2）。）

② 韩国公平交易委员会：《约款审查指南》，2008.1.1，Ⅳ.3.na.（1）（ga）1）。

除轻过失的约款条款应认定为有效。”①

2. 关于不当地预设损害赔偿额的约定

预设损害赔偿额，是指交易当事人为预防交易中可能发生的法律纠纷，事前设定基于债务不履行等行为而发生的损害赔偿数额。债权人若能证明存在该项约定，即可请求相对方支付约定的赔偿数额，若约定数额过高，法院可以根据韩国《民法》第 398 条第 2 款②之规定，予以适当减免。但此种减免方式，在大量、反复使用的约款交易中不能有效发挥作用，为此《约款规制法》第 8 条规定，不当地使顾客承担过重的迟延损害金等损害赔偿义务的约款条款无效。因此，法院不可将约定的损害赔偿额作为计算损害额的基础，债权人应根据一般原则计算损害赔偿数额，并承担相应举证责任。在此情形下，赔偿金额限定在实际发生损害的范围内，若债权人无法证明损害发生，则不能得到相应损害赔偿。与民法规定的“预设损害赔偿额过多”不同，《约款规制法》将其规定为“过重的损害赔偿义务”，其原因在于，《约款规制法》在将“金额过大”作为规制对象的同时，亦将其他可

① 大法院 2002.4.12 宣告，98 da 57099 判决；大法院 1995.12.12 宣告，95 da 11344 判决。关于该问题，大法院的判例认为：“在机动车保险中，限定 26 岁驾驶的特别约款，虽然通过限定保险人的担保范围，明显地造成了保险合同相对人的不利益，但是约款通过降低保险费的形式使相对人得到了相应利益，因此该特别约款是否可以订入保险合同，完全由合同当事人合意决定。故而，不能根据第 7 条第 2 款认定其为无效约款。”（大法院 1998.6.23 宣告，98 da 14191 判决。）“鉴于当时的《关于住宅供给的规定》（1998.6.23，通过建设交通部令第 39 号修订之前的规定）第 27 条第 4 款将入住之前所支付的‘入住金’全部纳入迟延金的算定对象等诸般事项，认定住宅供给合同约款将定金排除在入住迟延的延迟罚金的算定对象之外的条款，为无正当理由限制经营者损害赔偿范围的条款，造成顾客不当不利益并违反诚实信用原则而有失公正，因此根据《约款规制法》第 7 条第 2 款，第 6 条第 1 款、第 2 款 1 项的规定认定其为无效条款。”（大法院 2007.8.23 宣告，2005 da 59475 判决。）

② 韩国《民法》第 398 条第 1 款规定：“当事人可以预定关于债务不履行的损害赔偿额。”第 2 款规定：“损害赔偿的预定额过高的，法院可以适当减少。”中国《合同法》上，与此相似的第 114 条规定：“(1) 当事人可以约定一方违约时应当根据违约情况向对方支付一定数额的违约金，也可以约定因违约产生的损失赔偿额的计算方法。(2) 约定的违约金低于造成的损失的，当事人可以请求人民法院或者仲裁机构予以增加；约定的违约金过分高于造成的损失的，当事人可以请求人民法院或者仲裁机构予以适当减少。(3) 当事人就迟延履行约定违约金的，违约方支付违约金后，还应当履行债务。”

能致使顾客承担过重损害赔偿义务的情形,作为规制对象。①

根据公平交易委员会的《约款审查指南》,“不当过重”是指经济上处于弱势地位的债务人在履行损害赔偿义务时,被施加不当的压力而使双方关系失去公正性。其判断标准应综合考量交易类型中债权人与债务人的经济地位、合同的目的及内容、预设损害赔偿额的动机、实际债务与预设损害赔偿额之间的比率、预想损害额的大小、当时的交易惯例及经济状况等因素。② 在实际交易中,应根据条件的差异、交涉力的差距、合同的不同性质等来认定,不能仅以损害赔偿预设额为经营者单方设定为由一概认定其违法。

与此相关,大法院在租赁合同书是由不动产租赁业者事前印制、提供,并据此签订合同的案例中,认为该合同所规定的“自租赁合同结束之日起至返还或者交付之日的租金、管理费及租赁保证金之和的月 1% 的两倍设定为赔偿额”这一条款,虽经双方协商设定,但相对方并不具有调整自身利益的机会,由此,应认定其为约款,且该条款不当地使顾客即承租人承担了

① 例如,规定与债务不履行不相关的惩罚性罚金的条款;在无可归责于债务人的事由时,使其承担损害赔偿责任的条款;除金钱赔偿外,规定其他赔偿形式的条款;排除减少损害赔偿预定额可能性的条款等,均可以认定为符合该情形的约款条款。大法院判定:“约款条款规定:在承租人延迟缴纳月租时,‘承担月 5%(年 60%)的延迟金,并且规定在基于延迟而解除合同的情况下,将承租人的租赁保证金的 10% 视为违约金’。这造成承租人不当的不利益,因此推定其缺乏正当性,违反诚实信用原则。该约款条款使承租人不当地承担了过重的迟延损害赔偿金等损害赔偿义务,根据《约款规制法》第 6 条、第 8 条认定其为无效的约款条款。”(大法院 2007.8.23 宣告,2005 da 59475 判决。)

② 大法院 1998.2.13 宣告,96 da 38506 判决;韩国公平交易委员会:《约款审查指南》,2008.1.1,Ⅳ.3. na.(1)(ga)1)。《约款审查指南》列举了符合该条款的具体情形:(1) 在不动产交易中,通常违约金的水平维持在交易对价的 10% 左右,但约款规定违约金为交易对价总额 20% ~ 30% 的条款。(2) 在租赁合同中,通常将合同有效期内租赁保证金的定期存款利息与月租费之和称为租赁费用总额,而违约金应确定为租赁费用总额的 10%。但是约款条款却规定将租赁保证金的 10% 作为违约金的条款。(3) 将定金视为违约金的特别约定情形下,定金即具有《民法》第 398 条第 4 款所规定的损害赔偿预设额的性质,但是约款规定因解除合同使出卖人或者出租人遭受损害的,可以向买受人或者承租人另行请求损害赔偿的条款。(4) 预先设定损害赔偿额的,原则上发生的实际损害超出预定额的,亦不能对超出部分另行请求。但约款规定除将定金视作违约金之外,另可请求延迟金,并规定可在已经交付的金额中直接扣除的条款。(5) 互助服务合同规定,因会员中途终止合同,应支付的份额支付金的违约抵扣率(扣除金额 ÷ 商品价金 × 100)超过 20%,虽然考虑到募集会员所发生的费用,但是已经超出通常的交易惯例(交易对价的 10%)。(韩国公平交易委员会:《约款审查指南》,2008.1.1,Ⅳ.4. na。)

过多的损害赔偿义务，故判定其无效。[①]

3. 关于解除、终止合同的约款

在一般情形下，经营者拟定约款时，对于合同的解除，常出现无视民法的规定，简化解除权的产生及行使要件，或者过度扩大合同解除效果等现象。此外，加重顾客行使解除权的要件，强行维持合同效力的条款，均不利于保护消费者。

为此，《约款规制法》第9条第1项规定，排除或限制法律上赋予顾客的解除权、终止权，或者加重其权利行使要件的约款条款无效。此为绝对无效条款，不考虑其是否具有正当理由。这是因为，在可归责于对方的事由致使债务不履行，或者从顾客角度无法使合同存续的情形，若继续将其拘束于合同关系中，必将对顾客造成严重的不利益。但有观点认为，考虑到合同及解除事由类型的多样化，对于将限制顾客行使解除权的所有约款条款均认定为无效的规定，有必要从立法论角度进行再检讨。[②] 第9条第1项的适用对象为法定解除权或法定终止权，约定解除权及约定终止权不在其适用范围之内。[③]

《约款规制法》第9条第2项及第3项规定，赋予经营者法律上未规定的解除权、终止权，或者缓和经营者行使法定解除权、终止权的要件，可能

① 大法院2008.7.10宣告，2008 da 16950判决。关于"使顾客承担不当过重的损害赔偿义务或者违约金等约款条款"的效力问题，大法院的判例观点如下："承租人拖欠月租时，使其承担月5%（年60%）的迟延金的约款条款，或者以承租人拖欠租金为由解除合同时，将承租人所交纳的租赁保证金的10%作为违约金的约款条款，根据《约款规制法》第6条、第8条各项规定，该约款使顾客承担了不当过重的损害赔偿义务及违约金，推定其为造成顾客不当不利益、缺乏公正性的约款条款，因违反诚实信用原则，认定为无效。"（大法院2009.8.20宣告，2009 da 20475，20482判决。）并且，在"液化石油天然气（LPG）供给人，自行承担铺设天然气供给设施及其附属设施的情形，在LPG供给及使用合同书约款条款中规定，当天然气使用人未遵守天然气使用期限时，必须承担设施铺设费用两倍的赔偿额"的案例中，关于该预设损害赔偿额的约款条款是否符合第8条的问题，大法院判定："符合第8条所规定的'使顾客承担不当过重损害赔偿义务'的约款条款，认定为无效。"（大法院2006.11.9宣告，2006 da 27000判决。）

② 参见〔韩〕孙智烈：前揭《民法注解》（XII），第375页。

③ 韩国公平交易委员会：《约款审查指南》，2008.1.1，IV.5.ga.（1）。违反第9条第1项的约款条款的具体类型如下：（1）合同当事人可以以相对方不履行债务为由，经过催告等程序，行使解除或者终止权。但约款条款规定：只有经营者认为顾客请求解除或者终止合同具有正当理由时，方认定顾客解除权的条款。（2）虽然符合民法上债务不履行的情形，但约款条款规定顾客不能请求解除合同的条款。（3）关于住宅防盗窗安装的合同中，虽然顾客可以在经营者履行之前以主动放弃定金为前提，解除合同。但约款规定，不论经营者是否已经进入履行阶段，将顾客解除合同的期限限定于签订合同之日起七日内的条款。（韩国公平交易委员会：《约款审查指南》，IV.5.ga.（2）。）

造成顾客遭受不当不利益的条款无效。该项从与第 1 项不同的侧面规定，赋予经营者法律未规定的解除权、终止权或者缓和行使要件的条款无效。但此时的违反条款，并非绝对无效，仅在造成或者可能造成顾客不当不利益时，认定为无效。经营者解除合同，可能对顾客造成严重损害，因此对于不当不利益的判断标准不能过于严苛。① 判断是否为“不当”，应综合考虑设定约款的意图及目的、该行业通常的交易惯例、关联法规、所交易商品或服务的特性、经营者营业的必要及顾客可能遭受损失的内容及程度等因素。②

《约款规制法》第 9 条第 4 项及第 5 项规定，因合同解除或者终止，无正当理由使顾客承担过重的恢复原状义务，或者不当地使其放弃或减轻经营者恢复原状义务的条款无效。判断其是否具有“正当理由”，必须综合考虑设定约款的意图及目的、该行业通常的交易惯例、关联法规、所交易商品或服务的特性、经营者营业的必要及顾客可能遭受损失的内容及程度等因素。“不当”的判断标准亦与此相似。③

《约款规制法》第 9 条第 6 项规定，在以持续性债权关系为目的的合同

---

① 参见〔韩〕孙智烈：前揭《民法注解》（Ⅻ），第 376 页。

② 韩国公平交易委员会：《约款审查指南》，2008. 1. 1，Ⅳ. 5. na. (1)(da)。该指南Ⅳ. 5. na. (2)中列举了违反第 9 条第 2 项的具体类型：(1) 韩国《民法》第 636 条规定，在约定存续期限的租赁合同中，若规定期限内终止合同的权利，终止权应在出租人通知终止合同之日起 6 个月、承租人通知终止合同之日起 1 个月后，发生效力。但约款条款规定：当承租人终止租赁合同时，必须提前两个月通知。(2) 住宅、商店等不动产买卖合同中规定，买受人拖欠余款的，出卖人可不通过任何催告程序，将合同解除或者终止的条款。(3) 约款规定，除合同所规定的内容之外，当经营者认为在管理上有必要，向顾客提出请求而顾客未满足其请求时，经营者可不经过催告等程序即刻解除或者终止合同的条款。(4) 约款规定，当顾客存在轻微的违背义务的行为时，经营者可不经催告等程序，即刻解除或者终止合同的条款。

③ 韩国公平交易委员会：《约款审查指南》，2008. 1. 1，Ⅳ. 5. da. (1)(da)。该指南Ⅳ. 5. da. (2)中列举了违反第 9 条第 3 项的具体类型：(1) 虽然合同被解除或者终止，但标的物返还不能，并以价金的形式返还的情形下，规定价金的计算方法由经营者单方决定的条款。(2) 在商铺买卖合同中规定，解除合同时，顾客不得向经营者请求返还已支付的管理及维护费的条款。(3) 健身俱乐部会员入会合同中规定，已经交付的会员费用不论何种情形，概不退还的条款。(4) 解除或者终止合同时，规定顾客先于经营者履行恢复原状义务的条款。(5) 虽然民法上的债务不履行应具备可归责于债务人的事由，但约款规定不以归责事由为前提，一律拒绝返还定金的条款。该指南Ⅳ. 5. la. (2)中列举了违反第 4 项的具体类型：(1) 虽然合同解除是基于可归责于经营者的事由，但约款规定仅部分返还顾客给付的定金的条款。(2) 合同解除或者终止的情形下，约款规定仅返还顾客所支付的本金而不包含相应利息及滞纳金的条款。(3) 合同解除或者终止后，约款规定经营者返还顾客对价的期限不当过长的条款。(4) 约款规定，若发生会员退会的，必须提前一个月通知，并拒绝及时返还保证金（恢复原状义务的履行期限），而尽可能延长返还期限的条款。

中,不当地规定合同的存续期间为短期或长期,或者规定可以延长默示期间或者更新合同,致使顾客遭受不当不利益的条款无效。[①]

4. 关于债务履行的不当约款

《约款规制法》第10条规定,债务履行的约款条款中,无正当理由赋予经营者单方面确定或者变更给付内容的权利的条款(第1项)和无正当理由将本应由经营者履行的债务单方中止或者由第三人代为履行的条款(第2项)无效。这是为了防止经营者就自己的债务履行方面,设置单方确定、变更或者中止其债务履行或者由第三方代为履行的条款。[②]

与此相关,大法院有判例认为:"在韩国资产管理公社与金融机构之间签订附事后清算条件,概括购买不实债权的合同中,该合同及业务方法书上规定的清算条款,难以认定其为使顾客受不当的不利益之条款,或者无正当理由将清算标准单方面赋予韩国资产管理公社的条款,因此,不能根据《约款规制法》第6条、第10条第1项,判为无效。"[③]

5. 不当侵害顾客权益的约款

《约款规制法》第11条规定,无正当理由排除或者限制顾客法律上的

① 韩国《约款审查指南》Ⅳ.5. ma.(2)中列举了违反第9条第6项的具体类型:(1)以建立持续的合同关系为目的订立的学习材料供给合同中规定,当合同期限届满时,若无相对人明示拒绝的意思表示,该合同继续有效的条款。(2)主债务延长时,相应的保证债务是否延长,必须得到保证人明示同意。但约款规定在主债务履行期限延长时,无连带保证人明示同意,保证合同自动延长的条款。(3)虽然公寓式租屋(condo)具有投资规模较大、工程期限较长且投资风险较高的特性,但在公寓式租屋(condo)会员约款中仍将合同存续期限不当地规定为较长期间(例如20年),使保证金返还请求只有在存续期限经过后,方可实现的条款。

② 韩国《约款审查指南》Ⅳ.6. ga.(2)中列举了违反第10条的具体类型:(1)约款完全不考虑顾客利益,规定经营者可根据自己的情形,随时决定终止货物供给或者减小供给数量,即经营者可随意决定供给与否或者供给多少的条款。(2)因相关租赁标的物赋税的变化及其他经济上的变动,使之前约定的租金产生偏差时,通常原则为,双方当事人均可请求对将来价金的增减进行商讨(《民法》第628条)。但约款条款未规定承租人的价金减少请求权,而仅赋予出租人根据诸般事项,任意确定价金的权利的条款。(3)约款未根据交易所具有的特性规定妥当的限制事由,而直接赋予经营者自由裁量、任意变动对价的权利。(4)使用过分概括或者意思不明确的词句,致使经营者可以通过任意解释,免除自身瑕疵担保责任的条款。(5)约款规定无须相对方同意,经营者可随意变更商铺买卖合同中关于商铺用途、结构及位置等重要内容的条款。(6)约款规定发卡社及其加盟商店可以根据需要,在无事先通知的前提下,将其提供的各类服务进行变更或者取消的条款。(7)旅行社仅在无归责事由且不能安全、圆满地完成旅行服务的情形下,具有变更顾客旅行日程及旅行条件的权利。但约款规定,经营者可以基于"航空及当地情形"这一概括且具有推论性的事由,取得变更顾客旅行日程及旅行条件的权利的条款。(8)约款规定,在未经游戏使用人同意,经营者可以根据自身需要,随时变更或者取消其所提供的游戏服务的条款。

③ 大法院2008.4.24宣告,2006 da 14363判决。

抗辩权、抵消权等的条款(第1项),无正当理由剥夺已赋予顾客的期限利益的条款(第2项),不当限制顾客与第三人签订合同的条款(第3项),允许经营者无正当理由泄漏通过交易获得的顾客秘密的条款(第4项),为无效条款。该规定之目的在于防止经营者通过约款限制顾客本可直接通过合同或于合同之外可享有的权利。

6. 不当拟制意思表示的约款

《约款规制法》第12条规定,规定意思表示的约款条款中,将顾客的作为或者不作为推定为顾客作出或者未作出意思表示的条款(第1项),严格限制顾客意思表示方式或要件的条款(第2项),无正当理由将对顾客利益产生重要影响的经营者的意思表示推定为已经到达顾客的条款(第3项),对顾客利益造成重大影响的经营者的意思表示,设定不当长期期限或者不确定期限的条款(第4项),为无效条款。

关于意思表示的方式或者效力的条款,原则上属于任意性规定,当事人可通过合意,制定排除任意性规定的内容。但通过约款对意思表示进行拟制或者限制其形式,实际上并非基于当事人之间的合意,由此导致对方当事人承受不利益的后果。因此,该规定旨在防止经营者制定有利于自身意思表示的拟制或意思表示到达的约款条款。本条各款规定,均属相对无效条款。

与此相关,韩国大法院在"快递公司在委托营业合同中,规定快递公司可根据市场变动单方变更运送手续费率的约款条款是否为无效"的案例中,认为:"快递公司委托营业所合同所规定的运送手续费率是营业所运送行为的对价,是决定营业所收益的重要事项。若发生必须修订对价之事由,通常应由双方协商确定。但上述约款规定,若发生修订事由,由快递公司单方决定。此条款赋予了快递公司无任何理由单方修订对价的权利,因此根据《约款规制法》第10条第1项的规定,或者根据该法第6条第2款第1项'顾客遭受不当不利益'的推定条款,判为无效。"①

7. 加重代理人责任的约款

《约款规制法》第13条规定,由顾客的代理人签订合同的,加重代理人责任的约款条款无效。代理人仅代表本人与经营者签订合同,不承担任何责任。但在现实交易中,经营者在约款中规定顾客不履行合同义务时,由代理人承担履行责任,使代理人承担过重的负担,故该条款的设置目的即禁止经营者擅自加重代理人义务。该条规定为绝对无效条款,不考虑是否

① 大法院2008.2.14宣告,2005 da 47106判决。

具有正当理由。

与此相关，对于该问题，大法院认为：综合考虑该法第 1 条及第 6 条第 1 款规定的宗旨，所谓“代理人”指“单纯为本人的利益，代理签订合同的民法及商法上所规定的代理人”。而在财团法人——畜产物流通事业团（Livestock Products Marketing Organisation）的招标公告中，关于进口条件（Import Conditions）的第 12 条 F 款中涉及的国内代理店，并非是单纯签订合同的代理人，其亦具有合同履行人的地位，因此判定其不属于第 13 条所规定的代理人范畴。[①]

8. 不当限制诉讼权利的约款

《约款规制法》第 14 条规定，对于顾客不当不利益的禁止起诉或者协议裁判管辖的条款，无正当理由使顾客承担举证责任的条款，为无效条款。此规定是为禁止经营者通过制定不起诉合意、管辖合意、举证责任倒置等约款，致使顾客权利救济困难，而将仅有利于经营者、不利于顾客的约款条款进行无效化处理。在此，“不起诉合意”是指当事人之间达成的决定不起诉的合意。“起诉”是包括本案诉讼及诉讼保全、申请强行执行程序在内的诉讼程序上的一切行为。[②]

关于专属管辖合意约款的效力，大法院认为：“综合考量约款条款对顾客造成不利益的内容及发生不利益的盖然性、对当事人之间的交易过程产生的影响、关联法规的规定等诸般事项可知，有关专属管辖合意的约款，与一方当事人单方面确定管辖法院的效果无异。经营者滥用其交易上的优势地位，通过约款规定由该经营者营业地法院专属管辖的，有碍健全的交易秩序。如该约款致使顾客遭受不当不利益，应认定为无效，而仅造成顾

---

① 大法院 1999.3.9 宣告，98 du 17494 判决。

② 韩国公平交易委员会的《约款审查指南》Ⅳ.10. ga.（2）中列举了符合不起诉合意的具体情形：（1）规定不论是否存在可归责于当事人之间的事由，不论基于何种原因，均不得追究任何民、刑事责任的条款。（2）规定在签订房屋买卖合同之前，对眺望权、采光权等的侵害，或者存在噪音的可能性进行了事前考察的情形下，即使当其影响远远超出可以容忍范围，严重影响居住生活时，禁止顾客提出异议的约款。该指南Ⅳ.10. na.（2）中对于裁判管辖合意的约款条款进行了列举式的规定：（1）将有关合同的诉讼管辖法院，确定为经营者所在地法院或者经营者所指定法院（例如某地方法院）的条款。（2）国外经营者在约款中规定，在国内经营过程中所发生的、关联合同的诉讼管辖法院为国外经营者本社所在地法院的条款。而该指南Ⅳ.10. da.（2）中规定了关于举证责任分担的问题，即：（1）在游戏使用约款中规定，经营者可以以“无法认知”为由，拒绝承担因网络连接延迟等造成损害责任的条款。（2）在货物或者旅客的运输合同约款中规定，经营者只在自身存在明确的故意、过失的情形下承担损害赔偿责任的条款。

客细小不利益的,并不能将其认定为无效,而应根据诚实信用原则进行公正的解释,当约款含义不明确时,应作出有利于顾客的解释。”[①]而且,关于将经营者规定管辖其营业所的地方法院为专属管辖法院的合意条款认定为无效的要件及判断标准,大法院认为:“其无效的判断要件为‘是否对顾客造成不当不利益’。若仅造成细小的不利益,必然不足以认定为无效;只有同时认定该约款条款由经营者滥用其交易优势地位而制定,且该约款条款的适用造成交易秩序混乱,致使顾客遭受不当不利益时,方可认定为无效。此外,判断该专属管辖约款条款是否造成顾客不当不利益时,亦应综合考量约款条款造成顾客不利益的内容及发生不利益的可能性、对当事人之间的交易过程所产生的影响、关联法规的规定等诸般事项。”[②]

(五)综合评价

以上为针对韩国《约款规制法》中关于不公正约款规制的一般条款及具体无效事由的梳理和分析。

韩国《约款规制法》第 6 条作为约款审查的一般规定,宣告违反诚实信用原则的约款条款无效;而该法第 7 条至第 14 条作为个别的禁止条款,具体列举不公正约款的类型,但个别禁止规定并非完全被禁止,分为具有评价可能性的一定要素被给予否定评价时始认定为无效的相对无效规定和具有严重后果而无须另行评价直接认定为无效的绝对无效规定。其中,《约款规制法》第 7 条第 1 款、第 9 条第 1 款、第 13 条为绝对无效条款,其余条款均为导入“无正当理由”或者“不当”等评价标准的相对无效条款。[③]

---

① 大法院 2009.11.13 宣告,za 2009 ma 1482 决定。

② 大法院 2008.12.16 宣告,2007 ma 1328 判决。

③ 绝对无效条款为:(1) 关于合同当事人责任的约款中,免除经营者、履行辅助人或者受雇人的故意或者重大过失所造成的法律责任的条款(第 7 条第 1 项);(2) 排除法律上赋予顾客的解除权及终止权,或者加重其权利行使要件的条款(第 9 条第 1 项);(3) 合同由顾客的代理人代为签订的,加重代理人责任的条款(第 13 条)。以“无正当理由”、“不当”为评价标准的相对无效的条款为:(1) 排除或者限制损害赔偿责任或者担保责任的免责条款(第 7 条);(2) 使当事人承担过重的损害赔偿义务的条款(第 8 条);(3) 限制当事人解除、终止合同的权利,或者减轻经营者恢复原状义务的条款(第 9 条);(4) 单方变更给付内容的条款(第 10 条);(5) 侵害顾客抗辩权及期限利益等权利的条款(第 11 条);(6) 拟制意思表示的条款(第 12 条);(7) 加重代理人责任的条款(第 13 条);(8) 限制起诉、举证等诉讼上权利的条款(第 14 条)。关于同时适用第 8 条和第 6 条的案例为:“根据第 6 条和第 8 条的规定,不当地使顾客承担过重的损害赔偿义务的约款条款,推定为使顾客遭受不当不利益的条款,因违反诚实信用原则,认定为无效。约款规定,取得韩国土地开发公社提供的土地的当事人,在不签订合同的情形下,将其所交付的土地价金的 10% 作为买卖申请金归属于韩国土地开发公社。这使当事人不当地承担了过重的损害赔偿义务,因此该约款条款为无效条款。”(大法院 1994.5.10 宣告,93 da 30082 判决。)

因此,对于具体禁止规定,特别是对具有评价可能性的具体禁止规定的解释,最终仍以一般规定作为解释标准。在约款审查中,通常情况下,优先适用具体禁止规定判断约款的效力,而作为一般禁止规定的第6条为第7条至第14条的补充。①

与此相关,以下梳理韩国学界所指出的主要问题及其完善建议:

首先,关于一般条款,学界认为约款公正性的判断标准不够明确。关于如何完善,有观点指出,约款公正性的判断标准必须在立法中予以明确。具体而言,应将第6条第2款的规定,即关于不公正性推定的条款,参照《德国民法典》第307条②第2款加以修订。由于"使顾客遭受不当的不利益的条款"中"不当"这一价值判断过于抽象,未能提供明确的判断标准,应将其删除;将第6条第2款第2项修改为订入要件;将第6条第2款第3项参照《德国民法典》第307条第2款,修订为区分典型合同和非典型合同。即在典型合同中,约款条款试图规避的规定有悖于法律所追求的最本质的基本理念的,判定其具有不公正性;而在非典型合同中,当约款条款排除该合同本质性权利或者义务,致使合同目的不能达到的,将其推定为"不当的不利益的条款"。③ 对此,另有观点认为,第6条第2款第1项"对于顾客不当不利益的条款",其本身亦很抽象,完全不能发挥其旨在易于判断是否违背第1款诚实信用原则而设的功能。因此主张,有必要在第1项中明文提出对内容规制的原则性标准,例如将"对于顾客不当不利"修订为"对于顾客,较民法、商法及其他法律规定更为不利",尊重任意性规范的指导功能,使公平交易委员会更加易于适用不公正约款的抽象判断。该观点主张,新设第6条第2款第4项以规定现行第1项的内容,即规定为"对于顾客不当不利的其他情形",以此规制不属于修改案第1项,但属于不公正的情形。④

另外,有观点认为第6条第2款第2项属于"意外条款"的规定,与第6条第2款的立法宗旨不相符合。从立法技术上,将其设在第6条第2款

① 但是通过分析公平交易委员会的审结例,其适用上并非单纯地将第6条作为第7条至第14条的补充。在众多的审结例中,即使完全可以适用具体禁止规定的,亦适用一般规定,并且同时适用具体禁止规定与一般规定的情形也不在少数,因此该原则并非严格适用于实务当中。(〔韩〕曹圣国:前揭《约款规制法上不公正约款》,第330页。)

② 德国《一般交易条款规制法》第9条的规定。

③ 参见〔韩〕权五乘:前揭《约款规制法执行的改善》,第31页。

④ 参见〔韩〕尹荣硕等:前揭《关于约款审查制度发展方向的研究》,第184—185页。

第2项，似乎不公正性的规范体系除“任意性法规的规制”和“根据合同性质的规范”外，亦包括“意外性”，给不公正的规制带来体系上的混乱。例如，交易中已惯例化的免责条款，有可能属于不公正条款，但并非属于意外性条款；反之，违反交易惯例，向顾客追加主要义务的同时赋予其相应请求权的，并非属于不公正条款，但却不失其“意外性”。因此，约款的“不公正性”与“意外性”为不同范畴的概念，其性质上不宜被设于同一条款。“意外性”应于约款的订入阶段加以考虑，因此应另设第3条之2，个别规定为宜。① 然对此，也有观点认为，由于第6条第2款为推定不公正性的条款，故无须有意缩小列举不公正性的范围。②

其次，关于免责条款的禁止，《约款规制法》第7条第1项规定，免除经营者基于故意或者重大过失而产生之责任的约款条款无效，此为绝对无效条款。但有学者质疑，此责任是否包含合同责任和侵权责任，并不明确。为此可以借鉴《欧洲共同指南》1(a)及德国修订民法第307条第2款、第309条第7项的规定，在《约款规制法》中增加关于免责条款的禁止规定，即新设第7条第4项，规定“经营者基于故意或者重大过失致使顾客死亡或者伤残的，免除或者限制经营者责任的条款”。③

最后，关于一般规定与具体禁止规定的关系，学说指出，其关系并不十分明确。主张对于具体禁止规定即第7条至第14条，有必要参考判例学说，设更为具体明确的规定。修改后，一般规定与具体禁止规定的关系更加明确，即由一般规定提出有关约款效力的基本评价标准，而个别禁止规定仅为一般规定的具体化，从而得使一般规定充分发挥补充个别禁止规定的作用。④

第三节　约款的行政规制

一、概述

如前所述，韩国《约款规制法》关于约款的订入规制、解释规制及效力

① 参见〔韩〕张敬焕：《约款意外性的原则》，载《庆熙法学》1999年第34卷第2号，第191—209页。

② 为促进约款审查制度发展的关于《约款规制法》修订的讨论（第一次恳谈会，2007.8.9）。

③ 参见〔韩〕尹荣硕等：前揭《关于约款审查制度发展方向的研究》，第186页。

④ 参见〔韩〕权五乘：前揭《约款规制法执行的改善》，第31页。

规制的规定,均属实体法准则,原则上仅影响交易当事人(顾客与经营者)之间的权利义务关系,当事人的权利被侵害时,除了通过法院请求救济外,国家作为第三人无须干涉。但考虑到基于约款的消费者损害的特殊性,[①]对于因不公正约款而造成的消费者损害,有必要通过特别程序予以救济。[②] 这是因为在交易中,消费者较之经营者处于劣势地位,尤其当顾客为消费者时,在现实生活中,消费者面对其与经营者的关系,更加难以通过事先或者事后的主张维护自身权利,或者通过诉讼救济权利。因此,虽然法律赋予约款交易的各个经营者以明示、说明义务,并否认不公正约款的效力,但此时的消费者为以类似条件与同一经营者订立合同的多数消费者,故仅依赋予明示、说明义务和否定不公正条款效力的方式,难以充分救济具有小额、多数特征的消费者损害。为此,国家有必要介入,采取一定行政规制,构建健康的市场交易秩序。[③]

基于以上理念,韩国《约款规制法》一方面规定,对于不当约款,由法院解决具体纠纷的规则(约款规制的实体法规则),另一方面规定,对不当约款的事前、抽象的审查规则。[④] 并且,该法将约款的抽象审查权赋予特定的行政机关,即公平交易委员会。

概言之,韩国《约款规制法》的实体法部分,以德国《一般交易条款规制法》为蓝本规定相关内容。但该法除了规定通过司法的事后审查制度

---

① 因约款造成的消费者损害的特征为:第一,由于同一约款在不特定的多数交易中反复使用,因此不正当约款所造成的损害发生于多数交易。第二,针对每个消费者,约款所造成的损害均为小额损失。因此考虑到提起民事诉讼时,所需要的时间及费用等,事实上很难期待消费者提起诉讼进行维权。第三,相关约款的纷争,特别是判断约款条款是否无效,实属专业性的法律问题,很难期待普通消费者发现约款中的问题,并据此提起诉讼维权。(〔韩〕李银荣:前揭《约款规制法》,第672页。)

② 在施行概括性规范规制不当约款的立法之前,针对约款规范,存在三种形式。即,由法院根据一般合同法理的相关内容,进行司法规制;由行政机关进行事前的认可和行政指导形式的行政规制;以规范约款为直接目的,进行概括性或者个别性立法的立法规制。在《约款规制法》制定并实施之后,根据执行《约款规制法》的机关的不同,可区分为司法规制模式和行政规制模式。(〔韩〕孙智烈:前揭《民法注解》(Ⅻ),第408页。)

③ 参见〔韩〕李银荣:前揭《约款规制法》,第672页。

④ 关于约款的抽象审查制度,原则上存在依据民事诉讼法于程序法上确立特别规定,赋予法院抽象审查职权的立法例。即,司法规制模式。德国《一般交易条款规制法》采此立法例。根据德国《一般交易条款规制法》的规定,消费者团体、行业团体(同业团体)或者商工会议所等可针对使用不当约款的经营者及经营者团体提起诉讼,请求禁止其使用某一约款。法院可以抛开具体合同,直接审查该约款的效力,若判定该约款为无效约款,可判决当事人禁止使用该约款。其具体程序主要适用民事诉讼法的规定。但是针对原告、判决的公告及相关联邦卡特尔厅的备录、无效判决的对世性效力等问题,另有特别规定。(〔韩〕孙智烈:前揭《民法注解》(Ⅻ),第409页。)

外,又增设由公平交易委员会事前审查的、以抽象的内容规制为中心的程序法规定。由此,该法在立法方式上,采事前审查与事后审查并存的立法模式,这在比较法上具有其独特性。

二、对约款的行政规制

(一) 司法规制的局限

通常司法规制,是指当经营者与顾客因约款纷争提起诉讼时,法院审查约款条款并以判决的形式解决纷争的制度。① 根据《约款规制法》,约款订入合同即成为合同内容,对当事人产生约束力。但若订入合同之中的约款属于《约款规制法》第 6 条至第 14 条所规定的"不当条款",当事人可针对该约款的效力提起诉讼,如胜诉,则该约款条款失去效力。这种司法规制属于个别的、事后的规制方式,其局限性在于,一项判决的效力仅限于本案,并仅适用于约款已订入合同后发生的案件的事后审查。而且,司法规制虽为最基本、有效的规制方式,但由于民事诉讼程序的繁琐性、诉讼费用较高等,受害人通常对诉讼持消极态度。尤其是基于约款所造成的损害,多为小额性侵害,更难期待受害人采取诉讼形式维护自身权利。②

(二) 抽象审查的主管机构

为了解决司法规制的局限性,韩国《约款规制法》引进抽象审查制度。该制度不以特定顾客的损害为前提,事先审查约款中是否存在不公正内容,若存在即认定为无效,反之,则有效。其无效对于该约款交易中的所有顾客均发生效力,即具有对世性。③

约款的抽象审查制度,其目的并不在于保护特定顾客的利益,而在于确立公正的交易秩序,属于一种公益性制度。对于该制度必须赋予法律效力,因此其审查机关必须为能够为公益而辩护的法院或行政部等有权限的

---

① 参见韩国公平交易委员会:《约款规制的实质——纪念〈约款规制法〉实行 20 周年》,2008 年,第 10 页。

② 参见〔韩〕权五乘:前揭《约款规制法执行的改善》,第 23 页。即,司法规制可以直接通过诉讼维权,并且判决的强制执行力可有效保护受害人的权益。但是判决的效力仅局限于提起诉讼的当事人之间,因此在保护不特定多数人方面存在缺陷。其局限性主要表现在:司法规制仅在具体约款纷争发生之后,由法院介入,并且判决效力也仅局限于案件当事人。(韩国公平交易委员会:前揭《约款规制的实质》,第 10 页。)

③ 参见〔韩〕李银荣:前揭《约款规制法》,第 671 页;韩国公平交易委员会:前揭《约款规制的实质》,第 10 页。

机关。[1] 私法纠纷的解决机关,原则上为法院,但在特殊情形下,为了解决特别法律问题,可在行政部内设立特别委员会。[2] 韩国《约款规制法》将约款的抽象审查权限赋予行政机关而非法院,即在经济企划院内设立约款审查委员会作为独立的审查机构。[3] 这主要考虑到,第一,因约款所受损害的特性为多数性、小额性和专业性,故受害人个人不易提起诉讼;第二,如果由法院执行抽象审查,必须引进团体诉讼制度、设立特别法院,这就需要对整个民事诉讼制度进行改革;第三,法院判决的效力仅对涉案企业有拘束力,对于其他使用同一或者类似约款的企业不具拘束力;第四,民事诉讼的主要原则为辩论主义,且为尽可能接近实体真相,其规定了复杂且苛刻的程序要求,而对于约款的抽象审查制度,并不需要如此苛刻的程序要求等。而且,在韩国通过法院解决纠纷的机制尚未日常化,在这种现实下,如果将抽象的约款审查职能赋予法院,尚欠现实性。因此,韩国《约款规制法》规定,于行政部内的经济企划院设立独立的约款审查委员会,赋予其对约款的抽象审查权。[4]

该约款审查委员会的成员有法官、检察官、教授、公务员、消费者团体及经营者团体代表等。[5] 其审查程序则折中民事诉讼中的当事人主张与

---

① 观察各国关于抽象约款审查机构设置的立法例,可分为:法院承担抽象审查职能的模式与设立特别委员会承担抽象审查职能的模式。德国《一般交易条款规制法》是采前者模式的典型立法例,而设立特别委员会模式的立法例有法国,由不当条款委员会进行抽象审查。(韩国研究消费者问题的市民的会议:前揭《约款规制的立法》,第 78 页。)

② 参见〔韩〕李银荣:前揭《约款规制法》,第 673 页。

③ 但是,在《约款规制法》制定过程中,对采用德国式的约款诉讼制度还是另设行政性审查委员会,产生过激烈争论,最终立法者结合韩国现实情况,得出了设立行政委员会更为妥当的结论。(韩国研究消费者问题的市民的会议:前揭《约款规制的立法》,第 78 页;〔韩〕李银荣:前揭《约款规制法》,第 675 页。)

④ 参见〔韩〕孙智烈:前揭《民法注解》(Ⅻ),第 409 页。此外,作为参考,韩国在立法过程中强调,约款的审查必须由中央统一执行,因此将约款审查委员会设在中央,但为方便解决地方的书面申请,确定了书面申请、书面审查原则。约款审查委员会仅负责对约款的抽象审查工作,以法律上的争论点为其工作中心,而在其审查前,由主管消费者问题的行政机关或者消费者保护团体针对约款的纷争进行仲裁,并不经过委员会审查,使约款纷争得以迅速、有效解决。因此,约款审查委员会的抽象审查工作是简易、快捷地解决约款纷争的辅助性工作。(韩国研究消费者问题的市民的会议:前揭《约款规制的立法》,第 80 页。)

⑤ 由于约款审查机关具有准司法机关性质,因此委员的资格也准用司法部对法官资质的要求,即需具有专门知识和经验。但是,仅具备专门知识不足以针对约款纷争作出准确的判断,正确判断还需对交易现实有充分的了解。因此,非法律专家,亦可能成为委员。由于约款纷争是消费者与经营者之间的利益纷争,因此有必要在委员中设立双方利益代表,充分主张本团体利益。可以说,约款审查制度成败的关键即在于委员会的组成,其专业性固然重要,但委员会的公正性及经济和政治的独立性更为重要。(〔韩〕李银荣:前揭《约款规制法》,第 675 页。)

行政诉讼制度。约款审查委员会有权宣告约款无效和催告经营者禁止使用该约款,而当事人负有将无效条款通知其他约款当事人的义务。约款审查委员会属于特别的行政机关,因此约款审查委员会的审结及命令,均属于行政处分,具有行政处分所固有的确定力、拘束力及执行力等。但当事人认为约款审查委员会的行政处分不当时,得根据行政诉讼程序,向法院提起行政诉讼。

(三)约款审查的主体变更

《约款规制法》起初将约款审查的职能赋予约款审查委员会,但是该法于1992年修订后,废止该委员会,以公平交易委员会代之。即1992年12月8日通过的法律修订案,撤销了设立于经济企划院内的"约款审查委员会",并将约款审查职能移转于具有独立行政执法权的"公平交易委员会"。此变更是考虑到以自己名义向经营者下达纠正命令,并以自己名义监督执行之必要。

初期的约款审查制度作为行政规制制度,由经济企划院以行政指导的方式开展。约款审查委员会属于经济企划院长官的咨询机构,根据约款审查委员会的"无效决定",由经济企划院长官向特定经营者下达"纠正劝告"(旧法第17条),接受约款的审查请求(旧法第19条、第21条),调查、听取相关意见(旧法第20条、第22条)。因此,约款审查委员会作出的决定不直接发生效力。而且,约款审查委员会作出无效决定的效力,限于劝告经营者禁止使用和进行行政指导,不生任何强制力,亦不可强制执行。如此,不仅降低了"无效决定"的权威性,难以实施有效的约款规制,且弱化了"纠正劝告"这一行政行为的作用,导致行政机关的权威性遭受质疑。此外,由于无效决定直接公诸新闻媒体,通过媒体对经营者下达劝告纠正,如果当事人对决定不服,亦无其他救济途径。因此,法律的修订旨在赋予约款审查决定以强制执行力。[①] 另外,1992年的法律修订将原来"经济企划院长官,根据约款审查委员会的咨询结果,可下达纠正劝告"的条款,修订为"委员会直接向经营者下达纠正命令"。经过修订,公平交易委员会作为行政执法主体,主持审查程序。请求人可以直接向委员会提出审查,

---

① 作为韩国约款审查制度模板的法国不公正条款委员会,起初也仅具有"纠正劝告"的权限。在国民法律意识相对高于韩国的法国,经营者无视行政部门劝告的例子亦频繁发生,因此该制度开始执行后,有关赋予其强制力的主张越发强烈。(〔韩〕李银荣:前揭《约款规制法》,第679页。)

由委员会承担对约款的调查、听取意见等工作。除此之外,对外公布约款审结的主体也由过去的经济企划院修订为公平交易委员会。[①]

三、公平交易委员会的约款审查及其纠正措施

(一) 对约款的审查

根据《约款规制法》,公平交易委员会审查约款,一是根据其职权,[②]二是根据相关主体的申请。在此,可以申请审查的主体包括:使用约款的经营者、作为交易相对方的顾客等对约款具有法律上利益的人、根据《消费者基本法》登记的消费者团体、[③]韩国消费者院及经营者团体(该法第19

① 但是,公平交易委员会是为执行经济秩序基本法——《垄断规制法》而设立,是准司法性质的行政规制机关。该机构的构成及性质,均与审查约款所需的公正性职能不相匹配。因此,公平交易委员会为执行《约款规制法》所赋予的约款审查职能,聘请了具有约款专业知识的人士担当咨询委员,作为审查约款的主要成员。(〔韩〕权五乘:前揭《经济法》(第8版),第473页。)咨询委员由具有约款专业知识的大学法学及经济学教授、律师组成的,该组织被称为"约款审查咨询委员会"。特别考虑到约款审查的专业性及审查活动的公正性,公平交易委员会作出的决定在大部分情况下均经过咨询委员会的事前审查,并于最终决定中反映咨询委员会的咨询内容。近期韩国消费者对于约款的关注急剧提升,随之,申请约款审查的案件数也急剧增长,并且约款的内容与之前相比,更为复杂、多样。因此,为更便捷、高效地解决约款审查业务,分设了三个子委员会,共由12名委员组成。委员会的审议会召集次数也适当增加,平均每月召开一次以上。观察约款审查咨询委员会的工作情况,自1993年3月约款审查业务转由公平交易委员会执行以来,直至2007年,共计召开311次会议,审查801例案件。(韩国公平交易委员会:前揭《约款规制的实质》,第241—242页。)

② 至今,由公平交易委员会执行的法律共有12部。即,《独占规制及关于公平交易的法律》(简称为《垄断规制法》)、《卡特尔统一整理法》、《关于转承包公正化的法律》、《关于加盟事业交易公正化的法律》、《消费者基本法》、《产品责任法》、《消费者生活协同组合法》、《标示·广告法》、《约款规制法》、《访问销售法》、《分期付款交易法》、《电子交易消费者保护法》。在这些法律中,《产品责任法》和《分期付款交易法》具有民事特别法的性质,因此公平交易委员会并不直接介入其执行过程。根据这些法律内容,可将其分类为:第一,促进自由竞争的制度。如《垄断规制法》规定禁止滥用市场支配力、限制企业结合及禁止不当共同行为的制度。第二,维持公正交易秩序的制度。如《垄断规制法》规定禁止不公平交易行为制度、经营者团体禁止行为制度,以及《关于转承包公正化的法律》和《关于加盟事业交易公正化的法律》的规定。第三,《消费者基本法》、《消费者生活协同组合法》、《标示·广告法》、《约款规制法》、《访问销售法》、《分期付款交易法》、《电子交易消费者保护法》相关消费者保护的法律。(〔韩〕权五乘:《公正交易关联法执行体系的改善》,载《市场交易与公平交易》(首尔大学竞争法中心),2010年。)

③ 《消费者基本法》第29条规定,关于消费者团体的登记:(1) 具备以下要件的消费者团体根据大总统令的规定,可在公平交易委员会或者地方自治团体进行登记:① 执行第28条第2款第1项及第5项所规定的业务;② 涉及商品及服务整体的消费者问题的;③ 具备大总统令所要求的人力及设备;④ 具备《非营利民间团体支援法》第2条各项所规定的所有要件。(2) 公平交易委员会或者地方自治团体的首长根据第1款的规定,审查申请登记的消费者团体是否具备第1款中所规定的要件,并决定是否予以登记。

条)。公平交易委员会根据审查结果,可劝告或者命令特定当事人删除或者修订特定的约款条款(该法第17条之2)。公平交易委员会为确认该约款是否有违反《约款规制法》的事实,可以进行必要的调查(该法第20条第1款),在确定违反事实之前,必须向使用该约款的经营者及利害关系人通知约款成为审查对象的事实;接到通知的当事人或者利害关系人,可以出席公平交易委员会的会议,陈述相关意见或者提交必要材料(该法第22条第1款、第2款)。然而,公平交易委员会的约款审查是针对不公正约款条款的"抽象的规范审查"。即该约款不必已使用于现实交易中,审查目的亦非认定约款交易双方的权利或者免除其义务,而在于判断被审查约款是否符合《约款规制法》相关规定,如果违反相关规定则宣告无效,并在必要时,可以劝告或者命令其纠正。即,即使公平交易委员会对某约款以违反《约款规制法》为由认定为无效,但该约款在具体合同中的无效,仍需由当事人主张并通过确认之诉。[①]

(二)不公正约款条款的使用禁止及纠正措施

韩国《约款规制法》规定,属于该法第6条至第14条所规定的不公正约款,不得作为合同内容(该法第17条)。但如果经营者只是使用不公正条款的,根据第6条至第14条,仅将约款认定为无效即可,不再对经营者施加其他惩罚或罚款等制裁。

但是,当经营者将不公正条款订入合同内容时,公平交易委员会可以劝告经营者采取必要措施,删除或者修订该约款(该法第17条之2第1款),而该经营者的行为满足以下要件时,可责令采取必要措施,删除或修改该约款:(1)该经营者属于韩国《垄断规制法》第2条第7项所规定的市场支配地位的情形;(2)经营者不当利用交易上的优势地位签订合同的情形;(3)作为经营者向一般公众提供商品、服务的合同,因合同订立的紧急性和迅速性,顾客在订立合同时变更约款条款内容存在困难的情形;(4)经营者作为合同当事人具有显著优势地位,或者顾客可选择的交易对象范围受到限制,致使约款作为合同内容被强制适用的情形;(5)因合同性质或者目的致使合同不可能被撤销、解除或终止,或者合同的撤销、解除或终止会造成顾客财产显著损失的情形;(6)经营者无正当理由,不遵守公平交易委员会的纠正劝告,可能造成多数顾客显著损害的情形等,并不

① 参见韩国公平交易委员会:前揭《约款规制的实质》,第238—239页;〔韩〕李银荣,前揭《约款规制法》,第170页。

限定于纠正劝告，亦可责令纠正（同条第2款各项）。①

此外，公平交易委员会根据以上规定，劝告或者责令采取对不公正约款的纠正措施的同时，认为有必要的，可对从事与该经营者相同或者类似经营活动的其他经营者发出禁止使用该约款的劝告（该法第17条之2第3款）。此规定的目的在于，当特定经营者的约款被判定为不公正条款时，确保从事同种业务的其他经营者亦不得使用相同内容的约款条款。

公平交易委员会对于使用不公正约款的经营者劝告纠正的，该经营者不承担必须遵守的义务，但当委员会责令纠正时，该经营者必须遵守执行，违者可被判处2年以下有期徒刑，或者1亿韩元以下罚金（该法第32条）。此为《约款规制法》中唯一涉及刑事罚则的规定，但对于单纯使用不公正约款的行为，则不适用刑事罚则。②

关于该法第17条之2第2款责令的范围，公平交易委员会将大规模购物中心的经营者使用的“店铺出售合同”中的约款条款判定为不公正，并责令该经营者将该消息通知所有据此约款条款签订合同的相对人，对此，大法院判为：“不考虑顾客因该约款遭受损害与否，责令当事人通知不公正约款，不仅可以杜绝相同约款在今后交易中的使用，以保护消费者，而且可以防止该类约款的拟定和通用，有利于建立健全的交易秩序，因此，本案中公平交易委员会的责令纠正并不违法。”③

关于“公平交易委员会对经营者与销售代理店订立合同所使用的约款中有关保留经营者终止合同权利的条款，判定为不公正条款，责令经营者修改或者删除此项规定，并责令如已根据约款规定终止的，同时删除或修

---

① 不服公平交易委员会处分（纠正命令）的当事人，可在收到处分通知之日起30日内，向公平交易委员会提出异议申请。公平交易委员会原则上应在30日内进行再决定。欲对公平交易委员会的处分提起诉讼的当事人，可在接到处分通知之日起，或者在接到针对异议申请再决定的告知之日起30日内，提起行政诉讼。这类行政诉讼由公平交易委员会所在地高等法院施行专属管辖权（该法第30条之2第2款）。

② 关于公平交易委员会纠正不公正约款的业绩梳理如下：至2007年，包括公平交易委员会依据职权审查的案件在内，共计11378件。若根据审查请求人进行划分：消费者及利害关系人申请审查的案件为10147件（89.2%），依职权审查的案件为901件（7.9%），包括韩国消费者院在内的消费者团体申请审查的案件为330件（2.9%）。随着消费者对约款审查认知度的提高，请求约款审查的案件也逐渐增多，涉及便利店加盟合约、卫星电视合约、电供给合约、信用卡公司的个人信用信息、互助业等众多领域，约款的内容也日趋复杂。但是由于审查人员及组织等相关配套支持未能及时补充，致使其于现实中不能满足日益增加的申请审查的需求。（韩国公平交易委员会：前揭《约款规制的实质》，第242页。）

③ 大法院2005.2.18宣告，2003 du 3734判决。

改规定代理店营业行为终了日及终止效果发生日的条款”一案,大法院判为:“如已根据公平交易委员会的责令修订或删除保留终止权的约款条款的,那么有关代理店的营业行为终了日及终止效果发生日的条款亦无独立存在意义,因此本案中的责令纠正并不违法。”进而,在该案中,原告主张,公平交易委员会的责令内容为要求当事人修订或者删除该项条款,而未具体确定如何修改,故属于违法,对此,大法院认为:“约款订入合同即成为合同内容,而合同内容应由当事人确定。因此,公平交易委员会根据《约款规制法》的规定,对于不公正约款,只能采责令修订或者删除的消极方法,不能积极介入当事人之间的合同内容责令其该如何修改。”①

(三) 对经官厅认可的约款的纠正要求

对不公正约款的行政规制,除了公平交易委员会的事前审查制度,尚有经行政官厅的事前认可(批准)制度。对于部分与国民生活有着密切关系的行业,均有个别的根据法,据此批准经营时,对其使用的约款亦要求申请批准。例如,一定范围内的通信服务业或者银行、保险等金融行业使用的约款,根据该行业特别法,可以向主管行政厅申请批准。公平交易委员会审查已经批准的约款时,在审查程序开始之前,要求该行政部门提交相关意见(该法第 22 条第 3 款),并且审查结果认定为该约款违反《约款规制法》第 6 条至第 14 条时,可向有关行政厅通报该事实,并要求采取必要纠正措施(该法第 18 条第 1 款)。如果依银行法拟定的银行约款违反上述规定,可向银行监督机构——金融监督院通报该事实,并劝告其采取必要纠正措施(同条第 2 款)。值得注意的是,根据上述规定,公平交易委员会向该行政厅发出纠正要求的,不可再根据该法第 17 条之 2 的规定作出纠正劝告或者命令(该法第 18 条第 3 款)。

上述规定的目的在于,由行政部门认可或者直接由行政部门制定的约款,经营者不得单独进行修订,因此只能由行政部门变更或者直接修订,但该法第 17 条之 2 规定的公平交易委员会劝告或者责令纠正的对象为“经营者”,因此对行政部门只能发出纠正要求。此时,禁止对经营者下达根据该法第 17 条之 2 的纠正劝告或者纠正命令。

(四) 对纠正措施的不服程序

对于公平交易委员会根据《约款规制法》作出的处分,提起异议申请、

① 大法院 2003.1.10 宣告,2001 du 1604 判决。

行政复议及不服之诉的，有关专属管辖的规定，准用《垄断规制法》第53条至第55条的规定（该法第30条之2）。因此，对于公平交易委员会的处分不服者，自收到该处分告知之日起30日内，向公平交易委员会提出异议申请；针对公平交易委员会的处分提起不服之诉者，自收到处分或者异议申请裁定书原件之日起30日内，提起不服之诉。此时，不服之诉（行政诉讼）的管辖法院为公平交易委员会所在地的高等法院。①

四、标准约款的制定及使用

（一）标准约款制度意义

标准约款制度，是指根据《约款规制法》第19条之3的规定（标准约款），为确立健全的交易秩序，防止在交易中不公正约款的流通，由经营者及经营者团体在特定领域制定标准的约款，并通过公平交易委员会的事前审查对其内容的公正性予以确认的审查制度。②

法律明文规定标准约款制度的立法例，实属罕见。③ 韩国引入标准约款制度的背景在于，采取个别的、事后纠正措施的方式规制各经营者制定的不公正约款，难以防止同类消费者损害的继续发生，且其效果亦不明显，因此，在与国民生活密切相关、纠纷与民怨较多的领域，必须事前切断不公正约款存在的可能。为此，1992年12月修订《约款规制法》时，引入了标准约款制度。④

① 但是针对《约款规制法》规定的关于不服公平交易委员会纠正措施的救济程序，存在以下批判：与该约款条款存在法律上利益的人、根据《消费者基本法》进行登记的消费者团体、韩国消费者院或者经营者团体依据《约款规制法》第19条提请公平交易委员会审查该约款的，在公平交易委员会认定该约款违反该法相关规定并下达纠正措施时，该经营者可针对该决定的合法性及适当性提出异议或者起诉；但是在公平交易委员会认定该约款合法，而未采取任何措施时，则无任何途径进行救济。这无疑会挫伤消费者及消费者团体参与打击不公正约款的积极性，因此该制度备受消费者及消费者团体的诟病。（〔韩〕权五乘：前揭《经济法》（第8版），第476页。）

② 《约款规制法》为改善因经营者缺乏主动性，而未在特定领域制定标准约款的状况，在之后的修订中规定：依据《消费者保护法》（现为《消费者基本法》）第19条的规定进行登记的消费者团体或者韩国消费者保护院（现为韩国消费者院）提出申请的，或者在消费者损害集中发生的领域，公平交易委员会可劝告经营者制定标准约款，并要求其就制定的标准约款申请审查。经营者在接到劝告之日起4个月内未采取任何措施的，公平交易委员会可自行制定标准约款。（韩国公平交易委员会：前揭《约款规制的实质》，第249页。）

③ 参见〔韩〕申荣秀：《约款规制与消费者保护》，载《消费者与法的支配》，首尔大学出版社2008年版，第141页。作者在此文章中指出，法律上明文规定标准约款制度的有英国公平交易厅（Office of Fair Trading）执行的消费者交易惯行规约（Consumer Code of Practice）制度。

④ 参见韩国公平交易委员会：前揭《约款规制的实质》，第249页。

标准约款制度的优点在于:第一,对消费者而言,可以信赖交易的公正性。经公平交易委员会认可的标准约款,符合消费者政策执行机关保护消费者的宗旨,其内容也尽可能倾向于保护消费者。具体而言,在标准约款中尽可能避免使用专业用语,以便于消费者理解,亦方便其依据该约款主张权利。对于经营者提出标准约款时,消费者可以信赖约款的公正性,也可以减少确认其内容的成本。第二,对经营者而言,不论是经营者亲自制定后,经公平交易委员会认可的约款,还是由公平交易委员会直接制定的约款,均可认为已初步通过不当性审查,可以摆脱公众对约款内容不公正性的怀疑。而且,可以减轻经营者在制定约款时所必须支付的专业咨询费等相关成本。第三,对于约款规制机构而言,较之事后审议、调整约款纷争,事前监督其制定更具效率。即,制定标准约款不仅可以预防不必要的纠纷,亦可使公平交易委员会免于繁重的约款审查工作,提高行政效率,节省行政资源,更为重要的是,约款在市场上通用之前即受到规制,可以防止交易秩序的扭曲。[①]

关于标准约款的效力,公平交易委员会对标准约款的审查及认可,其性质上属于行政指导,因此不具强制效力。在自由市场经济体制下,合同内容以当事人自由决定为原则,因此,经营者可以自由制定或者选择自己要使用的约款,或者根据自己的判断选择标准约款。经营者团体对于经营者只能劝告而不能责令其使用标准约款。

(二)标准约款的审查

韩国现行《约款规制法》对不公正约款,不仅采纳事后确认无效和由公平交易委员会于审查后劝告或责令经营者予以纠正的措施,而且,为积极建立健康的交易秩序,防止不公正约款的流通,还规定了事前制定特定领域标准约款的程序和促使经营者使用标准约款的相关规定。

首先,约款在本质上是为经营者与顾客签订合同而使用的,因此经营者及经营者团体可以制定特定领域的标准约款,并请求公平交易委员会予以审查(该法第 19 条之 3 第 1 款)。[②] 除经营者及经营者团体之外,以提

---

① 参见韩国公平交易委员会:前揭《约款规制的实质》,第 250 页;〔韩〕申荣秀:前揭《约款规制与消费者保护》,第 142—143 页。

② 在审查标准约款时,公平交易委员会应依据该领域的交易惯例、关联法规及关联行政机构与消费者团体的意见,在咨询约款审查委员会之后,根据公平交易委员会的决议程序对标准约款进行认可。原则上,公平交易委员会必须在接到标准约款审查请求之日起 60 日内,将审议结果通报申请人。必要情形下,可要求正在使用标准约款的经营者或者经营者团体对标准约款的使用情况进行汇报。(韩国公平交易委员会:前揭《约款规制的实质》,第 251 页。)

高消费者权益及救济损害为目的的消费者团体、根据《消费者基本法》登记的消费者团体,或者根据该法第 33 条设立的韩国消费者院,亦可针对消费者损害集中发生的领域提请公平交易委员会制定标准约款(该法第 19 条之 3 第 2 款)。

同时,公平交易委员会根据消费者团体等的申请,或者在消费者损害集中发生的领域,经过调查发现尚无标准约款或者有使用不公正约款的,可劝告经营者及经营者团体制定标准约款并向公平交易委员会申请使用(该法同条第 3 款)。但是,如果该经营者及经营者团体自接到劝告之日起 4 个月内,仍未采取任何必要措施的,公平交易委员会可听取交易当事人及消费者团体的意见,与相关行政部门达成协议,直接制定标准约款(该法同条第 4 款)。由经营者制定标准约款后提请审查,且公平交易委员会经过审查认定合法的,或者由公平交易委员会亲自制定标准约款的,为尽可能广泛使用标准约款,公平交易委员会可将其公示并劝告经营者或者经营者团体使用该标准约款(该法第 19 条之 3 第 5 款)。[①]

然而,在特定领域即使已经制定标准约款,但鉴于宪法所保障的合同自由原则,该领域的经营者并不负担必须使用该标准约款的义务,是否使用该标准约款由当事人自由决定。但是,《约款规制法》为抑制不公正约款的流通,促使经营者使用标准约款,作出以下规定:

从公平交易委员会接受使用标准约款劝告的经营者,在使用与标准约款内容不同的约款时,必须以明显方式标注与标准约款内容不同的部分(该法第 19 条之 3 第 6 款),便于消费者于合同签订时,发现并理解与标准约款之间的差异。公平交易委员会可以制定象征经营者或者经营者团体使用标准约款的标识(同条第 7 款)。通过这些规定,消费者可以知道该标准约款乃依《约款规制法》之程序、经公平交易委员会审查或者由其直接制定的,从而,信赖该条款为充分反映双方正当利益的约款。

然而,经营者于使用与标准约款内容不同的约款时仍使用委员会制定的标准约款识别标识的,容易使消费者产生错误认识,从而降低消费者对

---

① 关于公平交易委员会劝告经营者使用标准约款的行为,是否可以成为行政诉讼对象的问题,大法院认为:"公平交易委员会的'劝告使用标准约款的行为',由于接到通知的经营者在使用主要内容与标准约款不同的其他约款时,承担特殊标记的义务,从而使得消费者可以更容易地发现及理解。并且,不履行该义务的经营者将被处以罚款。因此该行为应认定为是直接影响经营者等的权利义务的行政处分行为,是行政诉讼的对象。"(大法院 2010. 10. 14 宣告,2008 du 23184 判决。)

标准约款制度的信任,因此应禁止上述行为(该法第19条之3第8款)。如果经营者使用的约款中存在与标准约款不同的内容,而该内容更不利于顾客的,应认定为无效约款条款(该法第19条之3第9款)。与此相应,从公平交易委员会接受使用标准约款劝告的经营者,使用与标准约款内容不同的约款,且未作出消费者容易辨识的标记,或者使用了委员会制定的标准约款标识的,处5千万韩元以下的罚金(该法第34条)。

(三)公平交易委员会的实务执行情况

自1995年12月5日的"房屋出售标准合同书",至2003年11月21日制定的"关于电子保险交易的标准约款",公平交易委员会共在22个交易领域认可或者普及54个标准约款,共进行了11次修订。特别是在2007年之后,公平交易委员会积极展开针对2003年之后制定的标准约款的修订活动,在宅急送服务、外语进修、程序代理、互助服务、信用卡等与市民生活息息相关或者消费者利益集中受到损害的领域,认可了新的标准约款,且根据交易条件的变化、法律的修订及消费者权益保护的需求,对快递标准约款以及8种银行与信交易标准约款共9种标准约款进行了修订。①

五、综合评价

《约款规制法》除规定通过法院具体解决不公正约款纠纷的法律根据(约款规制的实体法规则)外,还规定了不以是否发生具体纠纷为前提的、事前的、抽象的审查制度,赋予公平交易委员会以抽象审查权。

公平交易委员会对于将不公正约款订入合同的经营者,可以劝告或者责令该经营者修正或者删除该约款条款,并可在必要时针对使用相同或者类似约款的其他经营者发出禁止使用该约款的劝告。公平交易委员会的劝告,对经营者不发生履行强制力;但公平委员会的责令则对经营者发生强制力,经营者必须履行义务,并对违者处以刑罚。并且,韩国立法者认为,与国民生活密切相关的、纷争与民怨集中的领域,必须事前切断不公正约款存在的可能性,因此在1992年12月8日修订该法时,引入标准约款制度。

现代生活中,由于大部分交易合同是以约款形式出现,因此公平交易委员会的抽象审查制度,即成为解决消费者纷争的重要途径。不仅如此,

---

① 参见韩国公平交易委员会:前揭《约款规制的实质》,第253页。

根据不同情况，公平交易委员会对现实交易中具有代表性的不公正约款进行审查，在完善交易秩序方面，发挥重要作用。鉴于公平交易委员会的重要作用，法院具体判案时，亦尊重公平交易委员会的审结例。

第四节 《约款规制法》的规范体系及其特征

韩国的《约款规制法》共由6章34个条文组成。第一章及第二章为实体法规定，第三章以下为程序法规定。

一般而言，对于约款的规制，分为订入规制、解释规制及效力规制三个方面。其中，订入规制是通过强化约款订入合同的要件，限制经营者通过单方意思使约款取得合同效力的规则；解释规制是在约款订入合同，构成其内容之后，通过解释，防止约款条款损害消费者利益的规则；效力规制是直接审查约款内容的公正性，宣告不公正约款条款无效的规则。韩国的《约款规制法》亦根据这种结构规定相关内容。作为订入规制，规定对约款内容的明示、说明义务（第3条）；作为解释规制，确立了个别约定优先原则（第4条）、客观统一解释原则、缩小解释原则（第5条）等；作为直接的效力规制，规定了不公正约款无效原则（第6条—第14条）。因此，经营者在使用不公正约款条款签订合同时，交易相对方可向法院请求认定该条款无效，若取得无效判决，该约款条款便丧失拘束力。

然而，通过法院解决纠纷的司法规制属于个别的、事后的规制方式，其效力仅限于个案，且仅限于约款订入具体合同后发生的事后纠纷，因此该种规制方式具有一定局限性。况且，虽然法院的司法规制是最基本、有效的形式，但民事诉讼程序的繁琐性以及高费用，使受害人对诉讼通常不持积极态度。特别是在约款所造成的损害多为小额侵害的情形下，更难期待受害人以诉讼形式维护自身权利。

鉴于司法规制所存在的局限性，韩国《约款规制法》引进属于经济法性质的公平交易委员会的抽象审查制度。亦即，为提高约款规制的实效性，禁止经营者将不公正约款作为合同内容，同时赋予公平交易委员会一定的行政规制权，使之对违者劝告或责令采取纠正措施，例如《约款规制法》在实体法部分（第6条至第14条）规定禁止不公正约款构成合同内容；对于违者，由公平交易委员会劝告（第17条之2第1款）或者责令（第17条之2第2款）当事人修订或者删除该约款条款；当事人违反纠正命令的，可判处2年以下有期徒刑，或者1亿韩元以下的罚金（第32条）。①

综上所述，韩国《约款规制法》的特征为：实体法层面以德国《一般交易条款规制法》为模板，程序法层面则与德国不同，以公平交易委员会的抽象内容规范为中心。因此，韩国《约款规制法》，其实体法部分属民事特别法，而公平交易委员会的抽象内容规制却具有经济法性质。②

① 参见〔韩〕权五乘：前揭《经济法》（第8版），第76页。

② 关于消费者保护的规制方式大体可分为民事规制、行政规制及自律规制三种，韩国多采以行政规制为主的立法形式。即使在被划分为纯粹性消费者私法的立法之中，亦含有行政性的因素。例如，在国外被认为是纯粹的消费者私法的《约款规制法》、《分期付款交易法》，在韩国同样含有行政性因素。此外，即使多数立法的最初目的是以行政行为规范经营者行为，但消费者私法的要素亦存在于这些法律中。例如，《访问销售法》、《电子交易消费者保护法》、大部分的行业法、《电子金融交易法》、《资本市场法》等，其目的虽然均是以行政手段规范经营者（准入规制、行政规制等），但其共同特征即为均包含私法性质的规定。并且在这些规定当中，亦存在无法区分为消费者私法或是消费者行政法的规定。（〔韩〕徐熙锡：《将消费者法编入民法典的方案》，韩国全南大学法学专门大学院学术会发表资料，2010年11月26日。）

第四章　日本消费者合同法

日本《消费者合同法》[①]从合同法的视角审视消费者问题，其适用对象为消费者与经营者之间签订的所有合同，故该法在体系上维持单行法性质的同时，亦是对消费者合同的概括性民事法律规范。日本的《消费者合同法》考虑到消费者与经营者之间存在“信息的质与量以及交涉力上的结构性差距”，规定若消费者因经营者的行为产生“误认”或“困惑”，而作出缔结合同的意思表示，消费者有权撤销相关合同的要约或承诺（该法第4条）。该法还规定，免除经营者损害赔偿责任的或者其他不当侵害消费者权益的条款，全部或者部分无效（该法第8条、第9条、第10条）。

日本《消费者合同法》整体上以规范消费者合同为目的，与其他个别行业法[②]之不同在于行政规制不介入其中，其替代了基于行政规制的消费者救济观。该法试图援用民事原则，构建私法性的救济模式。因此，日本对于消费者保护的基础并非矫正市场的消费者观，而是保全消费者保护观。[③]

日本《消费者合同法》之特点在于，超越了消费者保护的观念，从确保合同缔结过程与合同内容的正当性入手，确保在信息、判断力、交涉力方面不平等的当事人之间订立合同的公正性。该特征对于自近代以来深受日本民法影响的中国具有相当的借鉴价值。

---

① 日本《消费者合同法》于2000年4月28日通过，并于2001年4月1日起正式施行。

② 日本与德国亦相似，曾追随盛行一时的主张，认为仅以民法上的制度，如意思表示、法律行为制度、违反公序良俗的行为无效等，无法充分解决消费者问题，并为解决此类问题，以个别行业为中心制定了《分期付款交易法》、《关于特定商交易的法律》、《住宅交易法》等特别法。但是，虽然此类个别行业法已经对消费者合同的典型问题进行了相当规范，但主要依赖于行政规制方式，因此，主张过分依赖行政规制可能成为从本质上解决消费者合同问题的障碍的观点以及法政策上的缓和规制的考量是制定《消费者合同法》的主要动因。

③ 参见〔韩〕崔镇求：前揭《日本消费者合同小考》，第69页。

第一节 《消费者合同法》理论的发展过程

20世纪60年代以来,日本形成了两种关于消费者保护的理论:竹内昭夫主张的消费者保护观和北川善太郎主张的消费者私法论。90年代后,在制定《消费者合同法》的争论尚未完全展开之前,消费者保护法论得到更多的支持。北川善太郎顺应90年代缓和规制的时代要求提出了消费者私法论,其后的民法学者,如伊藤進、長尾治助、松本恒雄及大村敦志等,进一步推动了该理论的发展。以下简要整理各学说的主要内容:①

一、经济法上的消费者保护法

在日本,50年代中期之后,消费者问题逐渐演化为严重的社会问题。食品安全为该时期消费者问题的中心。② 为解决这些问题,日本组建并完善了消费者行政机构。1965年,于经济企划厅(现为内阁部)增设"国民生活局消费者行政科",并于1968年制定《消费者保护基本法》,有评价称日本自此开始了对消费者的行政保护。③

然而,法律领域对消费者问题的关注始于60年代后半期。在此期间,学界主要论证了因食品安全、标识、交易条件及不当劝诱引起的消费者损害问题。据此提出的解决方案强调,对食品安全和标识应通过行政手段规制,对交易条件和不当劝诱则可以经济法手段加以解决。由于类似观点主

① 参见〔韩〕徐熙锡:《日本的消费者合同法五年成果与评价》,载《民事法学》(韩国民事法协会)第39卷第1号。

② 时至今日,日本的消费者问题经历了以下几个阶段:混乱的时代(1945—1954年),自觉的时代(1955—1967年),告发的时代(1968—1979年),防卫的时代(1980—1989年)及政策的时代(1990年之后)。(〔日〕大村敦志:《消费者法》,有斐阁1998年版,第5—7页。)

③ 具体而言,面对逐渐增加的消费者问题,日本的消费者保护行政与消费者保护立法经过如下发展过程:首先从国家层面上,组建组织机构。20世纪60年代前期,在关联省厅中增设处理消费者问题的部门,其中分别于1963年、1964年,在农林省和通产省中设置消费者经济科,1965年,于经济企划厅中设立国民生活局的同时,又发起国民生活审议会。1970年,成立经济企划厅监督下的国民生活中心。其次,于法律层面,于1968年制定并通过《消费者保护基本法》。(〔日〕大村敦志:前揭《消费者法》,第7页。)

要为经济法学者所倡,[①]因此,可以说日本于初期将消费者问题定性为"经济法上的问题"。

具体而言,竹内昭夫所著的《消费者保护》[②]一书,从价格、销售方法、质量、安全性、合同条件、消费者信用、权利实现等方面,研究消费者问题,并指出此为消费者保护的核心问题。事实上,该理论几乎包含了当时如何保护消费者的所有重要问题。关于市民法与消费者保护法的关系,该书主张"理论上可以认为消费者保护法是修正市民法原理的新的法领域"[③],这对以后的消费者保护法学说的发展产生了重要影响。此外,竹内昭夫主张,对消费者交易及消费者信用"应通过个别立法进行规制乃至保护消费者",此亦为之后学界与实务界所接受,成为消费者保护的重要法律手段之一。[④]

二、消费者私法论的形成

消费者私法论从纯粹的私法观念寻求消费者问题的解决方法。该观点的代表人物首推民法教授北川善太郎,其所著《消費者保護の法構造》一文,[⑤]在日本最早提及"消费者私法"概念,并将消费者保护法划分为"消费者行政法"、"消费者私法"和"消费者程序法"。该文指出,当时日本存在过分依赖消费者行政法解决消费者问题,而消费者私法却未及发展等问

① 对此,主要的著作和论文有:〔日〕正田彬:《消費者の權利》,载《法學セミナ》1968 年第 144 號;〔日〕正田彬:《消費者の權利》,岩波新書 1972 年版;〔日〕今村成和:《消費者保護の批判的檢討》,载《ジュリスト》1971 年第 475 號;〔日〕今村成和:《消費者の權利と經濟法》,载《現代法ジヤナル》1975 年第 12 號等。

② 大村敦志于《消费者法》一书的前言中,在评价竹内昭夫的《消費者保護》(《現代法學全集・現代の經濟生活と法》,筑摩書房 1975 年版)一书时写到:"作为日本在消费者法领域中的先驱性研究著作,虽已出版二十余载,仍不失其作为古典著作之价值。"当时的竹内昭夫为东京大学法学教授。

③ 〔日〕竹内昭夫:《現代の經濟構造と法——現代法の諸問題 Ⅱ》,筑摩書房 1975 年版,第 1—169 页。

④ 竹内昭夫曾直接参与日本的《分期付款交易法》和《访问销售法》等的制定。而且,〔日〕中马义直:《消費者契約》(ジユリスト總合特輯・消費者保護),1979 年;〔日〕岩原紳作:《電子決濟法》,有斐閣 2003 年版等著述,均被评价为是忠实于竹内昭夫观点的著作。(转引自〔韩〕徐熙锡:前揭《日本的消费者合同法五年成果与评价》。)

⑤ 〔日〕北川善太郎:《消費者保護の法構造》,载《法律時報》1973 年第 45 卷第 12 號,第 8 页以下。在其之后所著的《消費者保護法のシステム》(岩波書店 1980 年版)第二章的序言中,自评该论文为"在过去一定的时期内,宣告消费者法形成的论文"。虽然在该论文中使用了"消费者保护法"一词,但在该著作中却以"消费者法"代之。

题,并进一步指出“虽然长期以来,日本均在行政层面寻求解决消费者问题的方案,但观察美国法的发展,亦可从私法层面解决该问题”。此外,该文对抗辩权、质量保证、不实标识、不当条件等具体问题,分别以既有民法理论为基础进行了具体研究,并明确不论是援用先前的法理论还是创造新的私法理论,均有“值得检讨的消费者合同的问题”。

特别是对不实标识和不当条件,该文从解释论角度主张积极适用合同缔结上的过失理论(作为诚实信用原则附属义务的说明义务和信息提供义务)。值得明确的是,该主张之所以引起关注,不得不归因于其背后所蕴含的“合同法现代化”的意识。

三、消费者私法论的发展

70 年代初期,以北川为代表的诸学者开始推进日本消费者私法规制的可能性,即使当时具体发展方向不明确,但构建消费者法之理论基础的尝试未曾间断。① 消费者私法体系作为研究消费者问题的前提,被认为是不同于以修订私法乃至市民法原理为前提的消费者保护法理论。以下简单整理相关消费者私法论的代表性观点:

首先,第一说(伊藤進)以确立“消费者私法”为目的。该说区别于消费者保护法论中对特别法进行修订的意见,主张通过民法自身的变革将消费者私法植入其中。② 其认为近代民法的基本任务是以抽象人格为前提,制定、确立、执行市民间的生活关系,但现代社会的民法任务是以消费者特点为前提,形成新的民法理论。该观点将近代“民法”理解为商品交换法,作为商品生产人的市民通过提供物品获得消费生活必需的资金,进而通过

① 其中,具有代表性的有伊藤進、長尾治助、松本恒雄、大村敦志等民法学者。关于消费者私法具有代表性的日本文献有:〔日〕松本恒雄:《消費者私法ないし消費者契約と言う観念は可能かつ必要か》,载〔日〕椿壽夫編:《現代契約と現代債権の展望》第 6 卷,日本評論社 1991 年版;〔日〕伊藤進:《消費者 のための民法入門ー消費者私法をめざして》,有斐閣 1977 年版;〔日〕伊藤進:《民法學の新しい任務》,载《法學シミナ》1977 年第 271 號;〔日〕長尾治助:《契約における拘束力(上)(下)》,载《ジユリスト》1980 年第 724 號;〔日〕長尾治助:《消費者の形成と既存法理の反省》,载《ジユリスト》1981 年第 731 號;〔日〕長尾治助:《消費者契約における意思主義の復權》,载《判例タイムズ》1983 年第 497 號;〔日〕長尾治助:《契約における消費者保護》,载《現代契約法大系》1984 年第 4 卷;〔日〕大村敦志:《契約と消費者保護》(《民法講座別卷 2》),有斐閣 1990 年版等。作为参考,特别是进入 80 年代后,長尾治助发表了众多关于消费者私法的文章,而在其所著《消費者私法の原理——民法と消費者契約》(有斐閣 1992 年版)一书中,集中了其大部分的观点。

② 参见〔日〕伊藤進:前揭《民法學の新しい任務》,第 112 页以下。

该资金获取消费生活必需的物品。在近代民法时期，商品、服务的提供者和需求者之间存在互换性，故基于民法的规制无须考虑消费者的特性，制定针对商品交换过程的一般法律规范即可。然而，进入现代社会，由于互换性消失，有必要对消费者重新认识，因此要求以规范市民消费生活为出发点的民法从本源处寻求法理论支持。

然而，消费者问题内含着某些特别法（如《劳动法》、《借地·借家法》等以保护特定市民生活关系为目的的法律）无法解释的性质上的问题。基于此，与行政法、经济法等通过完善消费者的交易环境和条件来保护消费者的法领域不同，民法学所承担的任务，是在市民消费生活关系上建立货币与商品、服务的交换关系之法规范。为此，需从民法理论出发解决消费者问题。[①] 简言之，伊藤進主张通过变革民法以确立消费者私法。

其次，第二说（長尾治助）针对消费者私法，特别是消费者合同，认识到在合同法中正在形成可称为消费者合同法的特殊领域，并强调相比个别立法的方式，解释法理的形成更为重要。[②] 例如应当关注消费者的内心意思、消费者交易上诚实信用原则的扩展倾向以及说明义务、消费者交易公序等。长尾治助提出的“消费者交易公序”概念经过发展，形成大村敦志所提倡的“消费者公序论”。

再次，第三说（松本恒雄）认为消费者私法论的特征是发现并构建“消费者权利”的法理论，为处于劣势的消费者提供法律武器，提高其地位，实现理论上的地位平等；换言之，赋予消费者私法上的权利，从实质上恢复消费者在交易中的平等地位，从而活跃市场经济。[③] 该理论的特征在于确保消费者选择自由，与“消费者主权论”[④]的理论架构存在相似之处，然两者之不同在于，松本恒雄认为因存在消费者与经营者之间信息不对称、经营者伪造信息等可能性，消费者的选择自由难以得到充分发挥。因此，其强调民法学更应关注“权利”而非“主权”，通过构建保障消费者“权利”的制

① 参见〔日〕伊藤進：前揭《民法學の新しい任務》，第 112 页。

② 参见〔日〕長尾治助：前揭《契約における消費者保護》，第 55 页。

③ 参见〔日〕松本恒雄：前揭《消費者私法ないし消費者契約と言う觀念は可能かつ必要か》，第 32 页。

④ 参见〔韩〕权五乘：前揭《消费者保护法》；〔韩〕权五乘：前揭《合同自由和消费者保护》，第 2 页以下。

度，恢复消费者交易上的对等地位，从而活跃市场经济。[①] 松本恒雄将消费者私法的法理分为“消费者损害救济法理”与“消费者损害预防法理”，前者消费者损害的救济方式细分为损害赔偿型、合同解除型和合同履行型，并根据各自的法理为消费者在私法上寻求损害救济提供可能性；[②]而后者则强调应将预防损害的权利赋予消费者，但是由于民法或财产法仅在物权受侵害时赋予受害人行为禁止请求权，因此松本恒雄认为应通过修订《独占禁止法》，赋予受害人（包含消费者在内）禁止请求权，并通过《消费者合同法》的修订，确定消费者团体的行为禁止请求权，可谓是消费者私法上的重大发展。该理论对日后日本消费者合同法的制定产生了相当影响。[③]

最后，第四说（大村敦志）关于消费者私法，主张具有民法一般原理性质的“消费者公序论”。[④] 民法上的公序良俗作为维持社会秩序的基本制度，否定了一味追求个人利益而显著危害社会秩序的行为之效力，但该原则仅在特殊情形下予以适用。进入 20 年代，该现象以法的社会化为契机发生了重大变化。故，大村敦志所提倡的消费者公序论之特点为，以现代观点解释日本《民法》第 90 条[⑤]的意义，并试图在“消费者公序论”名义下重构消费者交易制度。大村敦志在整理分析日本《民法》第 90 条相关判例之后，注意到伴随法的社会化，为个人利益而适用该制度的倾向日益明显，第 90 条已被逐渐适用于保护劳动者、消费者等社会弱者的判例中。该观点指出，该倾向与法院为确保合同内容公正性而积极介入，以及违反行政规定将致私法上无效的思维有关。根据“公私法二元论之克服”的思维，违反行政规定将直接导致私法上无效的后果，使得以公法补充私法秩序亦成为可能。[⑥]

虽然大村敦志的消费者公序论对消费者合同法的制定未产生直接影响，但考虑到作为民法基本原则的公序良俗原则在消费者保护（基于民法理论的消费者保护）中的重要作用，该学说在消费者私法论的发展过程中

---

① 参见〔日〕松本恒雄：前揭《消費者私法ないし消費者契約と言う観念は可能かつ必要か》，第 35 页。

② 同上书，第 8 页。

③ 转引自〔韩〕徐熙锡：前揭《日本的消费者合同法五年成果与评价》，第 96 页。

④ 大村敦志所著的《消费者法》一书，集中阐述了包括消费者公序论在内的消费者法理论。

⑤ 日本《民法》第 90 条：以违反公序良俗或善良风俗事项为标的的法律行为无效。

⑥ 参见〔日〕大村敦志：前揭《消費者法》，第 115—116 页。

仍占有重要地位。

四、小结

综上梳理，日本《消费者合同法》的理论建构，经历了相当时期的具体的争论。由此可见，2001 年制定的《日本消费者合同法》正是以上述具体学术成果的积淀为理论背景，以 20 世纪 90 年代缓和规制思潮为时代背景出台的。

因此，将日本 2001 年的《消费者合同法》简单地理解为单纯追随缓和规制思潮的产物，存在片面性。这点可以作为对以制定现代化法为名义盲目追随国际潮流的立法论的反思。

第二节 《消费者合同法》的制定

一、制定《消费者合同法》的必要性

日本在制定《消费者基本法》(1968 年制定)后的三十余年间，为完善消费者行政组织体系、构建与安全和质量等消费者保护问题密切相关的法律制度作出了相当的努力。[①] 进入 90 年代，由于消费者与经营者之间在信息及交涉力等方面差距甚大，消费者在缔结合同时难以作出正确判断，且必要信息的收集和协商的主导权均由经营者控制，导致消费者签订含有不当、不利内容的合同纠纷逐渐增多。[②] 此前，日本为确保消费者合同的公正性，通过民法及其他个别行业法，以及各种非法令性措施予以规制，取得了一定成效，例如建立国民生活中心、消费者生活中心的投诉受理体系和国民生活审议会对关联行业约款进行调查、审议、监督等。然而，此通过个

---

① 日本在制定《消费者合同法》之后，根据该法第 6 条第 1 款之规定开始了关联法令的制定工作。一方面，修订之前未以消费者保护为直接目的的法律，增加相关消费者保护的规定。其中，1982 年修订的《分期付款交易法》，作为该工作的典型成果，在强调保护购买人等利益的同时，强化了关于标识的规定，并引入了冷却期限等制度。另一方面，针对一系列消费者问题，制定新的法律。例如：1976 年的“安全三法”(《消費生活用製品安全法》、《有害物質を含有する家庭用品の規制に關する法律》、《化學物質 の審査及び製造等の規制に關する法律》)；《访问销售法》(1976)；《关于贷款业规制的法律》(1983)等。(〔日〕大村敦志，前揭《消費者法》，第 7 页。)

② 制定《消费者合同法》之前，全国消费者生活中心或者国民生活中心在 1989 年(平成元年)受理的消费者投诉案件为 20 万件，而 1997 年(平成九年)则增长至 43 万件。其中，针对消费者合同的投诉占半数以上(39 万件)。有评论认为潜在的消费者不满应当数十倍于此。(〔日〕河上正二：《消费者契约法》，商事法務研究會 1999 年版，第 1 页。)

别行业法强化消费者保护,以及基于行政措施进行消费者保护的方式具有一定局限性。[①] 基于此,有观点主张,有必要制定作为概括性民事法律规范的《消费者合同法》。其主要论据如下:[②]

第一,行业规范型的立法模式不能充分救济因消费者合同造成的损害。即,至今日本实务界主流观点认为,违反"行业法",例如《商品交易法》、《证券交易法》的合同,在私法上仍然有效,因此除各种"行业法"中规定承担刑事责任的情形外,经营者违反行业法不能直接成为认定其承担民事责任的根据,违反该规定的经营者仅对监管部门负责。此外,个别行业规制法或监管部门的认可、许可及登记制度等,无法对未作规范的经营者的不道德交易行为进行有效规制。

第二,主张对消费者合同中发生的各种损害制定概括性法律规范的观点逐渐成为主流。日本一直依据民法或个别行业法等解决合同缔结过程及合同内容的公正性问题,其局限性表现为:其一,随着交易形式日益繁杂,个别行业法已无法适应多样的交易形态;其二,从民法角度,依据合同法处理消费者合同损害问题,要件过于严苛,且以抽象性的一般条款作为解决纷争的依据缺乏可预见性。

第三,有观点认为有必要将关于消费者合同损害救济的民事法律规范进行统一。日本对消费者保护进行了区分立法,但各法律的具体规定存在相互矛盾的现象,难以形成统一且系统的关于消费者保护的法政策,故有必要制定关于消费者合同的概括性民事法律,即《消费者合同法》。虽然

① 参见〔日〕河上正二:前揭《消费者契约法》,第1—3页,第6—11页。

② 该部分内容为对潮見佳男的讲座(1999年11月3日韩国东亚大学法学研究所)原稿进行的整理(〔日〕潮見佳男:前揭《日本消费者合同法的立法动向及问题点》,〔韩〕何润秀译,第357—359页)。一方面,河上正二在前揭《消费者契约法》的第1至第3页中,针对日本在消费者交易领域中应引入概括性民事规则的理由,即立法必要性作如下阐述:第一,伴随消费者合同环境的急剧变化,消费者的损害不断增加。第二,伴随着老龄化社会的到来,对高龄消费者具有保护必要:老年人随着身心机能的衰退,其判断力及对新资讯的接受能力随之下降;落后的不安感等因素易为不良销售业者所利用;老年人在发生损害时亦缺乏恢复损失的能力。但是考虑到高龄者之间的差异,仅依据高龄这一单一因素即在实体法上进行普遍性保护易造成对其独立生活的不当干涉。因此,可以通过建立类似成年人监护制度等方法给予判断能力低下的高龄人一定的辅助,即制定针对高龄消费者典型弱点的公正的交易法规,为其提供援助。高龄化社会中,成年人监护制度与消费者合同法有着不可分割的关系。第三,不能忽视随着交易国际化而出现的针对消费者保护的民事规范均衡化的要求。欧美各国自70年代后半期开始,针对不当的约款条款及(权利)乱用条款开始了立法工作,而80年代前半期,大多数国家均完成此项工作,韩国亦于1986年制定了《约款规制法》。近来通过互联网进行的跨国交易日益国际化,加上各国消费者保护的民事法间的差异,对消费者和经营者都不公平。因此,日本追随国际潮流完善民事法律的立法课题一度迫切。

其以消费者合同为适用范围,本应属特别法,然因其适用于所有形式的消费者合同,故将其定性为一般法。尤其在对约款合同问题仅通过解释论予以解决,而未曾进行立法的情形下,制定确立合同缔结及合同内容的概括性民事规范——《消费者合同法》,具有必要性与迫切性。

二、《消费者合同法》的制定过程

正如前文所述,消费者与经营者之间存在的信息及交涉力差距,影响了消费者在缔结合同时的正确判断,导致其签订含有不当、不利内容的合同。为解决该问题,由经营者、经营者团体、消费者团体及相关法律人士组成的内阁总理大臣的咨询机关,即“国民生活审议会消费者政策部会”在审议了关于产品质量的《产品责任法》之后,于 1994 年 4 月开始对关于消费者交易的《消费者合同法》进行检讨,并于 1996 年 12 月以《为消费者交易的适当化》的报告为基础展开了实质性讨论。该报告在合同缔结过程、合同条款、纠纷解决、信息提供与消费者教育四个方面进行了深入检讨,并试图提出独立的立法方案。该立法方案与当时日本政府欲推进的缓和规制政策不谋而合,得到了较快的发展。

此后,国民生活审议会消费者政策部会于 1998 年 7 月设立消费者合同公正化委员会,并调查、审议了旨在实现消费者合同公正化的民事原则的具体内容和确保该民事原则效率的方案。该部会广泛征求各阶层意见,并对《消费者合同法》的具体内容进行了检讨,于 1999 年 1 月公布名为《关于消费者合同法具体内容(消費者契約法(仮称)の具體的內容について)的国民生活审议会消费者政策部会中间报告》(以下简称为《国生审中间报告》)。《国生审中间报告》针对《消费者合同法》的立法目的、适用范围、合同缔结公正化规则、合同内容公正化规制、与之前法律的关系、除外适用等问题,以近乎法条的形式作出提案。其核心内容为:合同缔结过程中经营者未提供适当信息,消费者因经营者的胁迫或困惑而缔结合同的,赋予消费者撤销权;以一般条款的形式规定不当合同条款无效,且具体罗列了各类不当合同条款。

对于《国生审中间报告》提出的《消费者合同法》,首先由法务省民事局从民法角度进行检讨。为此,于 1999 年 2 月在民事局内设立了“现代合同法制研究会”。该研究会通过 20 余次会议,广泛听取各阶层意见,并根据不同观点进行多层次检讨。[①] 但该报告招致经济界的强烈反对,被认为其中有关消费者撤销权的发生、将条款不当作为合同无效要件的规定等极为抽象,毫无可预见性。

消费者政策部会通过消费者合同公正化委员会收集各阶层意见,并通过其共同会议进行审议,检讨消费者合同法的具体内容和确保其实效性的方针,最终,于 2000 年 1 月公布了名为《关于制定〈消费者合同法(假称)〉》的报告。[②] 经上述过程,《消费者合同法》于 2000 年 3 月作为政府立法被提交第 147 届国会,同年 4 月通过,并于 2001 年 4 月正式施行。

三、《消费者合同法》的基本理念

在合同法领域,如何保护消费者,如果允许国家介入干涉,其理论依据又何在,对此大体有两种学说:一是 70 年代欧洲的消费者保护理论;二是 80 年代欧洲、美国的消费者保护理论。

第一,福利国家的消费者政策。该理论以福利国家论和社会弱者论为基础,发祥于 70 年代的欧洲,强调现代法的理念之一乃通过法律保障经济上和社会上处于弱势的消费者,实现其正当利益。

第二,后福利国家理论(Post Welfare Statism),目的在于通过保障自己决定、自己责任原则,完善市场机制的运作基础。其主要以 80 年代以后的欧洲、美国所强调的"小政府"和"消费者的自立"作为消费者保护的最大目标。因此,该说反对国家介入的政策,极力主张缓和规制,认为应在推进

---

① 但是对此,潮見佳男在前揭讲演中却作如下叙述:"在此,欲首次针对日本《消费者合同法》的立法工作中,法务省的参与情况作说明。关于本次《消费者合同法》的立法工作,法务省至今未以正式的身份参与。虽然事实上法务省内部也组织了非正式的研究会,即'现代合同法研究会',针对《消费者合同法》的法律问题进行研究,并对去年经济企划厅的'中间报告'进行多角度的检讨后,公布了意见。但该研究会仅具有民间性质,其成员未以官方身份参与讨论。至今,法务省仍未担负起《消费者合同法》的立法责任。虽然有批判观点认为法务省未参与《消费者合同法》这一重要民事立法,有失职责,但这也从侧面强调了本次立法是以经济企划厅为中心进行推进的事实。但是,以经济企划厅为中心推进的立法案若未能充分遵循民法基本理论,法务省仍将积极地参与立法。"(〔日〕潮見佳男:前揭《日本消费者合同法的立法动向及问题点》,〔韩〕何润秀译,第 369 页。)

② 关于日本《消费者合同法》的制定过程的详细内容参见网站:http://www.consumer.go.jp/。而关于该问题,韩国的文献参见〔韩〕郑钟休:《关于日本〈消费者合同法〉的研究》,载《消费者问题研究》2001 年第 24 号,第 151 页以下;〔韩〕裴成镐:前揭《日本消费者合同法》,第 575 页以下;〔韩〕朴仁焕:《关于日本〈消费者合同法〉的法政策与规范结构的比较法研究》,载《中央法学》2004 年第 6 集第 1 号,第 157 页以下。

市场的自由与竞争过程中辅助消费者实现自己决定和自己责任这一新的消费者保护原则。[①] 该学说的特征是未采用作为弱者的消费者概念和作为消费福利政策之一的消费者保护概念。故该说强调的是小政府福利论下的消费者保护论，即应为消费者自己决定提供环境，尤其应当提供并公开保障经济机制和自己决定所必需的信息。[②]

现今，日本《消费者合同法》尊重经济上弱者、高龄消费者的自己决定，在公平自由的市场环境下，其基本理念为保护经济上弱者及提供适当救济。[③] 据此，基于消费者与经营者在合同缔结和交易过程中存在的信息的质与量以及交涉力上的结构性差距，《消费者合同法》规定当消费者根据自己责任原则所承担的责任不当时，可以否定合同缔结过程或者合同全部或部分的效力。

简言之，日本的《消费者合同法》被认为是后福利国家论的产物。日本追随缓和规制的时代要求，从为实现市场自由与竞争机能提供环境的角度，理解消费者交易公正化问题，并以此为基础制定了《消费者合同法》。[④]

第三节　《消费者合同法》的主要内容

一、概述

日本的《消费者合同法》作为民事特别法，从正面认定消费者与经营

---

① 参见〔日〕落合誠一:《制緩和と消費者契約法(上)》，载 NBL 1999 年 12 月第 678 號；討論:《規制緩和と消費者契約法（下)》，载 NBL 1999 年 12 月第 679 號。

② 参见〔日〕大村敦志:前揭《消費者法》，第 24 页以下；〔日〕大村敦志:《消費者・家族法》，東京大學出版部 1999 年版，第 54 页以下。

③ 参见〔日〕河上正二:前揭《消费者契约法》，第 6—7 页。

④ 参见〔日〕潮見佳男:《消費者契約法と二十一世紀民法》，载《民商法雜誌》2000 年第 123 卷第 4—5 號，第 616—619 页。对此，潮見佳男在前揭讲演中提出反对意见:“在此，虽然是我个人的一些想法，将此作为基本理念植根于《消费者合同法》的立法之中，是否妥当？后福利国家论以小政府和消费者的自立为目的，在福利的观点上将国家干涉排除于消费者保护之外，完全交由民间市场的自由竞争和社会共同体内部的相互扶持，以此树立‘政府不予干预’的原则，而另一方面国家又完全承担起完善市场竞争条件的任务。即，在福利社会的观点上观察有关消费者合同的问题时，又采以后福利国家论下处理消费者保护的方式是否妥当？尤其是以‘即使所有的市场竞争条件均发挥其应有的作用，市场上的消费者仍然处于弱者的地位，更何况起初即存在众多不符合市场机制的附属性的合同条件’的观念为出发点，是否应以扶助单方承担过多危险的消费者作为方向，制定积极介入的制度？”(〔日〕潮見佳男:前揭《日本消费者合同法的立法动向及问题点》，〔韩〕何润秀译，第 363 页。)

者于交易中存在的信息及交涉力的结构性差距,从而将保护消费者作为立法目的。其主要内容有:扩张欺诈法理的误认撤销权、扩张胁迫法理的困惑撤销权以及不当合同条款之无效等。

修订前的《消费者合同法》共由四章十二个条文组成。该法在第一章"总则",规定了立法目的、定义以及经营者与消费者的努力义务;在第二章"消费者合同的要约或承诺意思表示的撤销",规定了基于误认和困惑的撤销权,从而规范合同缔结的过程;在第三章"消费者合同条款无效",规定了免责条款、预设损害赔偿额条款以及侵害消费者利益条款的无效;在第四章"附则"规定了与第二章、第三章内容相关的可以补充适用民法与商法,并规定劳动合同不适用该法。

2006年5月,日本大幅修订《消费者合同法》,现行法由第一章"总则"、第二章"消费者合同"、第三章"行为停止请求"、第四章"其他规定"及第五章"罚则"构成。①

二、《消费者合同法》的目的及适用范围

(一)《消费者合同法》的目的

日本《消费者合同法》在第一条规定了该法立法目的。即,鉴于消费者与经营者之间信息的质与量以及交涉力上的差距,消费者对经营者的一定行为产生误认或困惑的,可撤销合同的要约或者对其承诺的意思表示,同时,免除经营者损害赔偿的条款以及其他不当侵害消费者利益的条款,全部或部分无效,从而保护消费者利益,提高国民生活水平,促进国民经济健全发展。

因消费者与经营者之间的结构性差距,双方签订的合同可能并非基于消费者自身真实意思。为此,日本《消费者合同法》规定了使消费者摆脱该合同束缚的法律措施,以保障其合法利益。较之《消费者合同法》,民法以交易当事人的地位平等为前提,因结构性差距造成显著损害的,乃依权利滥用、诚实信用原则或以违反公序良俗为由认定其无效,或者通过认定损害赔偿请求权等方式提供救济。然《消费者合同法》则在正面认定"消费者与经营者之间存在信息的质与量以及交涉力上的结构性差距"前提

① 经过修订的《消费者合同法》增加了第三章和第五章的内容,在第四章中仅保留了原第12条的内容。由此,《消费者合同法》的条文由原12条增至53条。

下,以保护消费者为立法宗旨,此亦该法之独特意义所在。[①]

虽然《消费者合同法》第一条并不发生具体法律效果,但该规定是本法其他条文乃至《民法》等其他涉及消费者与经营者之间纷争解决规定的解释原则,对解决类似消费者合同纠纷的法律适用产生影响,因此该条文具有重要意义。[②] 实际上,该条文在实务裁判中已被援用为解释上的指导性原则。[③]

概言之,《消费者合同法》第一条具有两方面意义:首先,该条文首次以立法形式明文规定消费者与经营者之间在信息的数量与质量以及交涉力方面存在结构性差距;其次,基于这种结构性差距,在解释消费者合同具体纠纷的法律适用时,或者在信息、交涉力方面存在差距的当事人之间适用法律时,均可直接援用该条规定。

(二)《消费者合同法》的适用范围

日本《消费者合同法》适用于消费者与经营者缔结的合同(该法第 2 条第 3 款)。该法第 2 条对消费者、经营者及消费者合同作出定义。该条第 3 款规定,“本法所称‘消费者合同’,是指消费者与经营者之间缔结的合同”,明确规定该法适用于经营者与消费者之间订立的所有合同。由此,将产生对于经营者和消费者之间不存在信息和交涉力差距的个案可否排除适用该法的问题。然该适用范围是基于“一般消费者”与“一般经营者”之间的结构性差距而确定的,故在个别情形下,主张个别消费者具有较强的信息收集与交涉力的,亦不能排除《消费者合同法》的适用。[④] 其理由是该法为针对一般消费者与一般经营者间结构性差距的立法。[⑤]

该法将“消费者”定义为“个人”,并排除了“以经营为业或者为经营活动而成为合同当事人”的情形(该条第 1 款)。“经营者”是指法人、其他团

---

① 参见〔日〕佐佐木幸孝:《消費者契約法(實體法部分)の解說》,载東京辯護士會編:《消費者法の法的論点と實務》,2008 年,第 3 页。

② 同上书,第 4—5 页。

③ 大津地判平成十八年(2006 年)6 月 28 日,判决番號 161;大津地判平成十五年(2003 年)10 月 3 日,判决番號 15;福岡高判平成十六年(2004 年)11 月 12 日,判决番號 91。

④ 日本的裁判实务中,对于该情形,解释为当事人间依然存在信息及交涉力上的差距。

⑤ 参见〔日〕佐佐木幸孝:前揭《消費者契約法(實體法部分)の解說》,第 6 页。

体以及以经营为业或者为经营活动而成为合同当事人的个人（该条第2款）。[①] 在此，首先，关于“法人、其他团体”，不问其是否具有营利性，均属于该法“经营者”范畴。当个人成为该法所规范之“经营者”时，仅限定在“以经营为业而签订合同”或“为经营活动而签订合同”两种情形。《消费者合同法》区分消费者与经营者的标准是合同缔结及交易中“信息及交涉力的差距”。因该差距源于“经营活动”，故将此概念纳入定义之中。[②] 所谓“经营”是指基于一定的目的，反复、持续地为同种行为，经营者的范围可根据社会通常观念作出判断，同时亦有必要根据合同缔结与交易中信息及交涉力上存在差距予以确定。[③] 此外，因经营者是根据自己的风险责任及计算方法，为一定目的反复、持续地为同类行为，故营利性、专业性亦是认定经营者的附加要件。判断“营利性”，是以能否通过该行为取得相当程度的财产上的利益为标准。“专业性”是从社会性角度进行认定，即是否具有一定专业水平且反复、持续地为专业行为，如医师、律师、税务师等进行专业性职业的人，在签订与其职业相关的合同时，应认定其专业性而将其排除在消费者范围之外。[④] “持续性”与“反复性”使得这类经营者在经验的累计、交涉力以及信息力上较一般消费者优越，其通过追求利益的营业活动而形成的营利性以及一定的专业性，使得其具有侵害合同公正性的可能，因此须规范此类处于优势地位的经营者以保护消费者的利益。[⑤]

---

① 《国生审中间报告》将“消费者”定义为，在消费生活中与经营活动无关的自然人；而“经营者”的定义由“与经营活动发生关联的行为”和“自然人、法人以及其他团体”两项要件构成。即，《国生审中间报告》将消费者的定义要件规定为“消费生活中以无关于经营目的为行为的自然人”，而将经营者定义的要件规定为“与经营发生关联行为的自然人或者法人以及其他团体”。（〔日〕潮見佳男编：《消費者契約法・金融商品販賣法と金融取引》，經濟法令研究會2001年版，第22页。）

② 参见經濟企劃廳國民生活局消費者行政第一課编：《逐條解說消費者契約法》，商事法務研究會2001年版，第41页。

③ 参见〔日〕佐佐木幸孝：前揭《消費者契約法（實體法部分）の解說》，第6页；經濟企劃廳國民生活局消費者行政第一課编：前揭《逐條解說消費者契約法》，第42页。

④ 参见〔韩〕郑钟休：前揭《关于日本〈消费者合同法〉的研究》，第155—156页。

⑤ 参见〔韩〕崔镇求：前揭《日本消费者合同小考》，第53页。对于“经营性”，关于“建筑物出租人的经营者发生争议”的判例认为，出租人以自住为目的购入房屋之后，不得不移居而将该房屋出租的，并非是以反复、持续地为同种行为为目的而签订合同，因此从社会通念上不能将其认定为经营行为。（京都地判平成十六年（2004年）7月15日，转引自〔日〕佐佐木幸孝：《消費者契約法裁判例の展開と課題》，载《法律時報》2007年第79卷第1號，第87页。）并且，对于以作为副业为目的的销售方式，有判决将进货人认定为消费者。（東京地判平成十六年（2004年）11月15日，转引自經濟企劃廳國民生活局消費者行政第一課编：前揭《逐條解說消費者契約法》，第87页。）

关于“消费者合同”的举证,通常认为由主张消费者合同的一方承担举证责任。[①] 但是,在经营者主张相对人虽然为自然人但不构成“消费者”的案例中,法院认为因没有证据证明自然人以经营为目的而签订合同,故判决适用《消费者合同法》。[②]

简言之,法人以及其他团体一律不能成为该法所称的“消费者”。然而,该法仅解决了结构性差距的部分问题,具有一定局限性。对于法人或其他团体在其自身固有营业范围之外与其他经营者签订合同,并存在结构性差距时,即在法人或其他团体的消费活动与经营者之间存在不平等的情形下,立法上欠缺规制。

三、合同缔结过程的公正化

(一) 序言

日本《消费者合同法》为确保消费者合同缔结过程的公正,规定了经营者不为必要行为和不当地为一定行为这两种不公正情形。第一种情形,该法仅赋予经营者一般性的努力义务,且未认定消费者在此情形下享有撤销权;第二种情形则认定了消费者的撤销权。其法理基础在于,合同缔结中平等当事人基于自己意思签订合同并受其约束,是以自己决定、自己责任为基础的私法自治的必然结果。但是,随着不能基于合理判断而进行自由且自主意思决定的情形不断增多,自己责任原则越发受质疑。对此,依交易类型制定的特别法虽然可以根据该交易领域的特性有效解决此类问题,但其规制范围有限,且落后于不断出现的新的交易类型。现代社会消费者交易的不断复杂化、多样化,交易信息的高度专业化,必然要求经营者迅速且适当地向与之交易的消费者提供其所必需的信息。[③]

因经营者的劝诱行为使得消费者在意思表示不自由的情形下签订的合同,民法上可以欺诈或胁迫为由将其撤销,或以错误为由宣告无效,但欺

① 参见内閣府國民生活局消費者企劃課編:《逐條解說消費者契約法(補訂版)》,商事法務2003年版,第44页。

② 東京高判平成十六年(2004年)5月2日,载《判例タイムズ》第1153號,第25页。

③ 日本全国生活信息中心在其收集的消费者举报乃至投诉的案件中,将经营者未向消费者适当地提供必要信息的案件根据与合同劝诱的关系分为以下几个类型:(1) 未提供决定合同签订与否所必需的信息的情形;(2) 未提供关于合同内容的信息的情形;(3) 提供虚假信息的情形等,亦包括在消费者缔结合同前的动机形成阶段,经营者具有近乎威胁消费者或者长期拘禁消费者的情形等。(〔韩〕裴成镐:前揭《日本消费者合同法》,第583页。)

诈或者胁迫的构成要件较为严格，即要求双重故意，而错误原则上不规制动机上的错误。那么，可否以经营者未向消费者提供重要信息或者提供虚假信息为由，而直接认定该行为违法？若得作此认定，则根据案情的不同可能出现不同的结果，如此便降低可预见性，很难成为具有稳定性的法律规范。① 有鉴于此，《消费者合同法》基于经营者与消费者之间存在的信息及交涉力上的差距，规定在合同缔结过程中因经营者的不当劝诱致使消费者在误认或困惑的情形下作出关于合同的意思表示的，消费者具有撤销权，由此使得立法具有较高的可预见性。

（二）不当劝诱情形下撤销权的发生

日本《消费者合同法》第 4 条第 1 款与第 2 款②针对因经营者的一定行为致使消费者产生误认并依此签订合同的情形，第 3 款③针对因经营者的一定行为致使消费者产生困惑而作出签订合同的意思表示的情形，都赋予消费者撤销意思表示的权利。即，该法第 4 条的规定将撤销权分为“误认型”和“困惑型”两种，并将“误认型”细分为“不实告知”、“结论性判断的提供”、“不利益事实的不告知”三种类型，“困惑型”则分为“不予退去”和“妨碍退去”两种。

1. 基于误认的撤销权要件

根据该法，经营者为与消费者缔结合同所为之劝诱存在以下行为：对于重要事项，告知与事实不相符的内容，或者对将来存在变动可能性的事项提供结论性判断，或者对于重要事项故意隐瞒其可能造成消费者不利益

---

① 國民生活審議會消費者政策部會：《中間報告書》(1998)，第 13 页以下。

② 第 4 条（消费者合同的要约或承诺的意思表示的撤销）第 1 款：消费者因经营者劝诱而缔结消费者合同的，因以下列举各项行为致其产生以下各项误认，并据此作出关于消费者合同的要约或者承诺的意思表示的，得撤销该意思表示：1. 对于重要事项，告知与事实不相符的内容，致使消费者误认该告知事项为事实的。

第 2 款：就产品、权利、服务以及其他该消费者合同的目的事项，对其将来的价格、将来消费者应受领的价格等，及其他将来有变动可能性的事实，作结论性判断的，致使消费者误认该结论性判断为事实的② 经营者劝诱消费者缔结消费者合同的，就某些重要事项或与该重要事项相关的事项，仅将其中利于消费者的内容进行告知，而故意对该重要事项中不利于消费者的事项（仅限于消费者依据该告知通常应认为该事实不存在的情形）不予告知，消费者因此误认该事实不存在，并据此作出该消费者合同的要约或承诺的意思表示的，消费者可以撤销该意思表示。但该经营者试图向消费者告知该事实而消费者拒绝的，不在此限。

③ 第 4 条第 3 款：经营者劝诱消费者缔结消费者合同的，对消费者为下列行为致使其产生困惑并据此作出关于消费者合同的要约或者承诺的意思表示的，消费者可以撤销该意思表示：1. 消费者要求该经营者从其住所或者工作场所离开，但该经营者不予退去的；2. 消费者要求从该经营者劝诱消费者签订合同的场所离开，但该经营者妨碍该消费者退去的。

的内容,致使消费者作出相关消费者合同的要约或承诺的意思表示的,消费者可以撤销该意思表示(该法第4条第1款、第2款)。即对于经营者的不当劝诱,消费者产生误认而订立合同的,消费者可以撤销该合同。此为缓和日本民法上欺诈(日本《民法》第96条)要件的同时,对抽象要件的具体化或者明确化的产物。而且,基于该条款创设的撤销权并不排斥民法上的撤销权(该法第6条),若满足各自的发生要件,两种撤销权可以并存。[①]

基于误认的撤销权的成立要件具体如下:

第一,经营者应为一定的劝诱行为,即经营者为积极诱导消费者签订合同而为的行为。具体而言,消费者基于经营者的不实告知(第4条第1款第1项)、结论性判断(第4条第1款第2项)、不利益事实的不告知(第4条第2款)等行为而形成误认。对于经营者针对不特定多数人为积极诱导合同签订行为的,如无差别广告或者传单发放,可否认定其为劝诱行为,则存在相互对立的两种观点。[②] 基于保护消费者利益的立场,不应对劝诱的含义为缩小解释,应尽可能将造成消费者误认的原因均包含在内,因而应当进行扩张解释。

第二,经营者的不当劝诱行为必须足以引起消费者的误认。《消费者合同法》将误认的类型限定在"不实告知"、"结论性判断"以及"不利益事实的不告知"之中。关于不实告知和结论性判断的提供,该法第4条第1款第1项规定"对于重要事项,告知与事实不相符的内容,致使消费者误认该告知事项为事实的",第2项规定"就产品、权利、服务以及其他构成消费者合同目的的事项,对其将来的价格、将来消费者应受领的价格等,及其他将来有变动可能性的事实,作结论性判断的,致使消费者误认该结论性判断为事实的",当经营者具有上述劝诱行为而导致消费者签订消费者合同

① 参见内閣府國民生活局消費者企劃課編:前掲《逐條解說消費者契約法(補訂版)》,第125页;〔日〕落合誠一:《消费者契约法》,有斐閣2001年版,第104页。

② "肯定说"认为:两者在经营者的行为造成消费者误认的问题上并无不同,因此没有理由否定其劝诱的性质;而"否定说"认为:劝诱是指积极地影响特定消费者意思的形成,因此针对不特定多数人的宣传应排除在劝诱的范围之外。(〔日〕佐佐木幸孝:前掲《消費者契約法(實體法部分)の解說》,第12页;〔韩〕郑钟休:前揭《关于日本〈消费者合同法〉的研究》,第160页。)

的，消费者可基于该误认行使撤销权。[①]

第三，不实告知、结论性判断、不利益事实的不告知等必须针对重要事项。该“重要事项”可以认为是“根据合同缔结时的社会通常观念，可能影响一般消费者决定是否签订消费者合同，从客观上可认知的基本合同事项”[②]。第4条第4款将“重要事项”规定为“以下列举的与消费者合同相关的，通常会影响消费者决定是否缔结消费者合同的相关事项”，其内容包括产品、权利、服务以及可能成为消费者合同目的的质量、用途以及其他交易条件（第4条第4款第1项、第2项）。反之，若严格解释，当作为合同缔结前提的事项、合同内容或者交易条件以外的事项存在问题时，即使其影响合同的缔结，亦非重要事项。[③] 据此，“诱惑消费者产生缔结合同动机的决定性事项”，不属于“重要事项”，而这可能会造成“该交易对消费者造成何种程度的危险”之事项被排除在“重要事项”外。对此，有观点提出应将“质量、用途以及其他内容”和“对价以及其他交易条件”解释为列举式的

① 参见〔日〕山口康夫：《消費者契約法の解說》，一僑出版，第39页。关于“不实告知”的含义：诸如“会变漂亮”、“便宜”等主观性的评价，不在此限。（經濟企劃廳國民生活局消費者行政第一課編：前揭《逐條解說消費者契約法》，第68页。）并且有判例认为即使在化妆品销售的劝诱中，声称“如同婴儿般的肌肤”，因其中包含主观因素，不符合不实告知的情形。（佐世保簡判平成十七年（2005年）10月18日，裁判輯未登載，转引自〔日〕佐佐木幸孝：前揭《消費者契約法裁判例の展開と課題》，第87页。）但是，在“钻戒的价格标签上将一般零售价格为12万元的标记为41万4千元，并以29万元出售”的案件中，原审认为价格属于经营者主观评价的内容因此不属于不实告知的对象。而上诉法院撤销原审判决，认定钻石装饰品的一般零售价格属于重要事项，因此认定基于不实告知的撤销权。（大阪高判平成十六年（2004年）4月22日，消費者法ニュース60號，第156页。）关于结论性判断的提供：有判例认为，诱导消费者购买CDRom时，宣称“电脑数据输入作为副业可以稳赚2万元”是副业诱饵销售方式的经营者的结论性判断的提供，因此判决认定此时的撤销权（東京簡判平成十七年（2005年）11月15日，最高裁HP）；关于国内商品先物交易中的劝诱：在经营者的从业人员宣称“煤油价格必然下降，绝不可能上升”的案例中，法院以结论性判断的提供为由，认定了撤销权。（名古屋地判平成十七年（2005年）1月26日，消費者法 ニュース63號，第100页。）除此之外，关于不利益事实的不告知：有判例认为，“未将入所三个月后听课费提高的事实告知当事人”属于不利益事实的不告知，因此判决认定此时的撤销权（神戸簡判平成十四年（2002年）3月21日，兵庫弁護士HP）；在“经营者进行不必要的地板及维护工程之后，作为费用签订信用交易合同”的案件中，法院以未告知信用提供公司支付的金额远不符合防止地震等晃动的工程所需价金的不利益的事实为由，认定了对信用交易合同的撤销（支付金额的返还）。（小林簡判平成十八年（2006年）3月22日，消費者法ニュース69號，第188页。）最后的案例可以认为是将“原因交易中的撤销事由”认定为“信用交易合同自身的撤销事由”的案例。

② 〔韩〕郑钟休：前揭《有关日本〈消费者合同法〉的研究》，第162页。

③ 参见〔韩〕朴仁焕：前揭《关于日本〈消费者合同法〉的法政策与规范结构的比较法研究》，第169页。

规定。因此，重要事项必须同时满足明文规定的要件以及其解释上的要件。[①] 关于该问题，通常的解释虽然要求不实告知行为必须针对重要事项，但并未将所谓“有关动机的事实”认定在重要事项的范围之内。[②]

第四，消费者必须签订合同。消费者签订合同必须是基于经营者的不当劝诱，即不当劝诱与合同签订之间存在因果关系。

2. 基于困惑的撤销权要件

该法第4条第3款明文规定，经营者劝诱消费者缔结消费者合同的，对消费者为下列行为致使其产生困惑并据此作出关于消费者合同的要约或者承诺的意思表示的，消费者可以撤销该意思表示，由此认定基于困惑的撤销权。关于“困惑”，第4条第3款第1项规定，消费者要求该经营者从其住所或者工作场所离开，但经营者不予退去的情形；第2项规定，消费者要求从该经营者劝诱消费者签订合同的场所离开，但该经营者妨碍消费者退去的情形。由此，将困惑限定在“经营者不退去”或者“妨碍消费者退去”两种情形之中。[③]

经营者假意告知解约，造成消费者恐慌心理从而作出非真实意思表示的不属于胁迫，但因表意人产生困惑而签订的合同歪曲了消费者的意思自由，故可以认为“困惑”缓和了“胁迫”的构成要件。考虑到“困惑”一词的非明确性可能对经营者的经营活动造成障碍，《消费者合同法》将可能造成困惑的行为限定在“不退去”和“拘禁”两种形态。但是，因产生困惑的行为会侵害消费者的自主决定，故应将其解释为包括表示要求退去的“积

---

① 經濟企劃廳國民生活局消費者行政第一課編：前揭《逐條解說消費者契約法》，第101页。

② 但是亦有判例在“不实告知的内容是相关动机事项”的情形中，积极地认定了撤销权。在“经营者虚假地宣称地板一定程度的潮湿会对房屋造成危险，消费者因此购买了不必要的换风装置及防湿剂”的案例中，法院认为：经营者针对安装商品的必要性及适当性的重要事项存在不实告知行为，因此认定了全部的撤销权。(〔日〕佐佐木幸孝：前揭《消費者契約法裁判例の展開と課題》，第87页。)

③ 关于“不予退去”，法院在“经营者访问老年人住宅并劝诱其安装换风机等时，不顾消费者作出的‘没有必要，请出去’的意思表示，经过7小时30分钟的劝诱最终达成合同”的案件中，认定了消费者的撤销权。(大分簡判平成十六年(2004年)2月19日，消費者法 ニュース64 號，第59页。)

极行为”以及表示退去要求的“消极行为”。①

关于“拘禁”或者“妨碍退去”的要件,法条表述为“妨碍消费者退去的”,有观点认为应将其解释为“使消费者不可能离开一定场所或者离开极为困难”②,但是裁判实务对其进行了扩大解释,认为“使消费者从心理上相信不放其离开”即满足该要件。③

3. 撤销权的行使

基于不当劝诱行为而签订合同的情形,优先行使撤销权的主体为消费者本人。同时,该法第5条第2款规定:“对于与消费者合同缔结相关的消费者的代理人(包括复代理人(包括作为双重以上的复代理人被选任的情形),以下亦同)、经营者的代理人及受托人等的代理人,适用前条第1款至第3款的规定的(亦包括前款规定的准用情形,同理适用于第6条及第7条),分别视为消费者、经营者及受托人等。”因此除消费者本人之外,消费者的代理人亦被认定为行使撤销权的主体。

该法第7条第1款规定:“依第4条第1款至第3款规定的撤销权,自可以行使撤销权之日起6个月内不行使的,该撤销权消灭。自该消费者合同缔结之日起,经过5年的,该撤销权亦消灭。”基于误认产生的撤销权,自消费者知道误认之日起的6个月为行使期限;产生困惑时,自不退去之日起的6个月为短期的撤销权行使期限,而自签订合同之日起的5年为长期的撤销权行使期限。这与日本《民法》第126条规定的自应当知道之日起5年、行为发生之日起20年的撤销权行使期间形成对比。

撤销权的行使反映了《消费者合同法》与《民法》规定的差异,基于误认或者困惑行使的撤销权缓和了民法规定,为尽快稳定经营者的不安地位提供了保障。④

---

① 参见〔韩〕郑钟休:前揭《关于日本〈消费者合同法〉的研究》,第163页。以“拘禁”或者“妨碍退去”为由,认定撤销权的案例为:通过在马路上的劝诱,将消费者引致绘画展览场,在展览场强迫其购买绘画,使消费者认为若不签订合同即不能离开而签订合同的情形(東京簡判平成十五年(2003年)5月14日,最高裁HP),及商店从业人员不顾消费者欲离开之意思,持续劝诱使消费者产生困惑而最终购买项链并签订信用交易合同的情形(札幌地判平成十六年(2004年)3月17日,消費者法ニユ—ス64號,第209页),法院以“拘禁”或者“妨碍退去”为由,认定合同的撤销。

② 内閣府國民生活局消費者企劃課編:前揭《逐條解說消費者契約法(補訂版)》,第96页。

③ 参见〔日〕佐佐木幸孝:前揭《消費者契約法裁判例の展開と課題》,第88页。

④ 参见〔韩〕郑钟休:前揭《关于日本〈消费者合同法〉的研究》,第168页。

四、合同内容的公正化——不当条款的规制

（一）规制不当条款的意义

由于消费者合同当事人双方在相关的交易信息、经验、交涉力等方面存在差距，经营者在其事前拟定的定型化合同中订入单方面不利于消费者条款的情形时有发生。日本在制定《消费者合同法》之前，个别行业法一方面赋予经营者制定约款的义务，并规定经营者可以申请官厅认可或者审查其制定的约款，以防止不当合同条款编入约款；另一方面，采取包括吊销营业资格在内的措施对违法行为进行适当惩罚，并根据不同情形将不利于顾客的特别约定认定为无效或者禁止其作为合同内容。但因立法具有滞后性，难以对市场中新出现的形态各异的新行业进行及时、合理的规范。因此，《消费者合同法》作为相关消费者合同的概括性民事法律规范，在规范合同缔结过程的同时，亦规范合同本身的内容。

《消费者合同法》第8条至第10条系对不当条款的规制，第8、9条列举了无效不当条款的具体类型，第10条作为一般条款，概括性地规定侵害消费者权益的条款无效。使消费者合同条款无效的意义在于，当消费者的正当利益因不当合同内容遭受侵害时，可通过否定不当条款的效力恢复消费者的利益。①

（二）不当条款的类型

1．免除经营者责任的条款

《消费者合同法》第8条②将经营者的免责条款分为全部免责条款和

---

① 参见經濟企劃廳國民生活局消費者行政第一課编：前揭《逐條解說消費者契約法》，第132页。

② 第8条对认定免除经营者责任的条款无效进行了如下规定：下列消费者合同条款无效：(1) 全部免除因经营者不履行债务致使消费者损害的赔偿责任的条款。(2) 部分免除因经营者不履行债务（仅限该经营者、其代表人或者使用人基于故意或重大过失的情形）致使消费者受到损害的赔偿责任条款。(3) 全部免除民法规定的经营者在履行消费者合同的债务时，因经营者的侵权行为给消费者造成损害的赔偿责任的条款。(4) 部分免除民法规定的经营者在履行消费者合同的债务时，因经营者的侵权行为（仅限该经营者、其代表人或者使用人基于故意或者存在重大过失的情形）给消费者造成损害的赔偿责任条款。(5) 在消费者合同为有偿合同情形，该消费者合同的标的物存在隐性瑕疵的（在该消费者合同为承包合同时，其工作标的物存在瑕疵时，亦适用如下规定），全部免除因该瑕疵而给消费者造成损害的赔偿责任条款。

前款第5项所列举条款，在符合下列情形时，不适用同款规定：(1) 该消费者合同的标的物存在隐性瑕疵，该经营者以无瑕疵之物替换或者承担瑕疵修补责任的。(2) 该消费者与受该经营者委托的其他经营者之间的合同，或者经营者与其他经营者之间为该消费者而订立的合同，先于该消费者合同订立或者与其同时订立的，当该消费者合同的标的物存在隐性瑕疵的，该其他经营者承担全部或部分因该瑕疵给消费者造成损害的赔偿责任，或者以无瑕疵之物替换或者承担瑕疵修补责任的。

部分免责条款,并规定前者为绝对无效,后者仅在经营者存在故意或重大过失的情形下无效。具体而言,《消费者合同法》第 8 条将全部免除经营者相关债务不履行责任(第 1 项)、侵权行为责任(第 3 项)、瑕疵担保责任(第 5 项)的条款,规定为绝对无效;而部分免除债务不履行责任(第 2 项)、侵权行为责任(第 4 项)的条款,仅当经营者存在故意或者重大过失时,认定为无效。对于债务不履行,日本解释论认为,行为人故意不履行债务,仍免除其责任的,则属于违反公序良俗,故无效;因重大过失不履行债务的情形,亦同。但是,《消费者合同法》的特征为:明文规定,于故意、重大过失的情形下部分免责的条款,属无效条款,而于轻过失的情形,若全部免责,则亦属于无效条款。

2. 预设损害赔偿额的条款

日本《消费者合同法》第 9 条,[①]对于预设消费者应付损害赔偿额或违约金数额的规定,分为合同解除和因金钱债务不履行两种。对于有关预设消费者合同解除之损害赔偿额或违约金的条款,依该条款所设解除事由、时间等判断是否"超过同种消费者合同解除时对经营者造成的平均损害额",超过部分无效。根据日本《民法》第 420 条,对损害赔偿额之预设或者对违约金之约定系属有效,若该预设(或者约定)不属于违反公序良俗行为的,法院亦应受当事人间约定之约束,不得随意增减约定额度。《消费者合同法》通过"平均损害额"这一标准衡量经营者预设的损害赔偿额或者违约金。所谓"平均损害额"是对同一经营者所签订的多数同类合同进行类型化考察而算出的平均数额。[②]

关于《消费者合同法》第 9 条的适用,最高裁判所于平成十八年(2006 年)11 月 27 日判决的"大学学纳金返还请求诉讼"备受关注。最高裁判所称其是关于消费者合同最早的判决。关于大学与其学生之间签订的"在学

---

① 第 9 条(预定消费者支付损害赔偿额的条款等的无效):下列各项所列的消费者合同条款中,该各项所规定的部分无效:(1) 预先确定因该消费者合同的解除所需支付的损害赔偿额,或者规定违约金数额的条款,依该条款中设定的解除事由、时间等的区分,上述合计金额超过因该消费者合同与同种消费者合同的解除应当产生的平均损害额的,该超出部分。(2) 条款中预定消费者到支付日期(支付次数为两次以上的,为各自的支付日期,以下此项中亦同)没有支付基于该消费者合同所应支付的全部或者部分金钱的场合下的损害赔偿额或者规定违约金,将这些加以合计所得的金额,从支付日期的次日至消费者支付之日的期间内,依其日数,超过了从该支付日期应支付金额中扣除已实际支付的金额乘以年 14.6% 的比率而计算出的金额,该超出部分。

② 参见經濟企劃廳國民生活局消費者行政第一課編:前揭《逐條解說消費者契約法》,第 164 页。

合同”的法律性质，法院认为：“‘在学合同’的核心要素是规定大学义务乃提供教学、实习及实验等教育活动，向学生提供与大学目的相符的服务，并允许学生使用必要设施等，而学生的义务是向学校支付对价，……是私法上具有双务有偿性质的无名合同。”据此，判决与大学签订在学合同或者预定合同的当事人，不论何时均可任意解除该在学合同或者预定合同。“大学学纳金”包括入学费、听课费、实验实习费、学生自治会费、同窗会费等，法院认为合同中除特别约定的入学费之外的诸费用不予返还，不能以其悖于公序良俗和《消费者合同法》第10条而无效。该类合同具有《消费者合同法》第9条第1款所规定的“预设因消费者合同解除的损害赔偿额或者违约金的条款”的性质，即根据第9条，除入学费外的其他费用属违约金性质。但最高裁判所认为，此处不属于违约，因上述解除在大学开学之前，对大学而言，不存在所谓“平均的损害”，故上述不返还之特别约定，均无效。且关于入学费，其性质是被录取者取得该大学资格之对价，故判决，在交付入学费后，即使合同解除，大学亦不承担向已录取者返还入学费的义务。

对于最高裁判所以上的判决，学界形成两种对立观点。肯定说认为，该判决如实体现了《消费者合同法》相关规定，且若无该法第9条第1款规定，则只能援用民法的公序良俗或诚实信用原则等一般规范，最高裁判所亦必须进行更多论证以妥当解决该问题。[①] 与此相反，否定说认为，最高裁判所一系列判决将公序良俗的含义限定于国家秩序、社会道德的范围内，这无疑将关于公序良俗的民法学发展倒退回30年前。[②]

根据该法第9条，消费者合同的金钱债务，至支付期限届满时其全部或者部分金钱仍未支付的，预设的损害赔偿额或者违约金核算额超过支付期限内应付余额年比率14.6%的，超过部分无效。此上限率是根据立法例与约款实际使用情况，将固定的习惯纳入立法的产物。[③]

3．单方面侵害消费者利益的条款

日本《消费者合同法》第10条规定，与民法、商法及其他法律中与公共秩序无关的规定相比，限制消费者权利或者加重消费者义务的消费者合同

---

① 参见〔日〕落合誠一：《消費者契約法の効果が發揮された判決》，载NBL 2007年1月第849號，第12页。

② 参见〔日〕潮見佳男：《學納金返還と公序良俗規範》，载NBL 2007年1月第849號，第10页。

③ 参见經濟企劃廳國民生活局消費者行政第一課編：前揭《逐条解說消費者契約法》，第168—169页。

条款,违反日本《民法》第1条第2款所规定的基本原则,单方面侵害消费者利益的无效。据此,消费者合同条款的无效须同时满足两个要件:首先,须是较之民法、商法等的任意性规定,限制消费者权利或加重消费者义务;其次,该条款须违反民法上诚实信用原则,单方面侵害消费者利益。根据解释论,此时的举证责任由消费者承担。①

通过一般条款认定合同条款无效的原因在于:一方面,具体且详细地列举消费者合同的无效事由存在现实困难;另一方面,一般条款可涵盖将来可能出现的消费者合同的不当性问题。② 保护以相互信赖为基础的合同关系是社会共同生活的基本要求,为反映该诚实信用理念,于构建信赖与期待之时,当事人之间信息的质与量及交涉力上的差距问题,必然需要得到解决。据此,提升消费者地位的观点备受瞩目,制定一般条款亦成必然。③

以保护消费者利益为出发点,该法第8条与第9条是具体性规定,第10条则具有补充个别条款的预备规定的性质。即,第10条作为关于保护消费者利益的一般规定,与第8条及第9条的扩展规定共同填补了规范之空白。④ 此类一般条款在法解释上的作用又可分为:通过积极的解释扩大消费者保护范围,或通过适用的限制明确保护范围。

关于适用民法、商法及其他法律中与公共秩序无关的规定,适用任意性规定是否侵害消费者利益,解释上亦有分歧:一种观点主张任意性规定仅为法律明文规定的情形;⑤另一种观点认为不仅包括明文规定的情形,未明文规定之法源亦包含在内。此外,另有观点将其解释为仅包括第10条的宗旨、积累的判例以及通常所承认的与合同自由有关的一类未明文规定的任意性规定。⑥

---

① 参见〔日〕落合誠一:前揭《消費者契約法の効果が發揮された判決》,第144页。

② 参见〔韩〕郑钟休:前揭《关于日本〈消费者合同法〉的研究》,第174页。

③ 参见〔韩〕山口康夫:前揭《消費者契約法の解説》,第104—105页。

④ 参见〔韩〕郑钟休:前揭《关于日本〈消费者合同法〉的研究》,第176页。

⑤ 参见經濟企劃廳國民生活局消費者行政第一課編:前揭《逐条解說消費者契約法》,第175页。针对侵害消费者利益的解释问题,该观点主张纵使消费者利益的保护非常重要,但考虑到无效的波及效果,应在明文规定的可保证其明确性的范围内,认定无效。

⑥ 参见〔日〕山口康夫:前揭《消費者契約法の解説》,第106页。

第四节　《消费者合同法》的特征及其评价

综上所述，日本《消费者合同法》具有以下特征：

第一，日本《消费者合同法》紧随通过缓和政府规制，完善市场经济体制的国际潮流，转换思路，试图以司法规制替代政府规制，完善自由市场经济秩序。

第二，日本《消费者合同法》承认经营者与消费者之间存在信息及交涉力上的结构性差距，并试图消除阻碍自由、公平市场交易的因素。

第三，日本《消费者合同法》试图以司法规制代替行政规制解决消费者问题，为实现民事法的基本原理——自己决定与自己责任原则奠定了基础。该法补充了民法上意思表示及法律行为理论，阐明了保障消费者实现自己决定权的基本原则，并通过将其适用对象扩张至所有消费者合同，确立了概括性的民事法原则。

较先前个别行业法，日本《消费者合同法》未将行政规制的介入纳入其中，而试图通过民事原则的确立以司法为中心进行消费者救济。并且，日本的《消费者合同法》不仅是日本首个概括性的、具体的民事规则立法，而且由于其适用对象基本上涵盖了所有经营者，其规范内容不仅包括合同缔结过程，亦包括合同内容，并由此设定消费者与经营者间缔结合同必须遵循的最基本的统一规则，因而备受推崇。[①] 该法超越了消费者保护的观点，以确保合同缔结过程及合同内容的公正性来规制当事人之间的不平等，具有重要意义。

但是，日本《消费者合同法》存在如下问题：该法在合同缔结阶段关于经营者的信息提供义务（第3条），仅仅赋予消费者与经营者努力义务，该义务为非法定义务，仅具有倡议性，因此违反本条规定不能产生撤销合同或请求损害赔偿之效果，这与制定《消费者合同法》的宗旨相矛盾。因此有观点认为：在《消费者合同法》整体宗旨的指导下，可修订第3条，将“经营者的信息提供义务”规定为法定义务，从而与民法法理相协调，并将其作

---

① 参见〔日〕落合誠一：《本書の發刊に寄せて》，载經濟企劃廳國民生活國消費者行政第一課編：《逐條解說消費者契約法》，2000年12月。

为第4条消费者撤销权的根据之一,以解决该问题。[1] 关于经营者努力义务与民法的关系,民法学说及判例通过对《民法》第1条的解释发展出"附随义务违反"的法理,即信息不平等的当事人间,拥有信息的一方未向相对方提供时,根据《民法》第415条(债务不履行)或者第709条(侵权行为责任),相对方享有损害赔偿请求权或者解除合同的权利。因此,亦有观点主张应将这样的思维反映在《消费者合同法》第3条的规定之中。[2]

此外,《消费者合同法》中对不当条款的列举过于简单(该法第8条、第9条),对一般条款的适用存在困难。首先,虽然该法第8条、第9条具体列举了无效条款的类型,[3]但此列举之条款仅为不当合同条款的一部分,[4]且关键在于,对于不当条款的列举仅关注了免除经营者责任的条款,而纷争解决的条款、[5]单方赋予经营者权利的条款、合同解除及撤销的条款[6]等均未涉及。

① 参见〔日〕沖野眞己:《"消費者契約法(假稱)"における"契約締結過程"の規律—第17次國民生活審議會消費者政策部會報告を受けて》,载NBL 2000年第685號,第26—28页。

② 但是,与此不同,亦有积极的观点认为:"本法关于努力义务的规定具有将行为规范和裁判规范有机结合的作用。"(〔日〕北川善太郎:《消費者契約法と近未來の法モデル》,载《民商法雜誌》2000年第123卷第4—5號,第482—494页。)

③ 参见〔日〕小粥太郎:《不當條項規制と公序良俗理論》,载《民商法雜誌》第123卷第4—5號,第586—588页。

④ 对此,详细内容参见〔日〕潮見佳男、角田美穂子:《不當條項リストをめぐる諸問題・消費者契約法》,商事法務研究會1999年版,第166—200页;〔日〕山本敬三:《消費者契約立法と不當條項規制——第17次國民生活審議會消費者政策部會報告の檢討》,载NBL第686號,第16页表格1,第18页表格3。

⑤ 参见〔日〕星野英一:《消費者契約法(仮稱)の具體的内容についてを讀んで》,载NBL第683號,第12页。

⑥ 参见〔日〕山本敬三:前揭《消費者契約立法と不當條項規制》,第12页。

第五章　中国消费者合同法

第一节　中国消费者交易的现状

一、中国消费者问题的现状

2002—2010 年全国消费者协会受理案件的分析(单位:%)①

年度＼项目	产品质量	合同	安全	价格	假冒	广告	计量	虚假标识	人格尊严	其他
2002	65.6	1.6	1.7	7.6	3.7	1.8	4.9	1.3	0.2	11.6
2003	63.7	2.2	2.2	8.0	2.9	2.0	4.4	1.4	0.3	12.8
2004	65.2	2.7	2.3	6.8	2.4	2.3	3.5	1.6	0.4	12.9
2005	65.9	2.8	2.1	6.3	2.0	1.7	2.9	1.4	0.4	14.6
2006	64.3	3.0	2.0	6.2	1.8	1.6	2.2	1.3	0.4	17.2
2007	62.0	5.4	2.0	6.0	1.8	2.0	2.1	1.5	0.3	16.6
2008	59.9	8.4	1.9	5.9	1.7	1.7	2.0	1.4	0.3	16.8
2009	58.9	8.8	2.0	5.6	1.9	2.1	1.6	1.4	0.3	17.4
2010	54.4	9.4	2.1	5.2	2.4	2.1	1.7	1.6	0.3	20.7

我国的消费者保护运动始于 20 世纪 80 年代,②并于 90 年代制定了《中华人民共和国消费者权益保护法》(以下简称《消费者权益保护法》)③。这象征着我国消费者保护政策的形成。《消费者权益保护法》是

① 资料来源:中国消费者协会官方网站。

② 1984 年 12 月 26 日,经过国务院批准,中国消费者协会成立。中国消费者协会的成立促进了对消费者保护政策及立法的研究。1987 年 1 月,沈阳市人民政府颁布了我国第一个关于消费者保护的暂行规定,即《沈阳市保护消费者权益若干暂行规定》。同年 9 月,福建省人大常委会颁布了我国第一个消费者保护的地方性法规,即《消费者保护基本法规》。在此之后,其他省、市纷纷制定相关消费者保护的地方性法规。直至 1989 年后半期,已有二十多个省、自治区及直辖市和沈阳、青岛、广州、成都、哈尔滨 5 个计划单列市颁布施行了相关消费者保护的条例或者规定。至此,在全国范围内生效的消费者保护法呼之欲出。

③ 1993 年第八届全国人民代表大会第三次会议通过,1994 年 1 月 1 日起施行。

一部关于消费者保护的综合性法律，规定了国家对消费者保护的基本政策，亦规定了相当部分的裁判规则，如《消费者权益保护法》第49条引入的惩罚性赔偿制度，[①]即“经营者提供商品或者服务有欺诈行为的，应当按照消费者的要求增加赔偿其受到的损失，增加赔偿的金额为消费者购买商品的价款或者接受服务的费用的一倍”。该法制定时，我国正处于市场经济体制形成的初级阶段，有关假冒伪劣商品及不法商贩欺诈等重大社会事件接连发生，严重损害消费者利益，此引起了立法者注意，为此，在《消费者权益保护法》中引入惩罚性赔偿制度，旨在加强对不法商贩欺诈行为的规制。然始料未及的是，社会上频繁出现利用惩罚性赔偿制度进行营利的行为，导致在一定时期内，社会的焦点由批判不法商贩的失德行为转向支持消费者利用惩罚性赔偿制度营利的行为。这些是在缺乏市场经济经验、对配套法律规范研究缺失以及对惩罚性赔偿制度的比较法研究欠缺的情况下，急于通过规制经营者欺诈行为以保护消费者进而追求经济发展，而将美国三倍赔偿制度植入立法所引发的现象。[②] 因此，我国学界及实务界[③]以惩罚性赔偿制度为中心，就消费者纠纷之主体和客体范围等问题展开了激烈争论。例如，消费者明知经营者具有欺诈行为仍为购买，是否适用该法第49条[④]之规定；判断经营者欺诈行为的标准是否适用民法对欺诈的判断标

① 英美法称为“punitive damage”。

② 《消费者权益保护法》第49条是关于惩罚性赔偿的规定，但是《民法通则》第112条规定：“合同责任以填补赔偿作为原则。”我国在继受大陆法系民法的过程中，在《消费者权益保护法》中例外地植入了英美法上惩罚性赔偿制度，这是因为当时市场经济不成熟，为解决大量假冒产品侵害消费者的身体及生命安全的严重社会问题，保护消费者权益，恢复市场经济秩序，严厉打击假冒伪劣商品的制造商而引入的。此外，提高消费者权利意识也是其重要的理由之一。

③ 本文中所引用的案例，若未标注案号，均为引自消费者协会网“消费者权益保护30年典型案例”。

④ 1996年4月24日，作为中国《消费者权益保护法》草案起草人之一的河山教授，在北京某商店，明知该店销售的徐悲鸿作品为赝品而购买，并以商店具有欺诈行为为由，向北京市西城区人民法院提起诉讼。该法院在判决中认定商店的欺诈行为，并要求被告向原告支付两倍于原价的赔偿额。这是首枚适用《消费者权益保护法》第49条进行判决的案例，并认定知假买假行为适用该法。对此，梁慧星认为，《消费者权益保护法》第2条规定，“消费者为生活消费需要购买、使用商品或者接受服务，其权益受本法保护”，因此知假买假的的消费者并非本法所保护的对象。（梁慧星：《消费者权益保护法第49条的解释与适用》，载《人民法院报》2001年3月29日。）

准;不动产是否可以作为惩罚性赔偿请求权的客体等。[①] 伴随学说争论、法院判例及最高人民法院司法解释的完备,上述问题得到一定程度的解决。

进入21世纪,我国经济快速增长,规模生产和批量消费的时代随即到来,基于格式条款消费者合同和不断更新的销售形式对消费者造成的损害呈现出递增趋势。[②] 遗憾的是,针对此类新的法律现象,我国至今未形成完备的消费者法律规范体系予以规制。

本章首先以消费者合同法为中心,整理与我国消费者保护相关的现行法规定,集中介绍我国消费者合同法的体系及主要内容,[③]在检讨我国现行法存在问题的基础上,提出改善方案,并试图揭示出今后的发展方向。

二、中国的消费者保护关联法

我国消费者保护关联法,从法理上可分为三个部分,即消费者政策法、

① 2002年2月1日,河南省地方人民法院判决认定不动产买受人适用惩罚赔偿制度。这是我国首个认定不动产买受人同样适用第49条的判例。关于此问题,有观点认为:其一,《消费者权益保护法》制定时,针对的是普通商品市场存在的严重假冒伪劣和缺斤短两的社会问题,预想的适用范围不包括商品房。其二,考虑到作为不动产的商品房与作为动产的普通商品之间的差异,即使出卖人在商品房买卖合同中隐瞒了某些真实情况或者捏造了某项虚假情况,这与普通商品交易中的欺诈行为亦不能等量齐观,商品房质量问题通过瑕疵担保责任制度可以得到妥善的处理。其三,商品房买卖合同的金额巨大,动辄数十万元、上百万元,判决双倍赔偿将导致双方利害关系显失平衡。(梁慧星:前揭《消费者权益保护法第49条的解释与适用》。)最高人民法院于2003年6月1日颁布《关于审理商品房买卖合同纠纷案件适用法律若干问题的解释》,在此规定了5种不超过支付金额两倍的赔偿情形。据此,不动产买受人可向出售人请求惩罚性损害赔偿。该解释第8条规定:"具有下列情形之一的,导致商品房买卖合同目的不能实现的,无法取得房屋的买受人可以请求解除合同、返还已付购房款及利息、赔偿损失,并可以请求出卖人承担不超过已付购房款一倍的赔偿责任:(一)商品房买卖合同订立后,出卖人未告知买受人又将该房屋抵押给第三人;(二)商品房买卖合同订立后,出卖人又将该房屋出卖给第三人。"第9条规定:"出卖人订立商品房买卖合同时,具有下列情形之一,导致合同无效或者被撤销、解除的,买受人可以请求返还已付购房款及利息、赔偿损失,并可以请求出卖人承担不超过已付购房款一倍的赔偿责任:(一)故意隐瞒没有取得商品房预售许可证明的事实或者提供虚假商品房预售许可证明;(二)故意隐瞒所售房屋已经抵押的事实;(三)故意隐瞒所售房屋已经出卖给第三人或者为拆迁补偿安置房屋的事实。"这可以理解为实务界对不动产买受人是否可适用第49条之争论所给出的立场。

② 观察本章首页的图表中可以得知,在消费者协会接受的案件当中,由2002年的2%增加至2010年的10%。

③ 我国现行法当中,无统一制定的消费者合同法。在此,仅指与消费者交易相关的法律。

消费者安全法以及消费者合同法。[①] 关于消费者政策法,我国至今未制定单一规定消费者政策的法律,而是在《消费者权益保护法》[②]中对消费者政策的基本方针和消费者行政的相关内容作出规定。消费者安全法以保护消费者生命健康及财产安全为目的,可区分为广义和狭义的消费者安全法,广义的消费者安全法包括:确保产品质量符合安全标准的产品质量管理法,[③]确保受害消费者能够获得赔偿的产品责任法,[④]以及追究生产者刑事责任的产品质量刑法;[⑤]狭义的消费者安全法,仅指产品责任法。关于消费者合同法,除《消费者权益保护法》规定了若干条款外,现行《合同法》对格式条款合同规定了三个条文(第39—41条)。这是基于消费者在经济实力及信息能力上较经营者处于弱势地位,为确保消费者交易的公正性,对消费者合同制定的特别规定。

以下,首先简单介绍我国消费者政策法及消费者安全法,而另设章节

① 参见梁慧星:《消费者政策及其完善》,载《工商行政管理》2000年第21期,第21页。但是也有观点认为应将消费者法分为:消费者政策法、消费者行政法、消费者合同法、消费者侵权法、消费者纷争处理法。(金福海:《消费者法论》,北京大学出版社2005年版。)

② 《消费者权益保护法》由第一章"总则"、第二章"消费者的权利"、第三章"经营者的义务"、第四章"国家对消费者合法权益的保护"、第五章"消费者组织"、第六章"争议的解决"、第七章"法律责任"、第八章"附则",共55个条文组成。这是一部综合性的消费者保护法,除消费者政策法的内容外,亦规定了相当部分的裁判规则。例如,该法第24条规定:不公正条款或者免责条款无效;第25条规定:经营者不得侵犯消费者的人身自由;第35条规定:消费者或者其他受害人因商品缺陷造成人身、财产损害的,可以向销售者要求赔偿,也可以向生产者要求赔偿;第41、42条补充了《民法通则》的规定,规定了残疾赔偿金、死亡赔偿金等;第49条则规定了惩罚性赔偿制度,修正了《民法通则》的填补赔偿原则。该法所规定的具体裁判标准作为民事特别法,较《民法通则》及《合同法》,应优先适用。现行《合同法》第122条规定:"因当事人一方的违约行为,侵害对方人身、财产权益的,受损害方有权选择依照本法要求其承担违约责任或者依照其他法律要求其承担侵权责任。"因此,《合同法》承认合同责任与侵权责任的竞合。在此,"其他法律"是指《民法通则》及《产品质量法》。(梁慧星:《中国的消费者政策和消费者立法》,载《法学》2000年第5期。)因此,有评价认为该法具有民事特别法的性质。但是,《消费者权益保护法》综合性的立法形式备受诟病。有观点主张,应该将消费者政策法与相关消费者保护裁判规则进行分离,以"消费者政策法"或者"消费者政策基本法"命名,进行特别立法。(金福海:前揭《消费者法论》,第46页认为:若将消费者政策法单独立法,可赋予其消费者政策的相关内容,并且可以很好地处理与其他消费者关联法之间的关系。)然考虑立法当时不具备个别立法的条件,故将其制定为综合性的法律具有其妥当性。但是,在中国经济经过了相当的发展和变化之后,该法施行已二十多年,而对其修订的方案仍无定论,值得深思。

③ 产品质量管理法,是指《产品质量法》(1993年2月22日通过,2000年7月8日修订)中第4章以外的,关于产品质量管理的行政法规。

④ 产品责任法是指《产品质量法》第4章的规定。该法第4章中规定,基于产品缺陷造成的侵权责任适用严格责任。

⑤ 中国1997年修订的《刑法》,以11个条文规范"生产销售伪劣商品的行为"。

详细阐述我国消费者合同法。

(一) 消费者政策法

《消费者权益保护法》中规定了消费者的基本权利[①],并赋予国家、地方政府[②]和经营者[③]帮助消费者实现其权利的义务。由此可认定该法为消费者政策法。

关于消费者行政,由于在我国自主的消费者保护运动展开之前,政府促进型的消费者保护运动运作已久,因此政府的行政规制具有重要意义。关于消费者行政机构的设置,有两种常用模式:设立消费者保护的常设行政机关和由政府各个部门在自己管辖范围内进行消费者保护工作。我国采后者,即各级人民政府及政府各行政部门在职权范围内履行保护消费者的职能,不另设专门的消费者行政机构。[④] 现行法亦未规定消费者保护的主管机关,实践中,由作为政府行政部门的工商行政管理机关和政府组织的社会团体性质的消费者协会[⑤]进行相关行政工作。

工商行政管理机关作为综合管理市场主体及其市场行为的机关,在形式上与消费者保护有着密切联系,是履行消费者保护职责最为重要的机构。1998 年,经由国务院批准,在国家工商行政管理总局中增设消费者权益保护司,并于 1999 年,在各级人民政府行政管理部门中增设消费者权益

---

① 根据《消费者权益保护法》消费者享有的权利为:(1) 人身、财产安全权(第 7 条);(2) 知情权(第 8 条);(3) 自主选择权(第 9 条);(4) 公平交易权(第 10 条);(5) 求偿权(第 11 条);(6) 结社权(第 12 条);(7) 受教育权(第 13 条);(8) 受尊重权(第 14 条);(9) 监督权(第 15 条)。

② 《消费者权益保护法》第 26 条规定:"国家制定有关消费者权益的法律、法规和政策时,应听取消费者的意见和要求。"第 27 条规定:"各级人民政府应当加强领导,组织、协调、督促有关行政部门做好保护消费者合法权益的工作。各级人民政府应当加强监督,预防危害消费者人身、财产安全行为的发生,及时制止危害消费者人身、财产安全的行为。"

③ 经营者所承担的义务为:(1) 接受消费者监督;(2) 保证向消费者提供的商品及服务不侵害消费者的人身及财产安全;(3) 禁止可能致使消费者误认的广告;(4) 禁止无视消费者人格的行为。

④ 关于其法律依据,《消费者权益保护法》第 26 条规定:"国家制定有关消费者权益的法律、法规和政策时,应听取消费者的意见和要求。"第 27 条规定:"各级人民政府应当加强领导,组织、协调、督促有关行政部门做好保护消费者合法权益的工作。各级人民政府应当加强监督,预防危害消费者人身、财产安全行为的发生,及时制止危害消费者人身、财产安全的行为。"在此,关联行政部门是指工商行政管理局、物价局、技术监督局、商业检查局、卫生局等管理部门及农业、国内贸易、轻工业、纺织、机械、电子、铁道、交通、邮电、民航、旅行等行政主管部门。

⑤ 我国消费者协会相当于日本的国民生活中心以及韩国的消费者保护院,后二者均是由政府拨给经费、由政府任命干部的实施消费者保护政策的准行政组织。地方消费者协会相当于日本地方政府的消费生活中心。(梁慧星:前揭《中国的消费者政策和消费者立法》,第 22 页。)

保护部门。[1] 国家工商行政管理总局制定了《工商行政管理机关受理消费者申诉暂行办法》和《欺诈消费者行为处罚办法》。[2] 但是,国家工商行政管理局并非消费者权益保护的主管部门,其仅在职权范围内履行消费者权益保护的职责,并不享有总管各相关消费者职责部门的职权。此种管理方式虽可取得一定效果,但亦有弊端:各行政部门并未单纯地将消费者权益保护作为直接目的,因而其在制定社会、经济政策时不能充分反映保护消费者的政策。

若要通过改革消费者行政机关体制解决以上问题,须以比较法研究为基础,结合我国特殊国情制定适当的对策。较为妥当的方式为:在国务院设立"消费者保护委员会",赋予该委员会制定并执行消费者保护政策、修订消费者保护措施、研究国内外消费者保护立法及政策的动向、监督各级消费者保护机构等权限。[3]

消费者协会是由国务院决定成立的全国性社会团体。其本质上并非行政机关,但又不同于一般民间团体,是一个由政府拨给经费、任命干部的实施消费者保护政策的准行政组织,具有行政组织的性质。[4]《消费者权益保护法》第 32 条规定了消费者协会的主要职能:"消费者协会履行下列职能:(一) 向消费者提供消费信息和咨询服务;(二) 参与有关行政部门对商品和服务的监督、检查;(三) 就有关消费者合法权益的问题,向有关行政部门反映、查询,提出建议;(四) 受理消费者的投诉,并对投诉事项进行调查、调解;(五) 投诉事项涉及商品和服务质量问题的,可以提请鉴定部门鉴定,鉴定部门应当告知鉴定结论;(六) 就损害消费者合法权益的行为,支持受损害的消费者提起诉讼;(七) 对损害消费者合法权益的行为,通过大众传播媒介予以揭露、批评。各级人民政府对消费者协会履行职能应当予以支持。"

(二) 消费者安全法

中国《产品质量法》中,第二章规定了"产品质量的监督",第三章规定

① 90 年代后期,为扩大内需,开始在各级工商行政管理局增设消费者保护专门机构。消费者权益保护司的职责是:研究拟定消费者权益保护的制度、措施和办法,并组织实施;组织查处严重侵犯消费者权益的行为;组织查处市场管理中发现的经销掺假及假冒产品的行为。1999 年开始在各地方工商行政管理局设消费者权益保护处、科。

② 均为 1996 年 3 月 15 日颁布并实施。

③ 参见金福海:前揭《消费者法论》,第 99 页以下。

④ 同上书,第 100—101 页。

了“生产者、销售者的产品质量责任和义务”，第四章规定了“关于产品缺陷造成损害的民事责任”，第五章“罚则”中规定了对生产、销售不符合保障人体健康及人身、财产安全的产品的生产者、销售者追究行政责任和刑事责任。[①]

1980年3月10日国家经济委员会颁布了《工业产品质量管理暂行规定》，但是该暂行规定未规定任何有关产品缺陷的民事责任，且其法律效力具有局限性。因此，国务院于1987年4月5日颁布了《工业产品质量责任条例》。该条例第1条规定：“为了明确工业产品（以下简称产品）质量责任，维护用户和消费者（以下简称用户）的合法权益，保证有计划的商品经济健康发展，促进社会主义现代化建设，特制定本条例。”规定经营者生产的产品质量未达到国家产品质量标准的应承担行政责任（该条例第23条）；因产品的质量责任，造成用户人身伤亡、财产损失，触犯刑法的，由司法机关依法追究当事人的刑事责任（该条例第26条）。该条例是第一部以保护消费者合法权益为直接目的的行政法规，但其仍未规定产品责任的民事责任。[②]

80年代至90年代，产品质量问题严重损害消费者利益，成为整个社会关注的焦点问题。为此，1993年2月22日，通过了《产品质量管理法》。该法由6章51个条文组成，主要参照美国的产品责任法及EU指南。

此外，现行刑法分论第三章第一节中规定了“生产销售伪劣商品罪”，[③]作为针对产品质量的刑法规定，从刑法角度规制侵害消费者生命、健康安全及财产安全的恶德经营者。

---

① 1993年2月22日，第七届全国人民代表大会常务委员会第三十次会议通过了《产品质量法》。2000年7月8日，根据第九届全国人民代表大会常务委员会第十六次会议的《关于修改〈中华人民共和国产品质量法〉的决定》修订了该法。修正后的《产品质量法》强化了行政规制及行政责任。

② 其原因在于，根据《宪法》的规定，国务院并无关于民事及刑事的立法权，应由全国人民代表大会及其常务委员会进行立法。

③ 1997年3月14日，全国人民代表大会第五次会议通过了现行《刑法》。该法在分则中通过11个条文（第140—150条）规定了“生产销售伪劣商品罪”。

第二节　中国现行法上关于消费者合同的规范

一、中国消费者合同法的体系及特征

（一）中国消费者合同法的体系

我国至今尚未制定关于消费者合同的特别法，主要由《合同法》[①]及《消费者权益保护法》的相关规定构建消费者合同的法律规范体系。[②]

首先，我国在 80 年代至 90 年代间，先后制定了三部单行合同法[③]，却无一意识到消费者合同的问题。我国于 1999 年制定的《合同法》，对商事合同、民事合同及消费者合同进行统一规范。现行《合同法》第 39 条至第 41 条对基于格式条款而制定的消费者合同（以下称为“格式条款消费者合同”）进行了规范。《合同法》针对格式条款的规定并未限定于消费者合同，其亦适用于商人之间的合同，这与韩国的规定相似。根据《合同法》制定时的立法指南，[④]合同一方当事人为消费者或劳动者的，必须优先保护消费者或劳动者的利益，从而对相对方即生产者或者销售者的合同自由进行了一定程度的限制。为此，有观点认为无须制定关于消费者合同的特别法。[⑤]

其次，《消费者权益保护法》第 24 条是针对格式条款消费者合同最早

① 《中华人民共和国合同法》（以下简称《合同法》）于 1999 年 3 月 15 日通过，1999 年 10 月 1 日施行。

② 此外，还包括相关的行业特别法，根据行业特征，规定了对格式条款的说明义务。本书仅对适用于一般消费者合同的格式条款进行说明，特别法的规定不在研究范围之内。

③ 在现行《合同法》制定之前，三部合同法并存发挥作用，即《经济合同法》（1981 年 12 月 13 日通过，1993 年 9 月 2 日修订），《涉外经济合同法》（1985 年 3 月 21 日通过，1985 年 7 月 1 日施行）和《经济技术合同法》（1981 年 12 月 13 日通过，1993 年 9 月 2 日修订）。1999 年 10 月 1 日统一《合同法》施行的同时，三部合同法废止。

④ 合同法立法指导思想（四）：本法在价值取向上应兼顾经济效率与社会公正、交易便捷与交易安全。即在拟定法律规则时，既要注重有利于提高效率，促进生产力发展，又要注重维护社会公益，保护消费者和劳动者权益，维护市场经济的道德秩序，不允许靠损害国家、社会利益，损害消费者和劳动者而发财致富；既要体现现代化市场经济对交易便捷的要求，力求简便和迅速，又不可因此损及交易安全，应规定必要的形式和手续。（梁慧星：《中华人民共和国合同法立法方案》。）

⑤ 参见梁慧星：《为中国民法典而斗争》，法律出版社 2002 年版，第 211—212 页；金福海：前揭《消费者法论》，第 160 页。

的规范。该法第 24 条第 1 款规定，经营者不得以格式合同、[①]通知、声明、店堂告示等方式作出对消费者不公平、不合理的规定，或者减轻、免除其损害消费者合法权益应当承担的民事责任。同条第 2 款规定，格式合同、通知、声明、店堂告示等含有前款所列内容的，其内容无效。即，不公正或者不合理的合同条款、限制责任及免除责任的条款无效。

关于《消费者权益保护法》第 24 条与《合同法》第 39 条至第 41 条之间的关系，通常认为是针对格式条款规制的特别法与一般法的关系。但是，依据两法制定时间之先后，将第 39 条至第 41 条的规定视为第 24 条的具体化更为妥当。法院裁判实务中对不公正格式条款亦优先适用《合同法》之规定。[②]

再次，《民法通则》中对法律行为的规定及《合同法》中关于合同的一般规定也均适用于消费者合同。现阶段，在消费者合同法体系尚未完备的情形下，民法的一般原理与《合同法》的一般规定均是解决消费者纠纷的重要裁判依据。根据现行法规定，若消费者合同存在《民法通则》第 58 条[③]或者《合同法》第 52 条[④]规定之情形，应认定为无效。如果消费者合同以格式条款形式订立，《合同法》对其有三个阶段的规制，即订入规制、解释规制及效力规制（该法第 39 条至第 41 条）。在《消费者权益保护法》中亦有针对格式条款消费者合同的规定（第 24 条）。但在法院实务中，消费者合同纠纷主要适用民法基本原理及《合同法》的相关规定。

---

① 在合同法制定之前，我国对格式条款的用语一直未达成统一。即，格式条项、定型化条项、一般合同条项、一般交易条款、标准合同、从属合同、定式合同、格式合同等均被使用。在《消费者权益保护法》中使用“格式合同”，而在《合同法》中却使用“格式条款”。

② 在法院的实务当中，至今未出现根据《消费者权益保护法》第 24 条判决不公正约款无效的案例。

③ 《民法通则》第 58 条规定：“下列民事行为无效：（一）无民事行为能力人实施的；（二）限制民事行为能力人依法不能独立实施的；（三）一方以欺诈、胁迫的手段或者乘人之危，使对方在违背真实意思的情况下所为的；（四）恶意串通，损害国家、集体或者第三人利益的；（五）违反法律或者社会公共利益的；（六）经济合同违反国家指令性计划的；（七）以合法形式掩盖非法目的的。无效的民事行为，从行为开始起就没有法律约束力。”

④ 《合同法》第 52 条在《民法通则》的基础上补充以下内容：“有下列情形之一的，合同无效：（一）一方以欺诈、胁迫的手段订立合同，损害国家利益；（二）恶意串通，损害国家、集体或者第三人利益；（三）以合法形式掩盖非法目的；（四）损害社会公共利益；（五）违反法律、行政法规的强制性规定。”第 53 条规定：“合同中的下列免责条款无效：（一）造成对方人身伤害的；（二）因故意或者重大过失造成对方财产损失的。”

然而,对于特殊形式交易中的消费者合同问题,例如,访问贩卖①、分期付款贩卖②、多阶段贩卖(传销)③、信用卡支付贩卖等形式的交易中,消费者所遭受的损害日益增加,却仍无特别法予以规范。《合同法》与《消费者权益保护法》对此也无任何规定。

简言之,由于我国现阶段未针对消费者合同制定特别法,关于消费者合同的问题,主要适用《合同法》及《消费者权益保护法》的规定。④

(二)中国消费者合同法体系的特征

如上所述,我国现行消费者合同法体系的特征可归纳为:尚无概括规范消费者合同的特别法,以一般法性质的《合同法》和具综合性的《消费者权益保护法》为中心,在消费者合同的类型和内容上,以格式条款为主。

---

① 关于特殊形式的交易,上海市于2002年制定的《上海市消费者保护条例》中规定有两项内容。即,该条例第28条规定:"经营者以邮购销售、电视(电话)销售或者互联网销售等方式销售商品的,应当保证商品的外观、质量及性能等与广告宣传相一致,并按照承诺的时限提供商品。经营者以上门方式推销商品的,应当征得被访问消费者的同意。上门推销时,推销人员应当出示表明经营者授权上门推销的文件和推销人员的身份证件,并以书面方式向消费者告知推销商品的功能、特性、型号、价格、售后服务和经营地址等内容。经营者上门推销的商品,消费者可以在买受商品之日起七日内退回商品,不需要说明理由,但商品的保质期短于七日的除外。商品不污不损的,退回商品时消费者不承担任何费用。"第56条规定:"经营者有下列情形之一,《中华人民共和国消费者权益保护法》、《中华人民共和国产品质量法》和其他有关法律、法规对行政处罚机关和处罚种类、幅度已有规定的,依照法律、法规的规定执行。法律、法规未作规定的,由工商行政管理部门责令改正,并可以根据情节单处或者并处警告、没收违法所得、没收非法财物、处以违法所得一倍以上五倍以下的罚款;没有违法所得的,处以一万元以下的罚款;情节严重的,责令停业整顿:(一)未按规定设置服务标识的;(二)未按规定标明真实名称和标记的;(三)以欺诈手段提供商品或者服务,侵害消费者合法权益的;(四)未按规定提供购货凭证或者服务单据的;(五)强迫消费者购买商品或者接受服务的;(六)短缺商品数量或者将包装物的重量作为商品计价依据的;(七)上门推销不按规定征得消费者同意或者提供规定文件的;(八)发送商业广告,未经消费者同意增加消费者费用的;(九)不能提供证明其进货来源的文件资料的。"

② 《合同法》第167条对分期付款交易进行了如下规定:"分期付款的买受人未支付到期价款的金额达到全部价款的五分之一的,出卖人可以要求买受人支付全部价款或者解除合同。出卖人解除合同的,可以向买受人要求支付该标的物的使用费。"

③ 在我国,"多阶段买卖"被称为传销,于20世纪90年代进入我国市场。1993年,上海市出台关于传销的暂行规定。1997年,工商行政管理总局颁布了《关于规范传销的规定》。但是,由于当时我国市场经济尚不成熟,传销多用于不法的宗教活动中,因此最终被认定为是造成社会混乱的行为。(金福海:前揭《消费者法论》,第140页。)随之,1998年,国务院颁布《关于禁止传销经营活动的通知》,在全国范围内禁止传销及传销形式的行为。已经登记的经营者及时终止营业活动,命令其变更登记或者进行注销登记,并规定情形严重者应承担刑事责任。2000年,国务院颁布《禁止传销条例》。此条例考虑到区分合法传销与不法传销的困难,为确保健全的社会秩序,在未区分合法传销及不法传销的情形下,一律予以禁止。

④ 参见梁慧星:前揭《中国的消费者政策和消费者立法》,第25页。

因缺乏立法当时的资料，消费者合同以规范格式条款合同为主的原因无从考证，但不难设想，制定《消费者权益保护法》和《合同法》时，新形态的合同形式作为新鲜事物，其产生的损害并不足以引起法学研究者和立法者的注意。反之，由于格式条款被广泛使用，且基于格式条款产生的消费者损害频频发生，使得法学研究者与立法者对此问题有着较为普遍的认知，并对格式条款的研究累积了相当成果，因此格式条款成为立法中心不足为奇。以下简单介绍对格式条款研究的发展过程。

由于《合同法》采民商合一的立法模式，其适用范围包括民事合同和商事合同。通说认为消费者合同包含于民事合同之中。但是，基于格式条款签订合同的主体范围（即双方当事人），在立法上仍有争论。有观点认为，该范围不限于消费者和经营者之间，亦包括商人之间；另有观点认为应限定在消费者与经营者之间，理由在于：首先，根据《合同法》的立法指导原理，规范格式条款的理由在于考虑到双方当事人经济地位及交涉力不平等，为力证保护消费者的必要性而规制，但并未将格式条款的特性纳入考虑范围。其次，《合同法》施行后，相关论文①亦将其理解为消费者合同，并认为消费者保护为该部分条文的宗旨。再次，现实生活中，格式条款合同多在经营者与消费者之间签订，即在经营者向消费者提供同一商品或服务时，为便于反复使用同一内容的合同而产生，而商人间的格式条款合同相对较少，经营者之间单纯以订立合同为目的而使用格式条款的情况极为罕见。最后，格式条款合同当事人之间存在交涉力的不平等，但是商人之间类似的差距相对较小。因此，在格式条款合同的规制中，对格式条款消费者合同的规范成为其重要内容。

概观我国学者对格式条款的研究，针对消费者交易的研究最早始于格式条款②用语的出现。格式条款作为法学用语，始于上世纪 80 至 90 年代。

---

① 梁慧星在前揭《中国的消费者政策和消费者立法》中提及“中国《合同法》共 428 个条文，其中第 39 条至第 41 条是关于消费者合同的规定”。崔建远：《消费者合同的解释》，载《浙江社会科学》2002 年 6 月，亦将《合同法》第 41 条中规定的格式条款解释原则认定为“消费者合同的解释原则”。此外，蔡成国：《中国的合同责任法》，京仁文化社 2008 年版，第 34 页，关于中国合同法内容的特征，论述到“中国合同法规定有保护劳动者、消费者等经济上弱者的条款。例如，关于格式条款的制定，规定应有利于消费者。（第 39 条至第 41 条）”

② 关于中国法上格式条款概念的形成问题，有观点认为，20 世纪 50—60 年代，在高度集中的计划经济体制下，国家的指令性计划即是格式条款的一种。（苏号鹏：《格式合同条款研究》，中国人民大学出版社 2004 年版，第 31 页以下。）但是，格式条款是为满足大量生产及大量交易的需求而产生的，因此与国家计划存在根本上的区别。关于此问题，并非本书所研究的内容。

虽然当时有影响力的论文或者译文不超过10篇，但却具有非常重要的意义。[①] 然而，这些论文仅将格式条款作为一个纯粹的外国制度的附属物进行介绍，并非将其作为专门领域进行介绍。当时，学者们并未对市场经济下的法理论展开具体研究，且受限于研究人员的能力，在介绍格式条款制度时也未与我国的现实相结合，对研究此问题的必要性与迫切性认识亦存在不足。

但是，进入90年代中期，我国经济在市场经济体制下快速发展，推动了学界对私法[②]的研究，对于合同法的研究也空前活跃，随之，对格式条款的研究也渐渐进入学者们的视野。以前人研究为基础，1993年制定的《消费者权益保护法》第24条首次对格式条款进行了规范，并在1999年制定的《合同法》中，对格式条款的订入规制、解释规制及效力规制作出了详细规范。

二、现行合同法上对于格式条款的规范

我国现行《合同法》共428个条文，其中第二章为合同的缔结。此章第39条至第41条对格式条款进行了较为详细的规范。

（一）格式条款的定义

《合同法》第39条第2款将格式条款定义为"当事人为了重复使用而预先拟定，并在订立合同时未与对方协商的条款"。根据该条款，可将其特征归纳为：(1) 当事人一方为与不特定多数人交易而事前拟定的；(2) 在合同订立时未与相对人协商。

我国民法学在解释格式条款特征时，以"未与相对方协商的条款"为中心展开讨论。其中具有代表性的学说有三：其一，主张将"未与相对方协

① 其中比较重要的论文及译文有：(1)〔英〕Gordon Pauly：《关于消费者保护的法律及规约》，朱文英译，载《法学译丛》1981年5月；(2) 梁慧星：《资产阶级民法中的合同自由》，载《学习与思考》1981年6月；(3) 孙亚鹏：《战后德意志联邦共和国的经济立法》，载《国外法学》1983年6月；(4)〔意〕Guido Alpa：《西方国家研究合同法的新动向》，黎军译，载《法学译丛》1986年1月；(5) 杨磊：《日本当代民法发展的特点和趋势》，载《外国法学研究》1987年1月；(6) 张新宝：《定式合同基本问题研讨》，载《法学研究》1989年6月。重要的专著有：(1) 王家福：《合同法》，中国社会科学出版社1986年版；(2) 刘小林译：《联邦德国经济法规选》，中国展望出版社1986年版，该书收录并翻译了德国《一般交易条款规制法》。

② 我国民法学界第一次接受私法概念及其基本原理始于中国社科院梁慧星教授《民法总则》一书（法律出版社1996年版），但当时，其中许多观念并未获得一致认可。经过多年的发展，目前已基本为学界接受，该书亦成为学习民法的必读书目之一。

商的条款”解释为“提案者不与相对方协商”，而直接将其纳入合同，作为合同内容；[①]其二，认为因格式条款是由当事人一方提出，相对人有丧失协商之可能性，进而丧失自由判断的机会，此观点又从社会学角度出发，认为格式条款具有与规范相类似的法律地位，以此认定格式条款应当属于法律规范；[②]其三，对于格式条款的本质，通过比较法研究，主张如果将格式条款视为法律规范，在实际交易中对于消费者过分苛求，因此应将《合同法》第 39 条第 2 款修改为“未经协商的条款，经相对方同意合同方才成立”。[③]

另外，尚有观点认为，“未与相对方协商的条款”之表述含义不明确，将其表述为“不能协商的条款”或者“不允许协商的条款”更为妥当，在可以协商却未经协商而订入合同的，不能认定其为格式条款。[④] 对此反对者认为，不论是否具有协商可能性，只要未经协商即认定为格式条款。因为“不能协商或者不允许协商”是提供者不允许协商的情形，而在实际交易中，经营者提供的格式条款并非完全不可以协商，但鉴于专业性等复杂因素，事实上亦不可能进行协商，故否认“可以协商但未协商的条款”为格式条款的，不利于保护消费者。[⑤]

上述争论可归结为对格式条款本质的讨论，即格式条款拘束力之根源是在于其规范性，还是当事人之间的合意（即契约性）的问题。对于格式条款的本质，由于立法者并未制定立法理由书，[⑥]其立法宗旨难以考证，但根据对法条的文义解释，可以将格式条款的本质解释为“与相对方意思无关，可以独立发生效力之规范”，因此，我国《合同法》关于格式条款的本质采规范说。然根据相关著作，通说认定格式条款为合同的草案，其拘束力

---

① 参见金福海：前揭《消费者法论》，第 184 页。

② 参见朱岩：《格式条款的基本特征》，载《法学杂志》2005 年 6 月，第 129 页。

③ 同旨，参见苏号鹏：前揭《格式合同条款研究》，第 193 页。

④ 参见杜军：《格式合同研究》，群众出版社 2001 年版，第 129 页。

⑤ 参见金福海：前揭《消费者法论》，第 185 页。

⑥ 至今，我国的立法机关在制定民事法律的过程中均未制定或者公开相关的立法理由书。众多理由中最为重要的即为，在引进市场经济的同时，制定配套的法律存在相当不成熟的因素。1999 年，全国人民代表大会法制定委员会公开出版了《合同法解释》（胡康生主编，法律出版社 1999 年版），但其并非立法理由书，仅为对法条问题的注释。1999 年由梁慧星主持起草的《中国物权法草案建议稿及立法理由书》是我国第一部以立法理由书为名出版的书籍。至今，由梁慧星主编的关于民法总则、债权总论、侵权责任法、继承法等的立法理由书均已出版，但其性质仅为学界的提案意见书。

根源采契约说。[①]

（二）格式条款的订入规制

《合同法》第 39 条第 1 款规定，当事人提供的格式条款应具备以下要件：提供格式条款的一方应当遵循公平原则确定当事人之间的权利和义务，并采取合理的方式提请对方注意免除或者限制其责任的条款，按照对方要求，对该条款予以说明。该条款存在的最大问题是，未规定不履行相关义务的法律效果，且格式条款提供者所承担的注意及说明义务范围过于狭小，仅限定于免除或者减轻自己责任的情形。

学界关于第 39 条第 1 款的争论主要如下：

第一，主张“提供格式条款的一方应当遵循公平原则确定当事人之间的权利和义务”，此为我国《合同法》所特有。通常将其认定为格式条款订入合同的实质性要件。[②] 据此，如果提供格式条款的当事人未基于公平原则制定格式条款内容，此格式条款可否订入合同？如果不能订入合同，又如何解释第 40 条（内容规制），值得讨论。遵循公平原则拟定格式条款的规定，不能理解为订入要件，而应解释为效力要件更为妥当。这是因为，根据上述观点不难得出凡是订入合同的均为公平格式条款，而不公平的格式条款则不能订入合同的结论。这与后述第 40 条规定的内容相矛盾。造成此矛盾的根源在于，《合同法》第 39 条对格式条款拟定附加了“公平原则”这一多余的法律基准。[③]

第二，虽然第 39 条第 1 款明文规定了格式条款提供者的注意义务及说明义务，但仅限于“免责条款和限制责任条款”，对其他相关条款是否具有同一义务并不明确。对此，应理解为并非需对所有格式条款的内容附加注意义务，而仅需对格式条款中重要的内容附以注意义务，说明义务亦如此。“重要的内容”应理解为依社会通常观念影响消费者是否签订合同或

---

① 关于格式条款规制研究得较详细的专著为：苏号鹏著《格式合同条款研究》。此书第 76 页中提到“格式条款从其本质而言，作为形成双方当事人的债权债务关系的合意，依然属于合同性质。但是，随着时代及社会经济的急剧发展变化，亦不能以要约、承诺为合同签订基础的合同自由学说为根据，将其简单地理解。”（同旨，参见金福海：前揭《消费者法论》，第 185 页。）此外，观察中国法上关于格式条款订入规制的解释论，亦可将格式条款理解为合同性质。

② 参见杜军：前揭《格式合同研究》，第 129 页。

③ 参见苏号鹏：前揭《格式合同条款研究》，第 190 页。

者决定对价等内容。对具体案例进行个别分析更为妥当。[①]

此外,根据最高人民法院的司法解释,“提供格式条款的一方对格式条款中免除或者限制其责任的内容,在合同订立时采用足以引起对方注意的文字、符号、字体等特别标识,并按照对方的要求对该格式条款予以说明的,人民法院应当认定符合合同法第39条所称‘采取合理的方式’”[②]。但是,该司法解释并未规定履行该义务的程度。在“保险公司将免责条款仅以加粗字体标识,以此主张履行注意义务”的案件中,法院以“保险公司除提示其重要性之外,必须将关联条款的概念、内容及法律效果以书面或者口头形式向被保险人或其代理人进行解释,使被保险人明确理解此条款的真实含义”为由,判定保险公司提供之格式条款无效。[③]

顺便指出,有观点认为,关于第39条中未规定违反注意义务或者说明义务的法律效果的问题,[④]可参考韩国《约款规制法》第3条,增加“格式条款提供者不能主张其为合同内容,而顾客可主张”的法律后果。[⑤]

第三,对于“订入”是否以相对方同意为要件,第39条第1款无明文规定。根据文义解释,似乎只要不违反第39条规定之义务,格式条款可直接订入合同。对此有观点指出,此为立法的失误,其认为立法者已认定在合同缔结中“当事人的同意”是当然要件,因此无明文规定之必要。[⑥] 但实际上,当时对格式条款本质的认识尚未明确,且在立法模糊的情况下,[⑦]如果将格式条款的本质理解为契约,只有将格式条款订入合同后构成合同内容时,方具有法律拘束力。而欲构成合同内容,必须经由双方当事人意思表

---

① 对此,《合同法》第39条原本的宗旨是赋予格式条款提供者就整个格式条款提请相对方注意的义务,对免责条款赋予更高的提示注意义务。(王利明:《对〈合同法〉格式条款规定的评析》,载《政法论坛》1999年6月。)但是,在现行条文中,难以体现原本的立法宗旨。(同旨,参见苏号鹏:前揭《格式合同条款研究》,第192页。)

② 最高人民法院《合同法解释(二)》(2009年2月9日通过,2009年5月13日施行)第6条第1款。

③ 2006年10月25日,天津市第一中级人民法院,杨树岭诉中国平安财产保险股份有限公司天津市宝坻支公司案。

④ 最高人民法院《合同法解释(二)》第10条规定:“提供格式条款的一方当事人违反合同法第三十九条第一款的规定,并具有合同法第四十条规定的情形之一的,人民法院应当认定该格式条款无效。”(对此部分的解释参见效力规制部分。)

⑤ 参见苏号鹏:前揭《格式合同条款研究》,第189页。

⑥ 同上书,第193页。

⑦ 根据《合同法》第39条第2款中规定的“格式条款是当事人为了重复使用而预先拟定,并在订立合同时未与对方协商的条款”,主张格式条款为规范的观点依然存在。(朱岩:前揭《格式条款的基本特征》,第129页。)但此仅为立法上的失误,将格式条款视为合同性质仍是主流学说。

示达成合致。这是在以私法自治为基本原则的法律体系下，能够约束当事人的唯一根据。即使格式条款作为合同条件被提出，亦需要当事人之间的合意，方能构成合同内容，此为不言而喻之理。因此，在第 39 条第 1 款中明文规定“格式条款订入合同须经相对方同意”，更为妥当。[①]

（三）格式条款的解释规制

若将格式条款的本质认定为契约说，那么格式条款本身仅为合同草案，只有当其订入合同时方构成合同内容。因此，法律行为的解释原则亦可适用于对格式条款的解释。

解释法律行为的一般原则通常为，当事人的目的原则、交易习惯、任意规定、诚实信用原则等。一般而言，法律行为的解释应尽可能符合当事人通过此法律行为所追求的目的，因此，对法律行为内容存在冲突的部分，应尽可能进行统一解释。此外，在对当事人不明确的意思表示进行解释时，交易习惯、任意规定及诚实信用原则便成为主要标准。但格式条款合同并非双方当事人自由协商的结果，而是由经营者一方事先制定并提供，所以《合同法》针对格式条款的解释规定了特别原则。

《合同法》第 41 条规定：“对格式条款的理解发生争议的，应当按照通常理解予以解释。对格式条款有两种以上解释的，应当作出不利于提供格式条款一方的解释。格式条款和非格式条款不一致的，应当采用非格式条款。”由此可知，《合同法》对格式条款解释规定了三项原则，即通常理解原则、制定人不利原则、个别约定优先原则。

关于格式条款的解释，法院判例认定：“根据《合同法》第 41 条的规定，采用制定人不利原则，并根据该法第 125 条之规定，当事人对合同条款的理解有争议的，应当按照合同所使用的词句、合同的相关条款、合同的目的、交易习惯以及诚实信用原则，确定该条款的真实意思。”[②]

（四）格式条款的效力规制

以立法形式否定不公正格式条款私法上效力的模式有：(1) 设立一般

---

① 同旨，参见苏号鹏：前揭《格式合同条款研究》，第 193 页。

② 2005 年 5 月 18 日，苏州工作园区人民法院/苏州市中级人民法院，戴雪飞诉江苏省苏州工业园区华新国家城市发展有限公司案。

条款,认定无效;(2) 设定个别的、具体的、列举性条款,认定无效。[①] 我国立法采列举方式。即《合同法》第 40 条规定:“格式条款具有本法第五十二条和第五十三条规定情形的,或者提供格式条款一方免除其责任、加重对方责任、排除对方主要权利的,该条款无效。”

《合同法》第 52 条[②]与第 53 条[③]是关于一般合同效力的规则。格式条款除依据第 52 条与第 53 条之规定无效外,提供人的免责条款、加重相对方责任的条款、排除对方主要权利的条款同样无效。虽然《合同法》未对规范格式条款效力的一般条款作出规定,然格式条款即便不符合第 40 条所列举之情形或并未违反强行法规,但违反《民法通则》与《合同法》规定的诚实信用原则并损害消费者利益的或违反公序良俗、权利滥用的,同样应被判定无效。

最高人民法院《合同法解释(二)》第 10 条规定,“提供格式条款的一方当事人违反《合同法》第 39 条第 1 款的规定,并具有《合同法》第 40 条规定的情形之一的,人民法院应当认定该格式条款无效”。该条是接受学界批判,对《合同法》第 39 条第 1 款“格式条款提供人违反针对免除或者限制责任条款的注意义务和说明义务”之法律效果作出的补充规定,并针对条款间的逻辑矛盾,即第 39 条与第 40 条之间的逻辑矛盾,提出的解决方法。由于若已将违反第 39 条第 1 款认定为无效,又于事实上将该款认定为订入规制并不妥当,故试图将此要件认定为内容规制。但该司法解释的叙述,会造成认定无效须同时具备两个要件的误解。有观点认为,《合同法》已对无效情形作出明确规定,故违反公平原则与说明、注意义务情形下的撤销权,实属不必要的、重复的解释。[④]

---

① 根据一般条款进行无效判定的方式,由于是根据概括性的标准对所有格式条款进行审查,因此具有标准统一的优点。但该判定标准过于抽象,审查人的自由裁量空间过大,并且经营者或者消费者无法准确判断何为不公正条款,影响标准的可预测性,无法保证法的稳定性。而对无效条款进行列举的方式,有利于经营者及消费者准确把握不公正条款的形式,避免裁判人过多的自由裁量,但是无法适应形式各样且变化多端的不公正格式条款。

② 《合同法》第 52 条:“有下列情形之一的,合同无效:(一) 一方以欺诈、胁迫的手段订立合同,损害国家利益;(二) 恶意串通,损害国家、集体或者第三人利益;(三) 以合法形式掩盖非法目的;(四) 损害社会公共利益;(五) 违反法律、行政法规的强制性规定。”

③ 《合同法》第 53 条:“合同中的下列免责条款无效:(一) 造成对方人身伤害的;(二) 因故意或者重大过失造成对方财产损失的。”

④ 参见李绍章:《格式条款论》,http://blog.sina.com.cn/s/blog_55f7ae720100m8ds.html,访问时间:2010 年 9 月 20 日,第 14 页。

三、小结

以上对中国消费者合同法的体系及内容进行了分析。消费者合同由《合同法》及《消费者权益保护法》予以规制，并且在消费者合同的类型中，仅就格式条款消费者合同进行规制，而对于其他特殊销售形式的消费者合同，至今仍无全国性的相关法律或者行政法规。关于格式条款的规范，虽然《消费者权益保护法》第 24 条与《合同法》第 39 条至第 41 条的规定为特别法与一般法之关系，但究其实质，可将《合同法》之规定认定为《消费者权益保护法》的具体化、体系化，即包括格式条款的订入规制、解释规制及效力规制。因此，我国在现阶段，已初步形成对格式条款规制的法律体系。

但是，如上所述，在格式条款规制的解释论中仍存在着诸般问题，如格式条款的法律性质不明确，格式条款的订入规制、内容规制规定不完善，对基本概念乃至基本原理的研究仍不充分等。[①]

关于格式条款规制，我国目前无统一且具体的专门立法。虽然《合同法》针对格式条款作出基本规范，但法律条文规定过于抽象，个别条文之间存在相互冲突的现象。《消费者权益保护法》亦对格式条款有所规制，但该法之目的、体系及适用范围与《合同法》并不一致。因此，在现行法体系上，实现法规范之间的统一存在一定难度。此外，在法制定当时，对格式条款的理解存在相当偏差，无法准确把握其本质，导致许多问题，例如：《消费者权益保护法》未将格式条款及格式合同进行区分使用；[②]在无效条款的判断标准方面，并未具体、列举式地规定何为不公正或者不合理条款，从而无法为法院实务提供具体的裁判标准；[③]未将格式条款与店堂告示、告知等进行区别等。虽然对格式条款的解释不断深化，但这些问题在该法修订的过程中仍未得到有效解决。

2009 年最高人民法院《合同法解释(二)》在一定程度上参照了这期间的学说发展，试图解决现存问题，但由于立法技术和认识程度等不足，反而造成了更多的混淆。因此，以全面的、具体的研究为立法基础进行格式条款规制更为妥当。

---

① 较之德国《一般交易条款规制法》及韩国的《约款规制法》，我国的格式条款规制法仅相当于其初步形态。(苏号鹏：前揭《格式合同条款研究》，第 318 页。)

② 格式条款是事前拟定的合同草案，而格式合同是指依据约款所签订的合同。

③ 我国的立法技术以列举具体条款为主要方式。此为考虑到我国法院的地位，及法官的素质等问题而选择的较为符合国情的立法方式。虽然近期上述问题有所改观，但仍未具备赋予法官过多裁量权的条件。

第三节　中国消费者合同法的立法方向

一、韩国及日本的消费者合同关联法及其比较

首先,与日本《消费者合同法》相比,韩国的《约款规制法》兼具经济法及民事特别法性质。一方面,韩国《约款规制法》为建立健全的市场交易秩序,从国民经济角度规范合同主体之间的法律关系,故为经济法的一部分;另一方面,将合同法的一般理论,特别是民法的利益衡量原则具体化,并在该法中改变传统的任意性规定,而对约款进行强行性规范,故被认为是民事特别法。而日本的《消费者合同法》仅在民事特别法范围内进行讨论。

其次,韩国《约款规制法》以德国《一般交易条款规制法》作为范本,在司法性的事后审查基础上,确立了约款事前审查与事后审查并存的立法方式。而日本的《消费者合同法》并未规定类似韩国的行政规制,仅试图将以民法原则为基础的司法救济制度代替行政性的消费者救济体系。此外,日本紧随弱化政府规制保证市场经济体制的潮流,于 2001 年制定的《消费者合同法》旨在通过私法规制完善自由市场经济体制,转变以往通过政府规制解决市场问题的思路。即试图解决消费者与经营者之间存在的信息及交涉力上的结构性差距来消除妨害自由、公正交易的因素。

再次,在适用范围上,韩国《约款规制法》不仅适用于经营者与消费者之间的合同,同时也适用于经营者之间的约款合同。但日本的《消费者合同法》仅适用于经营者与消费者之间的合同。① 此外,韩国《约款规制法》规定,即使是不公正的消费者合同,若非以约款形式签订则不适用,而日本《消费者合同法》适用于所有形式的消费者合同。但是,关于韩国《约款规制法》的适用范围,有观点认为约款规制的对象通常为消费者交易,其受惠人亦是消费者,故应将《约款规制法》归入消费者保护法的范围内,②而商人之间使用的约款则应适用民法的任意性规定,因此《约款规制法》将其

---

① 韩国与日本针对本国立法上消费者概念的外延及范围亦存在认识上的差异。(参见本书第二章消费者概念。)

② 参见〔韩〕权五乘:前揭《消费者保护法》;〔韩〕金大奎:前揭《约款订入规制条款的功能研究》;〔韩〕申荣秀:前揭《约款规制与消费者保护》等。

纳入约款强行性规定实为不妥，且《约款规制法》将对内容的说明义务及对不公正条款的推定条款，适用于商人之间的约款合同亦存在诸多不妥。但若将《约款规制法》的内容区分为适用于商人之间和非商人之间的合同，又会造成法条适用的二元性，因此亦有观点主张《约款规制法》仅适用于消费者交易，其他交易应根据其交易特性适用相关规定。① 若采以上两种观点，则韩国《约款规制法》与日本《消费者契约法》在适用范围及外延上将无大异。

最后，在内容上，韩国《约款规制法》规定经营者承担说明义务，而日本《消费者合同法》仅规定了"努力义务"，即否定经营者积极提供信息的义务，类似否定了韩国法上的"制定人不利原则"，此特征充分体现在规范"不当规制条款"的方式中。因此，相比日本，韩国《约款规制法》更忠实于消费者保护的宗旨。

二、中国的相关争论及立法方向

（一）单独立法的必要性

以我国现行消费者合同法律体系及其存在的问题为出发点，对消费者合同法②的改善方案存在以下观点：③

首先，有观点主张应制定规制格式条款的特别法。④ 但该观点未进入具体论证阶段，而仅于宏观上予以主张。

其次，有观点认为应在民法等民事基本法中制定关于格式条款的原则性

① 参见〔韩〕权五乘：前揭《消费者保护法》，第170—171页。

② 虽然我国立法中未明确使用"消费者合同法"的概念，但根据法理，应认定其为规范消费者与经营者之间交易的法律，且现行法仅将格式合同作为规范重点。所谓我国的消费者合同法，即为现行《合同法》及《消费者保护法》中关于格式条款的内容。而关于格式条款规制的体系及其内容的改善方向将成为今后立法应讨论的重点。

③ 此关于今后立法方向的讨论，均是在1999年《合同法》制定以后，在针对第39条至第41条的解释论中发展而来，且集中出现在2000年至2005年之间。近期关于格式条款规制或者消费者合同法的改善及立法方向方面的文章较少。

④ 参见苏号鹏：前揭《格式合同条款研究》，第193页以下；曾麒：《格式条款相关问题探讨》，载《江西社会科学》2002年3月；凌艳传：《论格式条款的基本属性及法律问题》，载《学术探讨》2001年1月，第29页；莫怄：《格式合同基本问题探讨》，载《广西社会科学》2001年2月，第110页；武建华、郝洁：《对完善我国定式合同中不公平条款立法规制之思考》，载《法律适用》2001年第5期，第27页；杨万霞：《格式条款的利弊及规制构想》，载《深圳大学学报（人文社会科学版）》2000年第5期，第61页。

规定,并在民事基本法以外制定关于格式条款规制的特别法。[①] 此立法方式体现了民法与格式条款规制法之间一般法与特别法之关系,更具优势。

第三种观点主张,在今后制定民法典或者修订现行《合同法》的过程中,针对格式条款规制设定特别章节,赋予其特殊地位并承认其重要性。[②] 理由为,制定格式条款规制的特别法,将与我国现行《合同法》的实现与市场经济发展相适应的法律统一化之立法目的相冲突,因此应将格式条款规制的内容订入民法典或者《合同法》的内容之中。

简言之,我国学者对于消费者合同法立法形式的争论,大体分为两类:其一,主张制定作为特别法的格式条款规制法或者消费者合同法;其二,将格式条款规制法或者消费者合同法订入今后的统一民法典或者《合同法》之中。

以下针对这两种观点的可行性进行分析:

首先,于1999年制定的《合同法》删除了计划经济体制下相关合同关系的规定,扩大了适用主体范围,从而形成统一的合同法,并在广泛参照大陆法系国家法律的同时,对英美法制度和国际条约进行了部分移植和借鉴,相当程度上追随了现代合同法之发展潮流,[③]在国内被认为是一部较为先进的立法,因此对本法修订之必要性的认识尚未达成统一。况且,现行《合同法》中困扰法院实务的规定通常是以最高人民法院司法解释的方式予以解决。

其次,将现行《民法通则》及民事特别法[④]进行统一进而编制民法典的工作,在立法论上相当复杂,且根据我国国情,短时间内难以实现。

因此,将格式条款规制的内容编入民法典或者《合同法》之中,于现阶段实为不可能。同理,在维持现行立法体系的同时,于《合同法》修订过程中,针对格式条款规制设定特别章节的观点亦在具体实施上存在困难。

考虑到立法可行性,在维持现有立法体系的同时,制定关于格式条款

① 参见郑小林:《论格式条款及其规制》,载《福建政法管理干部学院学报》2002年第4期,第57页;高飞、周斌:《格式条款合同制度探析及其完善》,载《中国律师》2001年1月,第26页;马齐林:《关于完善我国格式条款合同制度的思考》,载《现代法学》2000年第2期,第120页。

② 参见柳甄:《格式条款的理论及其适用》,载《北方工业大学学报》2000年第2期,第15页。

③ 例如,合同的解除要件中并未要求存在可归责于当事人的事由(第94条),将合同责任规定为无过失责任(第107条),将担保责任纳入合同责任之中(第107条)等。

④ 主要的特别法有:《物权法》(2007年)、《合同法》(1999年)、《侵权责任法》(2009年)、《婚姻法》(1980年制定,2001年修订)、《继承法》(1985年)等。

规制特别法的方案，可以有效解决现行格式条款规制法律中存在的问题，是比较妥当的选择。

（二）设置事前审查机构的必要性

考虑到我国不区分公私法之传统，在私法领域亦注重行政规制，且我国的消费者意识及其发展水平仍不均衡，因而，借鉴韩国以行政规制为中心的立法具有一定可行性。其具体理由如下：

首先，司法规制的固有缺陷不可避免，加之我国人口众多且各地区消费者意识发展不均衡，由法院行使的事后审查机制在消费者保护中的实效受到极大限制。

其次，长期以来，我国消费者保护运动以政府主导居多，自发性的消费者保护运动仍不成熟，行政机关的管理职能在《合同法》的立法和司法过程中一直备受重视。① 故韩国《约款规制法》规定的行政规制制度可以作为今后中国消费者合同法立法及实务的重要比较法参考资料。

若在今后的立法或对现行法的修订中引入抽象审查制度，那么将该审查职权赋予何机关即成为一个不可回避的问题。从国情和法理上考量，将抽象的格式条款审查职能赋予法院并不妥当，理由如下：第一，考虑到基于格式条款所造成的损害具有数众性、小额性及审查的专业性等特点，期待受害消费者自行提起诉讼尚存许多困难，即使诉讼，亦须以团体诉讼为前提，而我国尚未建立团体诉讼制度，且对此制度的讨论仍处于初级阶段，因此，法院不可受理该类诉讼；第二，由于法院的纷争解决效力仅限于个案之中，对其他使用相同或类似格式条款的经营者不产生任何法律上的约束力；第三，事后审查仅适用于格式条款已订入合同所发生的案件；第四，我国民事诉讼以辩论主义为原则，为尽可能接近事实真相规定了复杂的诉讼程序，但是格式条款的抽象审查并不需要如此苛刻的程序。综上考量，将抽象的格式条款审查职能赋予法院并不妥当。因此，参考韩国《约款规制法》的经验，将该审查权限赋予工商行政管理总局，或与韩国公平交易委员会相类似的机关较为妥当。

---

① 在1981年制定的《经济合同法》中，设有“经济合同管理”的章节，单独对行政机关的职能进行了规定。1999年《合同法》第127条规定：“工商行政管理部门和其他有关行政主管部门在各自的职权范围内，依照法律、行政法规的规定，对利用合同危害国家利益、社会公共利益的违法行为，负责监督处理；构成犯罪的，依法追究刑事责任。”据此，由全国性的合同监督的行政机关，即工商管理总局及地方各级工商管理局行使规范格式条款的职能。

第六章 结　　论

一、总结

本书所研究的主要内容如下：

第二章在介绍消费者合同基础理论的同时，重点阐述了规范消费者合同的必要性。消费者合同一般是指在消费者与经营者之间签订的合同，由于当事人之间地位的不对等，其与民法中所规范的私人间合同和商法中所规范的商人间合同有区别。

消费者与经营者之间存在的地位上不对等，是指相对于经营者，消费者具有劣势性。因此，消费者合同以实现当事人之间实质平等和实质合同自由为目的，以怀疑的态度对民法中的私法自治原则及自由竞争原则进行检讨。该章指出在解决消费者交易问题中所存在的缺陷，并以此为理论基础，以保障实质的合同自由、实现消费者主权为宗旨，力证国家行政介入之正当性。虽然在许多先进国家，反对公法介入，主张重返私法规范的讨论如火如荼，但在经济高速增长的中国，司法规制手段缺失，强调行政性规制的必要性较为妥当。

第三章详细介绍了韩国的约款规制法理论和大法院判例的内容及争论的焦点。首先，根据韩国《约款规制法》实体法一一说明了订入规制中的内容的明示、说明义务（第 3 条）；解释规制中的个别约定优先原则（第 4 条），客观、统一的解释原则，不明确（制定者不利）原则及缩小解释的原则（第 5 条）；直接性的效力规制即不公正约款无效原则（第 6 条至第 14 条）等。其次，韩国在《约款规制法》的制定过程中，因意识到司法规制所存在的问题，而最终选择行政规制介入的方法，本章亦介绍了该立法体系的背景、具体内容、解决方案。即韩国《约款规制法》实体法部分（第 6 条至第 14 条）规定不公正约款不可作为合同内容，违反该禁止规定，行政主管部门可视情况或劝告（第 17 条之 2 第 1 款）或责令（第 17 条之 2 第 2 款）该当事人删除或者修订该约款条款，当事人违反纠正命令的，可判处两年以下有期徒刑，或者一亿元以下的罚金（第 32 条）。

经过梳理,不难发现韩国的《约款规制法》在实体法层面是以德国《一般交易条款规制法》为模板,而程序法层面则有别于德国法,以公平交易委员会的抽象内容规范为中心。此为世界首创性立法例。韩国的约款规制,为学理争论和实务判例积蓄了相当的经验,成为中国今后针对格式条款规制的立法及实务的重要比较法参考资料。

第四章针对日本的《消费者合同法》进行了详细的梳理及研究。首先,梳理了日本《消费者合同法》的理论发展过程。其次,通过整理日本《消费者合同法》的制定过程,发现日本《消费者合同法》是以自己决定、自己责任原则为基础,以后福利国家论为指导而制定的。最后,日本《消费者合同法》作为规范消费者合同的概括性民事法律,介绍了对合同签订过程和合同本身予以规制的内容。即,该法以承认经营者与消费者之间"存在信息的质与量及交涉力上的结构性差距"的现实为前提,规定当经营者的一定行为使消费者产生误认或者困惑而签订合同时,赋予消费者撤销要约或者承诺之意思表示的权利(第8条),并且规定经营者制定的全部或部分免除自身损害赔偿责任或者其他损害消费者权利的条款无效(第9条、第10条)。

通过以上的整理与研究,归纳出日本《消费者合同法》的特征:日本《消费者合同法》紧随当今弱化行政规制的世界潮流,以私法规制代替行政规制解决市场问题,从而完善自由市场经济体制;承认并致力于解决经营者与消费者之间结构性差距,消除市场中存在的阻碍公平自由竞争的因素。

第五章依据中国消费者交易的现实情况,整理中国消费者合同法规范的体系及内容,并提出今后中国消费者合同法的发展方向。首先整理中国消费者交易的现实状况及立法现状,关联分析第二、第三章中韩国和日本的相关内容,并以韩国、日本等的相关规定作为比较法参考资料,归纳出现今中国亟待立法之内容。以第一章的理论为基础,将"韩国及日本的消费者合同关联法"与中国的理论相结合,提出中国"制定概括性消费者合同特别法的必要性"及"设立事前审查消费者合同机构的必要性"。

二、结论

本研究以消费者合同理论为中心,以揭示中国制定消费者合同法的发展方向为目的。首先检讨消费者合同理论,研究分析较早经历消费者问题的韩国和日本的立法例，以比较法的研究方式对中国现行的消费者立法及理论进行梳理，由此提出在中国现有的法律框架内切实可行的消费者立法方向。而关于中国消费者合同法的具体立法方案，拟在今后的研究中逐一提出，本研究仅以中国消费者合同法的立法方向为中心进行论究。

简述本研究的结论如下：

为更有效地保护消费者，中国理论界与实务界对现行法所存在的问题已展开激烈讨论，其中“引进行政性的事前规范制度以解决消费者问题的必要性”、“消费者损害的事后救济制度所存在的问题及消费者损害的事后救济与事前规范的协调”已成为现今中国消费者问题的中心议题。对此，本研究分析了两种主要观点：制定概括性规范格式条款之特别法的观点；在民法等民事基本法中规定相关格式条款的原则性或一般性规范，同时制定关于格式条款规制的特别法以具体规范格式条款的观点。结合对“韩国及日本的消费者合同关联法”的比较法研究，本研究提出中国具有“制定概括消费者合同问题的特别法”及“设立事前审查消费者合同机构”的必要性。

韩国《约款规制法》的规定、相关解释论及相关判例，可在中国制定以“格式条款”作为规范对象的特别立法时，作为重要参考资料。特别是韩国公平交易委员会积累的事前审查制度的成功经验，对中国今后立法具有重要借鉴意义。但是，以“格式条款”为规范对象的特别立法，其最大缺陷是适用范围仅限定于基于格式条款而签订的消费者合同，并不能涵盖所有消费者合同类型。因此，从实体法层面上，日本的《消费者合同法》亦具有参考价值。但是，不论参考韩国抑或日本的立法例，欲有效解决中国经济急剧增长所引发的严重的消费者问题，更为妥当的方式是设立事前审查机构，并建立以行政规制为中心的规制方法。

简言之，现今虽以消费者问题的私法化及弱化行政规制为理论潮流，但其为市场经济成熟的国家在消费者合同立法方面的主要议题。现阶段中国消费者私法化的必要性问题仍在讨论中，照搬国外经验实有不符合现实、“空虚的理想论”之嫌。现阶段的中国消费者合同法，应当建立以行政规制为中心的消费者合同法体系，而非急于效仿周边国家进行行政规制向私法规制的转换。重整规范消费者合同的相关法律规定，统一法秩序，并将其纳入以民法为中心的私法秩序中的立法模式，应是在市场经济体制趋向成熟，司法制度完善的前提下所考虑的议题。

附录　德国消费者保护法[①]

第一节　德国债法现代化改革概况

自1900年1月1日《德国民法典》生效之日后近一个世纪,《德国民法典》日益暴露出缺陷与不足,严重制约了德国民法的进步与发展。自1978年,对民法典进行变革的思想首次被提出后,在其后的二十余年时间里,德国民法界提出了一系列的民法债法改革方案。直至2001年11月9日,德国联邦参议院通过《德国债法现代化法》,并于2002年1月1日正式开始实施,标志着德国债法改革二十多年的争论告一段落。此次债法改革主要受三方因素的影响:其一,《德国民法典》自身的缺陷;其二,欧盟指令的要求;其三,国际条约对债法现代化的要求。其中,欧盟指令成为推动此次改革最直接的因素,欧共体议会及其理事会颁布的《消费物买卖以及消费物担保指南》[②]、《交易中的支付迟延指南》[③]及《电子商务指南》[④]要求各成员国于特定期限前将指令的规定转化为国内法。德国迫于期限压力,以此为契机,对德国债法的一般规定、特别规定及原则作大幅修改,以彻底实现债

---

① 本书系东亚消费者合同法的比较研究,主要分析韩国、日本有关消费者合同法的立法例,结合我国立法现状与国情,提出适合我国的立法例。从立法模式而言,韩国将规制消费者合同的法律作为特别法加以规定,日本则统一了相关法律,制定了规制消费者合同的一般法——《消费者合同法》。值得一提的是,韩国国内就是否制定统一的消费者保护法正展开激烈的争论。韩国的争论及日本的立法均受到德国在2002年民法修订前有关统一消费者保护法及制定消费者特别私法正当性之论战的影响。故于附录中介绍德国消费者保护法的变化发展,以便读者对消费者保护法的历史沿革与发展趋势有一个更为全面的认识。特别注明,本部分大部分参照韩国学者对德国法的研究成果,文中的德文注释无特别说明者,均转引自韩文资料。

② Richtlinie 1999/44EG zu bestimmten Aspekten des Verbrauchsgüterkaufs und der Garantien für Verbrauchsgüter, in:ABL. EG 1999 Nr. L 171, 12.

③ Richtlinie 2000/35/EG zur Bekämpfung von Zahlungsverzug im Geschäftsverkehr, in:ABL. EG 2000 Nr. L 200, 35.

④ Richtlinie 2000/31/EG über bestimmte rechtliche Aspekte der Dienste der Informationsgesellschaft, insbesondere des elektronischen Geschäftsverkehrs (E-Commerce-Richtlinie), in:ABL. EG 2000 Nr. L 178,1.

法现代化。主要涉及五个核心领域:诉讼时效制度、给付障碍制度、买卖合同、承揽合同以及消费者保护。

德国债法的改革,对于德国国内乃至继受德国法的所有国家而言均意义深远。总体而言,我国继受德国法,故而,德国债法现代化研究对我国民法的完善甚至民法典的制定大有裨益。我国学者对于德国修订民法的研究资料不在少数,但多数学者从给付障碍、诉讼时效、买卖合同及承揽合同的角度加以研究,少有学者就消费者保护法或消费者合同法展开研究。

在《德国民法典》修订前,德国的消费者保护法以各个单行的特别法存在,不仅同一概念的适用范围不同,制度内容也缺乏统一性,整个消费者保护法体系较为混乱,难以有效地保护消费者。为此,德国理论界、立法界就统一消费者保护法展开激烈讨论,论战从如何统一消费者保护法、制定统一的消费者保护特别法抑或编入民法典、如何编入民法典等层面展开。此论战随着《德国民法典》的修改渐渐止息并迎来新的变化。2000 年,在修订《德国民法典》的过程中,立法者将《通信销售法》纳入民法典,并将《一般交易条款规制法》上的消费者与经营者概念规定于民法典之中。据此,大部分单行的消费者保护法均开始采纳民法典中的消费者与经营者概念。2002 年,基于既已统一的消费者与经营者概念,大部分消费者保护法被纳入民法典之中。至此,德国分散的消费者保护法被纳入了一般私法领域,并在民法典中确立了其统一的体系。此统一及编入民法典无疑给民法的内部体系带来了一场无声的革命。

德国民法上关于消费者的规定

之前的单行法	现行德国民法典上的条文
《一般交易条款规制法》	§§305—310
《访问销售法》	§§312.312a, 312 f. §§355 ff.
《远程销售法》	§§312b—312d, 312 f. §§355 ff.
《临时居住权法》	§§481—487 §§355 ff.
《消费者信用法》	§§488—507 §§655a—e
《电子商务立法指南》	§§312e, 312f. §§355 ff.

第二节 消费者保护法的核心概念——消费者与经营者

一、概述

为系统地将消费者保护法归入民法典，德国立法者在民法典中确立了消费者、经营者的概念，即在修订民法第 13 条、第 14 条分别对消费者、经营者作出定义，其确立使得德国民法总则中的民事法律关系不再局限于自然人和法人。该定义同样适用于通信销售合同(第 312b 条)、访问销售合同(第 312 条)、消费者消费借贷合同(第 491 条)、临时居住权合同(第 481 条)等。由此，各消费者保护单行法的规制主体相一致，为消费者保护法整体编入民法典奠定基础。

依据《德国民法典》的规定，消费者是不以营业或者独立的职业活动为目的(第 13 条)，即仅为私人目的实施法律行为的自然人。此定义与《一般交易条款规制法》中的定义(§24 a S. 1 AGBG a. F.)相同。消费者保护法也是以第 13 条的定义为前提，因此，不以营业或者独立的职业活动为目的缔结的合同，符合消费者合同的概念，适用消费者保护的规定。

经营者则是以营业或者独立的职业活动为目的实施法律行为的自然人、法人及具有权利能力的合伙(第 14 条)。不论营利与否，凡在市场中获得劳动对价的自然人、法人及可以成为权利主体的合伙均为经营者，受消费者保护法的限制。

二、德国民法修改前的立法状况及为统一概念的争论点

(一) 2000 年德国民法修改前消费者保护的立法

1. 制定德国民法前的立法

德国的消费者保护始于近代之前，主要通过"强行规定"等加以保护，[①]私法上的保护则出现在近代之后，其具体实践始于《分期付款交易法》的制定。[②] 这一时期，随着人口的增长、城市化的推进、小商人的增多，买卖合同、信用合同等逐渐定型化，根据当时的交易习惯，对于缝纫机、婴

① 对此，更为详细的内容可参见：HKK(Historisch-kritischer Kommentar zum BGB)/Duve, Rn. 67 ff. zu § §1—14.

② Gesetz betreffend die Abzahlungsgeschäfte vom 16. 05. 1894, RGB1. 450.

儿车等商品多须通过信用合同进行融资后，方可交易，对于买受人颇为不利，因而，为保护分期付款交易中的买受人，制定了《分期付款交易法》。[①]该法的制定对于民法的基本原理存在一定的突破，当时的立法者也意识到了此问题，其在帝国议会（Reichstag）的法律审议过程中为这种限制找到了法理依据，指出“若无实质的合同自由，合同一方当事人（在分期付款交易中为买受人）在经济结构中处于只能接受而不能提出交易条件的地位时，私法自治原则即不得直接适用”。[②]

在审议《德国民法典》第二草案的过程中，立法者就是否将《分期付款交易法》纳入民法典展开了激烈的争议。[③] 当时的主流观点主张不应将该法纳入民法，因其认为“当根据社会需求所制定的特别规定无法与民法一般原则相协调时，应将其规定于特别法之中”。[④] 由此可知，当时的德国立法者在理论上尚未厘清有关消费者保护的方案，也未找到在不抛弃民法一般原则——形式平等性原则的前提下，将消费者保护引入民法的方法。

2. 战后的立法

二战后，消费者保护的争论依旧是弱者保护与平等原则、私法自治原则之间的矛盾。[⑤] 此时，Wieacker 将民法视为古典自由主义的产物，要求民法所设定的社会模式应与市场经济秩序的理念相协调的观点[⑥]对消费者保护的立法起了巨大作用。20 世纪 60 年代后期，德国在政府交替之际，公布了关于消费者保护的报告书，并将“竞争政策、信息政策及保护政策”确立为消费者保护的核心课题。在“保护政策”中，民法与消费者保护法的关系成了争论的焦点，而此争论过程中，民法学者们多关注消费者保护法所设定的消费者形象、消费者保护法的正当性及在民法外制定消费者保护法的正当性等问题。由此可知，当时民法学者的主流均仅关注私法的统

---

① HKK/Duve, Rn. 70 zu § §1—14.

② Lesung des Regierungsentwurfs, Reichstags-Verhandlungen, Bd. 134, 870(D).

③ Prot., Bd. I, 475(63. Sitzung vom 25. November 1981, Punkt VIII).

④ HKK/Duve, Rn. 70 zu § §1—14.

⑤ 详细内容可参见：HKK/Duve, Rn. 74 zu § §1—14.

⑥ Wieacker, Das Sozialmodell der klassischen Privatrechtsgesetzbücher und die Entwicklung der modernen Gesellschaft, Juristische Studiengesellschaft Karlsruhe 3, 1952, S. 16.

一性,[1]而忽视了消费者概念的问题。这一时期,德国于1976年制定《一般交易条款规制法》、《远程教育保护法》[2],于1979年制定《旅行合同法》[3]。

德国的消费者保护法的争论,最终通过欧盟的政治性措施予以解决。欧盟在统一成员国市场的过程中,将消费者保护作为欧盟私法的核心,要求各成员国根据欧盟立法指南制定或者修订国内法。据此,德国制定了一系列的消费者保护法,包括《访问销售法》[4]、《产品责任法》[5]、《消费者信用法》[6]、《临时居住权法》[7]等。但是,由于欧盟的立法指南与德国法均非基于统一的理论基础制定,因此同一消费者概念在各立法指南及法律中内涵不同。因而,德国未能形成统一的消费者概念。[8] 对此问题,欧盟的判例倾向于将消费者概念与合同目的相联系。[9] 进入20世纪90年代,德国根据欧盟的立法指南,在面临国内法大幅修订之际,就如何统一消费者保护法的体系,如何统一消费者概念展开了激烈的争论。[10]

(二) 构建统一消费者概念的争论

1. 关于如何界定消费者概念之争议

私法上,不同法律行为中的消费者,其受保护与否并不一致,因而理想的消费者保护是根据具体的法律行为予以规制。法律对于消费者概念不作类型化的构建,而是通过富有弹性的立法方式予以保护。然考虑到法律的稳定性及明确性,传统的消费者保护法,均采纳了概括保护的立法方式,将消费者概念类型化,对满足一定条件的消费者均予以保护。在此种立法模式下,将消费者概念类型化的方式有两种:其一是角色关联性消费者模

---

① Westermann, Sonderprivatrechtliche Sozialmodelle und das allgemeine Zivilrecht, AcP 178 (1978), 151; Lieb, Sonderprivatrecht für Ungleichgewichtslagen? Überlegungen zum Anwendungsbereich der sog. Inhaltskontrolle privatrechtlicherVerträge, AcP 178(1978), 196; Mertens, Deliktsrecht und Sonderprivatrecht, AcP 178(1978), 228.

② BGB1. 1976 I, 2525.

③ BGB1. 1976 I, 509. 现规定于《德国民法典》§ §651 a—1.

④ BGB1. I 1986, 122 zur Umsetzung von 85/577 EWG.

⑤ BGB1. I 1989, 2198.

⑥ BGB1. I 1986, 2840.

⑦ BGB1. I 1996, 2154.

⑧ 对此,详细的内容可参见:Münchkomm/Micklitz, Rn. 67 ff. zu vor 13 ff.

⑨ EuGH, Di Pinto v. 14. 03. 1991-C-361/89, Slg. 1991, I-1189 Rn. 15 f.

⑩ 对此,具有代表性的著作为:Medicus, Wer ist ein Verbraucher? In: Leser/Isomura(Hg.), Wege zum japanischen Recht, FS Kitagawa, 1992, S. 471 ff.

式(Personenbezogenes Regulierungsmodell),其二是情形关联性消费者保护模式(situationsbezogenes Verbraucherschutzmodell)。[①]

“角色关联性消费者模式”[②]系立法者于20世纪70年代采纳之规范模式,该模式是根据缔结合同当事人的角色认定保护必要性。其出发点在于,当事人既可为经营者亦可为消费者,特定的当事人不可能一直为经营者或消费者。故而,具体交易中,当事人承担消费者角色的,即为消费者,而承担经营者角色的,则为经营者。此种模式,具有一定的正当性,然亦存在不可避免的缺陷:其一,根据角色认定消费者,并进一步将所认定的消费者均视为处于结构性不平等的地位,将“角色”与保护必要性相等同,不能有效地区分各种情形中合同当事人间的不平等性;其二,该模式忽视了消费者保护的基础在于合同缔结自由的限制。由此,该种模式日趋式微。

“情形关联性消费者保护模式”逐渐受多数德国学者的关注与推崇,并最终成为德国民法上的消费者概念模式。[③] 该模式通过与具体交易情形中的危险形态及具体交易行为中的交易能力相联系,将消费者概念类型化。该模式认为,不能仅因消费者处于结构性劣势地位,即对其进行特别保护,[④]而应与具体的交易行为相联系,此时的关键即为当事人的“交涉能力”或“协商能力”(Geschäftskompetenz)。即,消费者并不具有充分的协商能力,而经营者却具有,因此立法应当通过消极定义的方式,保护所有具有充分协商能力的经营者之外的主体。该模式的关注重点不在于交易当事人的地位而是合同的私的目的。[⑤] 即对于当事人的保护,以其实施具体法律行为时的私的目的为基准,认定保护必要性,[⑥]而无须持续具备受保护的地位,因此不同于《劳动法》、《商法》等的弱者保护。

---

① 对此,更为详细的内容参见:Münchkomm/Micklitz, Rn. 67 ff. zu vor 13 ff;HKK/Duve, Rn. 70 zu § §1—14.

② Reich, Zivilrechtstheorie, Sozialwissenschaften und Verbraucherschutz, ZRP 1974, 187 ff.

③ Dreher, Der Verbraucher-Das Phantom in den opera des europäischen und deutschen Rechts? JZ 1997, 177; Drexl, Die wirtschaftliche Selbstbestimmung des Verbrauchers, 1998, S. 397 ff; Medicus, FS Kitagawa, S. 481 f.

④ 强调消费者的劣势地位并非是个别的问题,而是市场经济整体结构之必然结果的观点,可参见〔韩〕权五乘、洪明秀:前揭《消费者保护的合同法构成及其局限》,第105页。

⑤ Pfeiffer, Der Verbraucher nach §13 BGB, in: Schulze/Schulte-Noelke (Hg.), Schuldrechtsreform vor dem Hintergrund des Gemeinschaftsrechts, 2001, 138 ff.

⑥ HKK/Duve, Rn. 81 zu § §1—14.

2. 关于消费者概念编入民法之争议

在消费者概念统一之后,德国学界对其应规定于何处存在争议。考虑到欧盟指令统一消费者保护法的要求,若将消费者概念分别规定于各单行消费者保护法会使统一消费者概念的意义丧失殆尽,故应制定消费者保护的一般法,[①]并将消费者概念规定于其中,或者直接将消费者概念规定于民法典。[②]

根据德国立法当时的资料,立法者并未就上述两种立法模式展开争论。因受实用主义的绝对支配,立法者普遍将消费者概念编入民法作为前提,然对于此种立法模式,即将消费者概念规定于民法之中,须克服诸多问题。

首先,消费者概念与民法的整个体系是否协调。德国的立法者正是因为无法就该问题作明确解答,将《分期付款交易法》规定于民法之外,采二元体系。此二元体系的适用,使得消费者保护法获得了一定自由发展的空间,为消费者保护法编入民法的讨论奠定了基础。然而,有学者指出,该种立法模式并非当然意味着特别私法的内容与民法不同,[③]将消费者保护的内容规定于特别私法而非民法的原因并非是体系上的问题,而更多是历史的偶然性所致。事实上,消费者保护法与民法的体系并不存在难以克服的不协调因素,且现伴随着消费者概念的统一,将其引入民法已具备理论基础。[④]

其次,应将统一的消费者概念规定于民法的何位置。先前的法案仅关注概念统一的必要,忽视了条文的位置,故其欲在通信销售的章节中界定消费者与经营者概念。[⑤] 在民法典修订过程中,法司委员会中的专业委员考虑到将统一的消费者与经营者概念规定于民法时,特别法无须规定准用条款即可适用民法的规定,故主张将统一的消费者及经营者概念编入民法,并将其与其他类似概念共同规定于民法总则。

此外,在将消费者保护法编入民法后,其与民法的一般原则即民法的

① 以特别法的形式制定关于消费者保护的一般法的立法例为:奥地利(Konsumentenschutzgesetz 1979)、法国(Code de la consommantion 1993)等。

② 将消费者概念纳入民法的立法例为荷兰。(可参见:Hondius, Das neue niederlandische Zivilgesetzbuch, AcP 191(1991), 379.)

③ 对此可参见:Medicus, JuS 1996, 761.

④ HKK/Duve, Rn. 85 zu § §1—14.

⑤ BT-Drucks, 14/2658, S. 47.

内部体系是否协调亦存问题。对此,德国学者间存在分歧,通说认为,虽然一般民法与消费者保护法在内容上可能存在差异,但消费者私法的调整对象亦具民法性质。① 进一步而言,消费者保护法是通过对合同自由作形式上的限制,实现实质上的合同自由,并保护弱者,故若私法中实质上的意思自治优于形式上的意思自治,则可以说消费者保护法与民法履行着相同的职能。② 据此,多数学者认为消费者保护法与民法的内部体系能够相协调。

反对将消费者保护法编入民法的学者认为:在立法技术层面,为保证民法的稳定性,消费者保护法规定于民法后,其修订颇为困难,而因消费者保护处于不断的变动之中,须时时修订;将消费者及经营者的概念规定于民法体现了旧时身份社会式的思考方式,不宜将消费者保护法编入民法。

三、德国民法上消费者概念

(一) 编入民法的意义及消费者概念的功能

1. 消费者概念编入民法的意义

德国立法者在《德国民法典》第 13 条与第 14 条分别规定了消费者与经营者的概念,这一创举,存在多方面的意义。首先,此编入统一了德国国内消费者保护法的不同规定,并完成了欧盟立法指南的国内化。③ 其次,因消费者概念的编入,之前民法的支配性原则——私法自治、形式上的平等原则不再是唯一的指导原则,亦须在私法自治的原则之中考虑社会正义,并应重新定义各概念。因消费者概念纳入民法典的总则部分,民事法律关系不再仅限于自然人、法人,因此,消费者概念的编入暗含着整个民法体系的重大变革。此外,2002 年民法典的修订,在统一的消费者概念的基础上,立法者亦将其他消费者特别法编入民法典,由此完成了消费者保护法的统一,进一步推进着整个体系的变化。

2. 消费者概念的功能与内容

根据欧盟立法指南的规定,德国立法者必须接受"功能性消费者概念"(funktionaler Verbraucherbegriff)。欧盟的功能性消费者概念将消费者认定为自然人,但不考虑消费者在结构上处于劣势地位的观点,而是考虑

---

① Pfeiffer, Integration von Nebengesetzen, in: Ernst/Zimmermann(Hg.), Zivilrechtswissenschaft und Schuldrechtsreform, 2001, 495 f. 而反对观点可参见:Bülow/Artz, NJW 2000, 2049 ff.

② Drexl, Die wirtschaftliche Selbstbestimmung des Verbrauchers, S. 8.

③ Münchkomm/Micklitz, Rn. 1 zu § 13.

消费者所处状况是否属于有必要保护的典型的状况。因此,功能性消费者概念的关注点是在有必要保护的典型状况中有无普遍保护的必要性,而不考虑具体的保护必要性。但是,《德国民法典》第13条中的消费者概念,与大部分欧盟关于消费者保护的立法指南不同,并未局限在特定的法律行为中的自然人。因此,认定为第13条定义的消费者,无须具备以消费为目的签订买卖合同或承包合同等典型消费者形态。德国的立法者通过消极的定义规定设定限制范围。即消费者的具体的法律行为不能属于营业或独自的职业活动。因此,不具有独立职业目的的劳动者为从事自己的职业活动而签订合同时,亦可纳入于消费者范围。①

值得一提的是,以私人目的为法律行为的消费者,并不当然受到保护。虽然以私人目的为法律行为是推定对消费者进行保护的基础,然在具体情况下,是否对其进行保护并不仅以消费者概念本身为判断依据。立法技术上,消费者概念应与有关消费者保护的规定相联系,符合第13条定义的当事人只有在符合消费者保护的规定时,方才受到相应的保护。《德国民法典》第13条消费者概念的规定,表面上似乎与消费者保护法无关,但因消费者保护法均以消费者概念为基础,因而两者间建立了间接的联系。因此,德国民法上的消费者概念具有界定德国民法上的消费者主体范围的功能。

决定主体适用范围的消费者概念应与解释消费者法规定时的消费者形象(Verbraucherleitbild)作严格区分。② 虽二者相互联系,但其各自有着不同功能,因此应根据其功能予以区别。③ 德国立法者在界定消费者概念时,未就消费者形象作深入探讨,因而在消费者概念的形成过程中,消费者形象未能发挥其应有的作用。④ 但是,欧盟法院判决认为"在具体案件中,若有扩大保护必要,各国法院可以超越欧盟所设定的消费者概念与消费者形象进行判决"。⑤ 据此,德国法院可以根据当事人自身的消费者形象,特别是以现实中不具备平等性的消费者形象进行独立解释,加以保护。

---

① Stoffels, AGB-Recht, 2003, S. 87(Rn. 197).

② 关于消费者形象,如:关于不明确的一般交易条款的解释,德国判例以"通常的消费者"如何理解该条款为标准进行判断。(BGH NJW 1981, 867 f.)并在此时,以不知法的消费者形象作为标准。

③ Dreher, JZ 1997, 170.

④ Münchkomm/Micklitz, Rn. 7 zu vor 13 ff.

⑤ EuGH Urt. 23. 3. 2000, Rs. C-208/98, EuZW 2000, 286 f. Mit Anm. Neu.

3. 针对消费者概念的批判

消费者保护法所调整的是消费者与经营者因消费生活而产生的法律关系，双方当事人必须是消费者与经营者，但有观点认为，消费者保护法就其适用对象方面存在体系上的不一致。例如，在消费者消费借贷合同（Verbraucherdarlehen svertrag）中，只有在出借方为经营者、贷款方为消费者的情形，方可适用消费者保护法，[1]相似的，在消费者买卖合同中，出卖人必须为经营者，买受人必须为消费者。[2] 但是有关一般交易条款合同[3]及访问销售[4]的条款中，法律的表述为"经营者与消费者之间签订的合同"，因此，根据文义解释，在消费者向经营者出售货物，并依据一般交易条款订立合同的情形，似乎亦可适用关于消费者保护的规定。对于经营者上门，并提出购买消费者的汽车的情形，是否可以适用消费者保护法存在争议。对此，欧盟的立法指南以"销售商品或者提供服务的经营者"作为前提，因此该种情形并不包含于消费者保护的范围之中，与此类似的合同亦不受保护。值得一提的是，立法指南第 8 条赋予了成员国扩大消费者适用范围的可能性，因此，根据文义解释，对于消费者承担金钱以外给付义务的合同，可适用相关规定。

此外，若严格解释第 13 条关于消费者的定义，特定阶层并不能认定为消费者。因该条使用了"自己的"经营或者独立的职业活动的表述方式，不进行营业活动或者不具备独立职业活动的人，例如学生、主妇或者受雇人等，不能认定为第 13 条规定的消费者，因此有必要修订该表述。

（二）消费者概念的构成要素

德国民法上的消费者概念有三个构成要素："自然人"为主体要素（persönliche Kriterien）、"私人目的"为功能要素（funktionale Kriterien）、"与具体的法律行为的关联性"为客观要素（sachliche Kriterien）。[5]

1. 主体要素：自然人

根据《德国民法典》第 13 条，只有自然人可成为消费者。因此，对于法人，不论其是否以营利为目的，均被排除在消费者范围之外。如此规定，消

① 《德国民法典》第 491 条第 1 款。
② 《德国民法典》第 474 条第 1 款。
③ 《德国民法典》第 310 条第 3 款。
④ 《德国民法典》第 312 条。
⑤ Münchkomm/Micklitz, Rn. 8 ff zu § 13; Faber, ZEuP 1998, 858.

费者的范围较为明确,亦与欧盟最高法院(EuGH)所确立的原则相一致。[①]然此种立法忽略了具体情形下的正当性。部分法人如小商小贩等应当受到保护,但依现行法律并无保护依据。[②] 因此,在德国现行立法体系下,对于具体情形下类似于最终消费者的法人,虽有保护必要,却不能受到法律的概括性保护。相反,在数人的债权债务关系中,虽将当事人认定为具有连带责任的消费者,但因其与法人类似,难以受到保护。

现行德国民法上,一当事人不被认定为消费者的,不影响对其他当事人的认定(所谓"个别认定原则")。同理,因婚姻关系或者共同继承而承担连带债务时,亦不丧失消费者的地位。另外,非法人的自然人团体可以被纳入消费者的范围,因此如业主委员会(Housing Association)等非法人团体也可以成为消费者。[③]

2. 功能要素:不以营业或者独立的职业活动为目的

(1) 意义及判断标准

对于消费者身份的认定,在无其他判断标准的情形下,不能将特定当事人一概地认定为消费者,而判断当事人是否以消费者身份签订合同,其重要的一个因素即功能要素——具体法律行为之目的。因此,同一当事人在同一天既可以消费者的身份亦可以经营者的身份签订合同。《德国民法典》第13条的消费者概念采纳了消极定义的方式,即"不以营业或者独立的职业活动为目的的自然人",由此可知,对于消费者的判定,与私人因素或者个人所处的社会地位无关,[④]当事人的知识结构与财产状况亦非重要因素。故而,个人的特定能力非为评价对象,消费者保护的对象并不指向某种特定的社会阶层。[⑤]

根据"缔结法律行为"(Abschluß von Rechtsgeschäften)这一表述可知,判断法律行为目的的时间点为法律行为作出之时。[⑥] 法律行为之目的须依客观判断,当事人内心真意并不重要,因倘若进行主观判断,则意味着行

---

① NJW 2002, 205.

② 关于类推持肯定的文献有:HK-VertriebsR/Micklitz, Rn. 13 zu § 312b.

③ Münchkomm/Micklitz, Rn. 15 zu § 13;Lütcke, Fernabsatzrecht, 2002, Rn. 11 zu § 312b.

④ Duve, Verbraucherschutzrecht und Kodifikationsgedanke, Jura 2002, 794 f.; Drexl, Der Bürge als deutscher und europäischer Verbraucher, JZ 1998, 1050.

⑤ 与此相反,德国民法上消费者保护与个人因素相关联,并且处于特定社会阶层的当事人亦受保护的观点,参见:Oechsler, Schuldrecht, Besonderer Teil, Vertragsrecht, 2003, Rn. 30.

⑥ Münchkomm/Micklitz, Rn. 29 zu § 13.

为当事人得依自己之意思决定是否作为消费者接受保护，此与消费者保护规定的强行性质不符。当进行客观判断时，相对人即经营者是否知晓或可能知晓其行为目的并不重要。[①] 如消费者的特别认知方面，消费者对撤回权或其消费者的地位等是否存在认知并不重要，即使是专家，当其以私人目的进行交易时，亦作为消费者，享有撤回权。[②] 然以营利为目的而签订合同的，即使其具有保护必要性，亦不得被认定为消费者。[③]

（2）关于“私人目的”的证明责任

根据德国《消费者信用法》第 1 条，消费者的合同相对人承担举证责任。但是根据现行德国法的解释，当事人欲取得消费者私法的保护，其应就“以私人目的为该法律行为”及“与职业无关”等事实承担举证责任。[④]

在经营者“以私人目的签订合同”的情形，是否将其认定为消费者，依通常解释，应以合同缔结当时的具体情形判断。但有学者认为，根据德国《商法》第 344 条的立法宗旨，存在疑问时，应认定为是商行为。尤其是消费者内心意思并不重要，而应根据客观事实予以判断，因此难以被认定为消费者。但是经营者在以私人目的的同时亦具有将其使用于经营之目的而购买商品的，只能以消费者身份作出行为的意思作为基础加以判断。但是对其亦有观点认为，欲将该当事人认定为消费者，其必须具备为私人目的的外在表示。

3. 客观因素：法律行为

德国立法者并未对法律行为作特别限定，而直接使用了民法总则的“法律行为”。因此，第 13 条的消费者概念囊括了所有法律行为。关于适用限定法律行为的消费者保护规定时，如何确定该法律行为是否属于适用范围的问题有待今后法律的解释予以解决。但是基于“法律行为”这一表述，可认为《产品责任法》与第 13 条的消费者概念不发生任何关联。

（三）消费者概念的范围

根据《德国民法典》第 13 条的消费者定义，凡不以营业或独立职业活动为目的的自然人均可认定为消费者，由此可知：对于纯粹的私人目的，如

---

① Bülow/Artz, Verbraucherprivatrecht, S. 18. 而与之相反意见，可参见：Jauernig/Berger, Rn. 3 zu § 474.

② Canaris, AcP 200(2000), 348.

③ Bülow/Artz, NJW 2000, 2050; Lütcke, Fernabsatzrecht, Rn. 12 zu § 312b.

④ Bülow/Artz, NJW 2000, 2050; Münchkomm/Micklitz, Rn. 29 zu § 13. 不同观点，参见：Berger, JuS 2001, 649.

为出游而购买自行车，买受人当然为消费者；对于消费性（konsumtive）的私人目的，如在小区超市购买食品或者化妆品等，买受人亦为消费者；对于不以消费为目的签订合同的当事人，亦可能成为消费者。就最后一种情形是否属于第13条规定的消费者，德国学者们存在争议：

1. 作为消费者的受雇人

根据《德国民法典》第13条的表述，不以独立的职业活动为目的实施法律行为的，可认定为消费者，则受雇人进行从属于雇用人的职业活动时，其亦属于消费者。如，银行职员为购买出差用车而贷款的，可以将其认定为消费者，签订消费者借贷合同；受雇人为购买劳动服或者家用电脑而贷款的，亦可将其认定为消费者。

对于劳动合同的签订及变更中受雇人是否为消费者，能否适用消费者保护的规定，存在较大争议。

多数学者认为，无独立性的受雇人不能被认定为消费者，不能适用消费者保护法。[①] 有学者则认为就该问题应从两个方面加以考量：第一，私法上目的，即第13条的适用范围；第二，具体签订的合同是否符合消费者保护法规定的适用范围。依此思路，第13条的核心为"当事人是否以独立的职业活动目的为法律行为"，在劳动合同的签订及变更中，受雇人并不具备独立的职业活动目的，因此可以将受雇人认定为第13条规定的消费者。但是，即使被认定为消费者，亦不能当然适用关于消费者保护的规定，只有当该行为属于法律规定的特定类型时，方可适用。[②] 例如，劳动合同具有《德国民法典》第310条第3款的消费者合同性质，在经营者与受雇人签订劳动合同时，合同中的一般交易条款受到该款的规制。但在合意解除劳动合同时，则不能根据该法第312条予以撤回，因该条款被规定在"特别的销售方式"章节之中，劳动合同的合意解除不属于该适用范围。

2. 私人的财产投资

私人财产投资（Private Vermögensanlage）并非是以消费为目的的法律行为，例如，为获取利益而购买有价证券或者不动产，对此情形，能否认定

---

① 否定受雇人为消费者的观点，可参见：Bauer/Kock, DB 2002, 43 f.; Lowisch, NZA 2001, 466; Lingemann, NZA 2002, 183 f.; Henssler, RdA 2002, 133 f.; Natzel, NZA 2002, 2844 ff.; Hormadka, NJW 2002, 2524; Annussm, NJW 2002 2844 ff.; Soergel/Pfeiffer, Rn. 40 ff. zu § 13.

② 肯定受雇人的消费者性的观点，可参见：Gotthardt, ZIP 2002, 278 f.; Reim, DB 2002, 2434 ff.; Däubler, NZA 2001, 1332 ff.; Bömke, BB 2002, 97; Reinike, DB 2002, 587; Hümmich/Holthausen, NZA 2002, 173 ff.

该投资者为消费者,存在争议。通说认为,私人财产投资原则上属于消费者保护法的适用范围。[①]因此,退休人员以退休金购买不动产,出租于他人用以居住的,并不将其认定为经营者。但是,在住宅区将住宅房屋用于营业的情形,德国民法却不将其认定为消费者。

由上可知,对于私人财产投资,很难给出客观的界限认定是否为消费者,难以保障法的稳定性。对此,德国法院的判例以管理财产所必需的组织上、时间上的努力[②]及对财产的管理是否具备经营的形式作为判断标准。[③] 例如,雇用管理住房人员或者为管理而成立事务所的,可以认定是为自身的独立职业而管理财产,不属于消费者。

3. 混合事例

混合事例是指为实现多种目的而实施某种法律行为。例如,律师从银行贷款5万元,将其中1万元用于购买家用书架,剩余4万元用于购买办公用的电脑的情形。对于通过借款购买一商品并在不同场合使用的情形,亦于混合事例。例如,拥有个人律师事务所的律师从银行贷款10万元购买一辆汽车,不仅用于上班也用于个人旅行等,此类情形则较难判断。

对于混合事例,其判断方法是对合同进行拆分,然后依不同目的加以认定。如第一个事例中,可根据借款的使用目的分割金额,仅具有私人目的的借款部分可认定消费者地位。[④]然在第二个事例,无法根据目的将金额分割,此时应当如何认定,德国学界存在不同观点。有观点认为,在无拆分可能性的情形,可以根据目的的主次进行区分认定,若合同的主要目的是为私人目的的,可以认定为消费者,反之,则不能。该主张的根据在于,按照德国民法的规定,在行使消费者撤回权时,权利人承担证明消费者行为的举证责任,若其不能就以私人目的签订合同作充分举证,即不能被认定为消费者,亦不能行使撤回权。[⑤] 而有观点则强调,对于主要目的是为私人使用,附属目的是为独立的职业或者经营的情形,亦不能适用消费者私法的规定。[⑥]

---

① Palandt/Heineichs, Rn. 3 zu § 13; Soergel/Peiffer, Rn, 32 zu § 13.

② BGB NJW 2002, 368 mit Anm. Artz 2002, 457.

③ Staudinger/Schlosser, Rn. 29 zu § 24a AGBG.

④ Bülow/Artz, Verbraucherprivatrecht, S. 22.

⑤ Palandt/Heineichs, Rn. 3 zu § 13; Haas, in: Haas/Medicus, 5. Kap., Rn. 428; Oechsler, Schuldrecht, Rn. 265; Pferffer, NJW 1999, 173.

⑥ AnwKom-BGB/Reiff, Rn, 13 zu § 489; Jauernig, Rn. 26 zu § 13.

4. 创业信贷

较之于《德国民法典》第13条,《消费者信用法》规定的消费者外延更为广泛。《德国民法典》第507条的适用范围不仅包括以私人目的而取得信用贷款的情形,为开启经营或者独立的职业活动而签订合同的情形,亦包含在内。例如,机动车修理工为成立自己的机动车修理厂,贷款5万元以内的,得适用消费者保护法的规定。根据修订民法,创业者承担证明其符合消费者要件的举证责任。① 值得一提的是,根据第507条在民法典的位置,将创业者纳入消费者范围的,仅限于信用合同情形,不能扩张适用于其他情形。②

对于创业信贷,其关键在于创业者的地位何时终止,在此之后所取得的信用贷款则非为创业而使用。德国《消费者信用法》第1条第1款第2项规定,创业阶段的终止应根据首笔交易的作出、经营场所的对外营业、进行广告等明确的客观因素判断。③ 但是,根据现行《德国民法典》第507条的规定,是否依上述因素区分仍有待考证。欲适用《消费者信用法》的特别规定,须"为营业或者独立的职业活动的开始"而签订合同,但在现行德国民法中,无法明确信用交易行为是否以创业为目的。在进行广告或者在完成首笔交易之后,创业目的完全可能继续存在,在此阶段,创业者仍有必要为购买商铺内的设备、陈列的商品取得信用贷款。

四、德国法上经营者概念④

(一)统一经营者概念的理论争议

在德国法律中,并没有一个统一适用于各部门法的经营者概念。⑤在德国民法、商法、刑法与税法中,经营者概念各不相同。⑥根据《德国商法典》第84条第1款的规定,经营者是指长期委托商事代理人进行居间交易

① Bülow, Verbraucherkreditrecht, Rn.9 zu § 507; Schäfer, in: Haas/Medicus, 7. Kap., Rn. 30.

② Soergel/Pfeiffer, Rn. 35 zu § 13. 相反意见为:Palandt/Heineichs, Rn. 3 zu § 13. 然而作为上述规定基础的欧盟消费者保护立法指南亦未赋予创业者特殊的地位,并且在欧共体委员会2002年9月1日所颁布的消费者信用法的修订内容中亦无创业者的概念。

③ Bulow, VerbrKrG, 4 Aufl. 2000, Rn. 42 zu § 1 VerbrKrG.

④ 本德国经营者概念部分德文资料承蒙德国美因茨大学法学博士翟巍先生帮助,在此表示感谢。

⑤ Wiki, Unternehmer, http://de.wikipedia.org/wiki/Unternehmer, besucht am 07.05.2012.

⑥ Ibid.

或以其名义缔结交易的商事主体。在刑法意义上,经营者是指从事营业活动的主体。根据《德国增值税法》第 2 条第 1 款的规定,税法意义上的经营者是独立从事营业与职业活动的主体。在 2002 年修订民法施行后,在一般意义上,《德国民法典》第 14 条关于经营者的法律定义适用于除第 631 条及之后若干条款的整部民法典和《德国商法典》。[①]

依据《远程销售合同和消费者法的其他问题以及条框中的欧元转化》,消费者与经营者概念分别在修订民法第 13 条与第 14 条中予以明确。[②] 德国联邦议会的法律委员会将修订民法第 14 条第 2 款内容视作一种结果性变更,通过这种变更,经营者的概念在新民法典的总则中得以规定:[③④]

第 14 条(经营者)

(1)经营者是指在缔结法律行为时从事其营业活动或独立性职业活动的自然人、法人或具有权利能力的合伙。

(2)具有权利能力的合伙是指具有获取权利和承担债务的能力的合伙。

(二)经营者概念的功能

依据《德国民法典》第 13 条,消费者是指不以营业或独立职业活动为目的缔结法律行为的自然人。该法典第 14 条规定的经营者是作为第 13 条中消费者的对立性概念出现的。同消费者的本质一样,经营者本质亦是由行为人的行为目的(Zweckrichtung des Handelns)决定的。[⑤]因此,某一法

---

① Jauernig, BGB §14 Unternehmer, Bürgerliches Gesetzbuch, 14. Auflage, 2011, Rn. 1.

② Vgl. Schmidt-Räntsch, BeckOK BGB §14, in: Bamberger/Roth(Hrsg.), Beck'scher Online-Kommentar BGB, Edition: 22, Rn. 1.

③ Micklitz, BGB § 14 Unternehmer, in: Münchener Kommentar zum BGB, 6. Auflage, 2012, Rn. 9.

④ 《德国民法典》第 14 条德文原文为:

§14 Unternehmer

(1) Unternehmer ist eine natürliche oder juristische Person oder eine rechtsfähige Personengesellschaft, die bei Abschluss eines Rechtsgeschäfts in Ausübung ihrer gewerblichen oder selbständigen beruflichen Tätigkeit handelt.

(2) Eine rechtsfähige Personengesellschaft ist eine Personengesellschaft, die mit der Fähigkeit ausgestattet ist, Rechte zu erwerben und Verbindlichkeiten einzugehen.

⑤ Schmidt-Räntsch, BeckOK BGB §14, in: Bamberger/Roth(Hrsg.), Beck'scher Online-Kommentar BGB, Edition: 22, Rn. 7.

人虽然依据第13条规定不能成为消费者,但并不能由此当然推出"该法人是经营者"的结论。①

修订民法第14条中关于经营者概念的界定,对于该法中诸多条款的适用具有重要意义,这些条款至少包括第241a条第1款、第305条第1款与第3款、第312条第1款、第312b条第1款与第2款、第312c条第1款、第312e条第1款、第355条、第474条及之后若干条款、第481条及之后若干条款、第491条及之后若干条款、第499条及之后若干条款。②

(三)经营者概念的构成要素

《德国民法典》第14条所规定的经营者概念有以下两大构成要素:

1. 主体要素:自然人、法人或具有权利能力的合伙

德国民法中的"合伙"(Personengesellschaft),系指两个或两个以上的自然人或法人为了一个共同目标组成的民事主体,其本身不是法人,但可以行使权利与履行义务。③

修订民法第14条第2款采纳了旧《德国民法典》第1059a条第2款中的概念"有权利能力的合伙"(rechtsfähige Personengesellschaft)。④在修订民法第14条经营者概念的界定中引入合伙概念,实际上存在同义反复的情况,其唯一意义在于明确区分法人的权利能力与"有权利能力"的合伙的权利能力。⑤

2. 功能要素:从事营业活动或独立性职业活动

修订民法第13条关于消费者概念的界定中,明确将营业活动与独立职业活动排除于消费者为消费活动的目标之外。该法典第14条第1款中的"营业活动"(die gewerbliche Tätigkeit)应作广义解释,⑥包括所有具有计

① Vgl. Schmidt-Räntsch, BeckOK BGB §14, in: Bamberger/Roth(Hrsg.), Beck' scher Online-Kommentar BGB, Edition: 22, Rn. 7.

② Heinrich Dörner, BGB §14 Unternehmer, in: Schulze u. a., Bürgerliches Gesetzbuch, 7. Auflage, 2012, Rn. 3.

③ W Vgl. Wiki, Personengesellschaft, http://de. wikipedia. org/wiki/Personengesellschaft, besucht am 06.05.2012.

④ Heinrich Dörner, BGB §14 Unternehmer, in: Schulze u. a., Bürgerliches Gesetzbuch, 7. Auflage, 2012, Rn. 4.

⑤ Jauernig, BGB §14 Unternehmer, Bürgerliches Gesetzbuch, 14. Auflage, 2011, Rn. 2.

⑥ Schmidt-Räntsch, BeckOK BGB §14, in: Bamberger/Roth (Hrsg.), Beck' scher Online-Kommentar BGB, Edition: 22, Rn. 3.

划性的物品供应和具有对价的服务。[①] 此外,该条定义的经营者概念涉及的营业活动是以独立地、有计划地、持续地在市场上提供具有对价的服务为前提条件的,营利目的并非其必要条件。[②]须注意的是,此处的营业活动也可能包括副业性质的营业活动。如,医生出售他工作中用过的二手轿车,尽管这一交易行为与他本身作为医生的职业活动并不相关,然在这种情形下,其仍被视为经营者。[③]

实践中,认定经营者的具体参考标准包括:物品种类、活动的经常性以及提供服务的周期。[④]

"独立性职业活动"(die selbständige berufliche Tätigkeit)是指不与某种依赖关系(Abhängigkeitsverhältnis)相关联的职业活动。[⑤]实践中常难以明确区分"独立的职业活动"与"非独立的职业活动",对此,《德国商法典》第 84 条第 1 款第 2 句可以提供借鉴。[⑥]依据该句规定,当行为人在很大程度上可自由确定自身活动和自由决定工作时间时,视为成立"独立的职业活动"。[⑦]

第 14 条中的"独立的职业活动"较之于"营业活动",其外延更广。原因在于,"独立的职业活动"不仅具有"营业活动"的所有特征,同时外延还包含自由的职业。[⑧] 基于此,"职业活动"(die berufliche Tätigkeit)可以被视作"营业活动"(die gewerbliche Tätigkeit)的上位概念,然对其进行精细区分并无实际意义。[⑨]

(四) 经营者概念的范围

因《德国民法典》第 14 条对经营者性质的界定并不十分明确,故而在实践中须确定具体的界定标准。就该条规定而言,民事主体的具体组织形

---

① Schmidt-Räntsch, BeckOK BGB §14, in: Bamberger/Roth (Hrsg.), Beck'scher Online-Kommentar BGB, Edition: 22, Rn. 3.

② Jauernig, BGB §14 Unternehmer, in: Jauernig, Bürgerliches Gesetzbuch, 14. Auflage, 2011, Rn. 2.

③ Tobias Kuntze, Bin ich Verbraucher oder doch Unternehmer? —ein Leitfaden zur Abgrenzung zwischen § 13 BGB und § 14 BGB, http://www.it-recht-kanzlei.de/1/Der_Unternehmer_14_BGB/verbraucher-unternehmer.html, besucht am 08.05.2012.

④ Ibid.

⑤ Ibid.

⑥ Ibid.

⑦ Ibid.

⑧ Micklitz, BGB § 14 Unternehmer, in: Münchener Kommentar zum BGB, 6. Auflage, 2012, Rn. 36.

⑨ Ibid.

式对于经营者性质的确立没有实质影响。[①] 该条所规定的合伙概念的外延包括,普通商事合伙(OHG)、有限商事合伙(KG)、自由职业者合伙(PartG)、欧洲经济利益组合(EWIV)和民法合伙(GbR)。[②] 其所规定的经营者概念的外延不只包括买卖商人,还包括医生和律师等自由职业者、手工业者、从事贸易的农场主与生计发起人(不包括已被视作《德国民法典》第13条的消费者的部分生计发起人)。[③]生计发起人(Existenzgründer)在利用金融援助或贷款居间时依据修订民法第507条、第655e条第2款规定被视作为消费者。[④]

第14条中的经营者的定义适用于除第631条等若干条款之外的整部民法典。[⑤]第631条及之后若干条款中,承揽人的德文单词与第14条经营者的德文单词相同,均为"Unternehmer",但其内涵外延并不完全一致,不得混淆或替换。[⑥] 第631条中的"Unternehmer"汉译为"承揽人",系指在承揽合同中接受并完成任务的一方。[⑦]

五、德国民法上经营者概念与消费者概念的区分

经营者与消费者作为相对应的概念,其区分并不十分明确。一自然人得在不同的情形下分别饰演经营者与消费者的角色。由于该两种概念的区分是德国消费者保护法得以适用的重要前提,因而长期以来,德国法律界人士从多种角度对此区分进行探索,并试图形成固定的判定标准。

然到目前为止,德国法学理论界与司法界,对于民法典中经营者概念

① Jauernig, BGB §14 Unternehmer, in: Jauernig, Bürgerliches Gesetzbuch, 14. Auflage, 2011, Rn. 2.

② Jauernig, BGB §14 Unternehmer, in: Jauernig, Bürgerliches Gesetzbuch, 14. Auflage, 2011, Rn. 2; Micklitz, BGB § 14 Unternehmer, in: Münchener Kommentar zum BGB, 6. Auflage, 2012, Rn. 9 f.

③ Jauernig, BGB §14 Unternehmer, in: Jauernig, Bürgerliches Gesetzbuch, 14. Auflage, 2011, Rn. 2.

④ Jauernig, BGB § 13 Verbraucher, in: Jauernig, Bürgerliches Gesetzbuch, 14. Auflage, 2011, Rn.4.

⑤ Jauernig, BGB §14 Unternehmer, in: Jauernig, Bürgerliches Gesetzbuch, 14. Auflage, 2011, Rn. 1.

⑥ Wiki, Unternehmer, http://de.wikipedia.org/wiki/Unternehmer, besucht am 07.05.2012.

⑦ Schmidt-Räntsch, BeckOK BGB §14, in: Bamberger/Roth (Hrsg.), Beck'scher Online-Kommentar BGB, Edition: 22, Rn. 3.

与消费者概念的区分仍众说纷纭，尚未形成确定性的统一观点。[①]对其区分的争议主要聚焦在：其一，消费者行为与经营者行为的区分是否应该完全客观地由行为人所追求的目标决定；其二，消费者与经营者行为的性质判定是否应取决于合同缔结一方可以辨识的客观情况。[②]

德国联邦最高法院在2009年9月30日的判决中，对于理论界的上述争议采取开放的态度，在回避上述争议的基础上提出了自身独立的区分经营者与消费者的一系列标准。这一系列标准主要分为三部分，即：

第一，一个自然人所实施的法律行为应基本上被视作消费者行为；

第二，只有当以下情形出现，即从（法律行为）另一当事方看来，自然人的行为明显地、无疑地具有营业活动或独立职业活动的性质时，自然人的行为不被视作消费者行为；

第三，其余关于具体行为应归入何种行为领域的，应在有利于消费者属性认定的情形下作出判定。[③]

在德国联邦最高法院上述判决所涉及的案例中，一名女律师在网上预订了灯具，购买该灯具的目的是在其私人房间使用。该顾客在送货与账单付款地址中填写了工作地址，其后，该律师要求依据消费者的法定撤回权撤回这一交易。初审法院认为，该女律师是消费者，可以根据消费者具有的法定撤回权撤回这一买卖合同。上诉法院否定了其系民法典第13条所界定的消费者的观点。上诉法院认为，是否存在消费者行为，应该根据缔结合同时"相对人观点"（Empfängerhorizont）来判定。由于该顾客在送货与账单付款地址中填写了其工作的律所地址，灯具出售者必然认为其购买灯具的目的是为了职业的需要。德国联邦最高法院否决了上诉法院的决定，认为该顾客在缔结买卖合同时具有消费者身份。因根据联邦最高法院上述关于经营者与消费者的三大区分标准，该顾客将律所地址作为送货与账单付款地址的行为，并不能明显地、无疑地说明其购买行为具有独立职业活动的性质。在此基础上，根据存在疑问时应在有利于消费者属性认定

① Heinz Sonnauer, Verbraucher oder Unternehmer? —Abgrenzungskriterien des BGH, http://www. anwalt24. de/beitraege-news/fachartikel/verbraucher-oder-unternehmer-abgrenzungskriterien-des-bgh, besucht am 11. 05. 2012.

② Ibid.

③ Ibid.

的情形下作出判定的标准，该顾客的行为应认定为消费者的行为。①

此外，由于德国民法中的消费者保护不得在不利于消费者的情形下被放弃，所以形式上的或个人的将法律行为参加者认定为具有经营者性质的约定无效。②

值得一提的是，当一个自然人作为第14条意义上的经营者时，在特定情形下，其从事交易活动时仍可能成为消费者。如一个自然人作为经营者是二手车交易者，其欲购买一种音乐CD，而该购买行为与其日常营业活动没有特别关系，在这种情形下，应认定为系第13条意义上的消费者。③

第三节 《一般交易条款规制法》编入《德国民法典》

一、概述

德国债法现代化改革后，《一般交易条款规制法》实体法部分被缩减为独立一章并编入债编显著位置，第305—310条将德国的一般交易条款分成两个层面进行规制：第一个层面要求一般交易条款纳入合同必须满足给定要件，否则不能成为合同组成部分；第二个层面对一般交易条款的具体内容进行法律规制，已纳入合同的一般交易条款如其内容与法律冲突，仍会被认定无效。对于不能被有效纳入合同与内容无效的，根据《德国民法典》第306条的规定，此种情形下合同仍然有效，该一般交易条款所包含的内容通过相关法律规定调整；只有当变更合同仍无法期待当事人信守合同时，合同始无效。作出这一规定的原因在于，对一般交易条款的相对人（如消费者）而言，该条款的制定者或使用者通常都处于相对强势的地位，如果该相对人需要对方的产品或者服务，则令合同无效并不利于对其利益的保护。

---

① Heinz Sonnauer, Verbraucher oder Unternehmer? —Abgrenzungskriterien des BGH, http://www. anwalt24. de/beitraege-news/fachartikel/verbraucher-oder-unternehmer-abgrenzungskriterien-des-bgh, besucht am 11. 05. 2012.

② Schmidt-Räntsch, BeckOK BGB §14, in: Bamberger/Roth (Hrsg.), Beck'scher Online-Kommentar, BGB, Edition: 22, Rn. 15.

③ Siegfried Exner, Unternehmer, http://www. auktion-und-recht. de/html/unternehmer. html, besucht am 13.05. 2012.

二、编入理由及方式

德国修订民法典(以下称修订民法)于第305条至第310条中编入了《一般交易条款规制法》(AGBG,以下称旧法)的实体法规定。但程序法规定部分,因其与民法实体法之性质相冲突,被纳入《不作为诉讼法》(UKlaG)之中。将《一般交易条款规制法》的规定内容编入于民法典的理由为:第一,将《一般交易条款规制法》作为一部独立的法律,会加大法律体系统一的难度,如将其归入民法典,则能提高法的明确性和可理解性;第二,该法的实体法规定已经成为私法的一部分,在内容上与民法密不可分,难以区别;第三,如果该法作为特别法独立存在,可能会出现不同的解释原则、概念及价值判断,但是如将其归入民法,适用民法的原则,则可避免之;第四,将该法编入民法,可以实现对民法的再整合。

将《一般交易条款规制法》编入民法的方式大体有两种:一是概括整合式(En-bloc-Lösung),即将旧法概括地编入民法典的特定部分;二是分散整合式(Splitting-Lösung),即根据各条款的宗旨,将其分散地规定于民法典的各个部分。对于概括式,根据编入债权总则抑或物权总则,又区分为不同的整合方式。

修订民法采取了概括整合的方式,并将其置于债权总则之中。采概括整合的方式,得维持旧法的体系,减少归入后的适用难度,[①]更利于整合目的的实现。编入债权总则的原因在于,债权法是《一般交易条款规制法》的渊源,且该法的主要适用对象即为债权法中的合同。

在德国,对于上述的整合目的与整合方式存在诸多争论。首先,关于整合目的方面,因旧法与民法具有密切联系而加以整合的说法,并没有充分的说服力,并且,两部法律的单独存在不致产生价值冲突,法律适用方面亦不具有特别的缺陷。其次,将旧法归入民法典与该法典的再整合并无关系。[②] 反对整合方式的学者则担忧,概括地编入债法总则可能会对合同自由的基本原理造成一定程度的冲击。

---

① Hennrichs, in: Dauner-Lieb/Heidel/Lepa/Ring (Hrsg.), Schuldrecht (Anwaltkommentar), Vor § 305ff., Rn. 4.

② Ulmer, Das AGB-Gesetz: ein eigenständiges Kodifikationswerk, JZ 2001, S. 491ff.; Wolf/Pfeiffer, Der richtige Standort des AGB-Rechts innerhalb des BGB, ZRP 2001, S. 303ff.; vgl. Hennrichs, in: a. a. O., Vor § 305ff., Rn. 6.

三、修订的主要内容与体系

（一）修订的主要内容

《一般交易条款规制法》编入民法的部分较之于原规定变化不大，主要作了以下几点内容上的变更：第一，特别规定一般交易条款提供者（Verwender，即经营者）对于残疾人关于一般交易条款的认知方面的责任；[①]第二，在旧法中享有特殊地位的储蓄组合（Sparkasse）等成为普通的适用对象，并降低了邮政、电信服务的特殊地位；[②]第三，一般交易条款的内容不明确、难理解或者存在异议的，推定为对顾客不利；[③]第四，禁止排除因过失侵害生命、身体、健康等的责任条款；[④]第五，劳动合同适用一般交易条款；第六，一般交易条款在大部分情形下，既适用一般交易条款章节的规定，也适用消费品买卖章节的规定。[⑤]

（二）修订法的体系

将《一般交易条款规制法》编入修订民法具有两方面的意义：一是响应债权法的修订；二是响应欧盟整编国内法的指令。此次整合将旧法中的实体法内容作为一整章加以编入，其排列方式与以往大不相同，依其先后顺序，分别为：一般交易条款的定义（第 305 条第 1 款），此时应当同时考虑第 310 条第 3 款关于消费者合同的特别规定；一般交易条款在合同中的适用情况（第 305 条第 2 款、第 3 款，第 305a 条）；个别约定效力的规定（第 305b 条）；不可预见及不确定的一般交易条款（第 305c 条）；法律效果的规定（第 306 条）；核心条款——一般交易条款的内容规制（第 307 条第 1 款、第 2 款）及对一般交易条款的内容规制的限定（第 307 条第 3 款）；个别的禁止条款（第 308 条）；关联规定（第 309 条）及适用范围（第 310 条）。

（三）解释修订法的基本观点

鉴于将旧法规定作为一整章加以编入的目的，在解释相关规定时应考虑两点：一是在实现债权法现代化的过程中，为了提高法的体系性才将该法整合编入民法典，此次整合并不期待该法内容上的变化，因而，除新设的

① 第 305 条第 2 款第 2 项。
② 第 305a 条（旧法第 23 条第 2 款第 1 项 a、b 及第 3 款）。
③ 第 307 条第 1 款第 2 句（旧法第 9 条第 1 款）。
④ 第 309 条第 7 项 a。
⑤ 第 474 条以下。

规定外，应当维持旧法的解释；二是在消费品买卖合同中，关于一般交易条款的规制应考虑欧盟的指令，此即意味着应在欧盟指令的适用范围内解释修订法的适用范围。[①]

四、对修订内容的具体分析

（一）一般交易条款概念的适用范围

修订民法在债权总则部分设置一般交易条款的定义，因此债权合同以外的一般交易条款是否属于第 305 条规定的范围值得讨论。这一问题与有关民法典结构的争论密不可分，因如考虑到《一般交易条款规制法》的概念适用范围，不应将其归入债权总则而应归入民法总则。[②] 而现行结构下，虽于债权总则中规定该定义，然不属于债权合同形态的其他类型亦应按照类推原则适用第 305 条以下的条文。如此规定的目的仅在于，强调其重点适用的领域为债权法，而并不排除其他类型一般交易条款对第 305 条以下规定的适用。[③] 因此，除第 310 条规定以外的所有一般交易条款都适用第 305 条规定。

（二）一般交易条款订入合同

修订民法第 305 条系承继旧法第 1 条、第 2 条的规定。一般交易条款本身不具有法律拘束力，因此欲使其发挥法律效力，应当通过法律行为使之成为合同的内容。欲使一般交易条款成为合同内容，必须满足三个要件：其一，应当明示一般交易条款或者以使人得明确获知的方式说明；其二，相对方应该处在能够认知一般交易条款内容的状态；其三，相对方同意按照该内容缔结合同。修订民法关于第二个要件增加了新内容，即第 305 条第 2 款第 2 项规定，有关相对方对合同内容具有认知可能性（Kenntnisverschaffung）[④]的旧规定，不适用于认知能力受限制的残疾人特别是视力残疾人，对于此人群，简单的交付一般交易条款或者当面提示尚不充分。根据修订民法，当一般交易条款的提供者能够知道相对方的残疾情况时，

---

① Hennrichs, in: Dauner-Lieb/Heidel/Lepa/Ring(Hrsg.), Das neue Schuldrecht, Ein lehrbuch, 2002, S. 191.

② Vgl. Wolf/Pfeiffer, Der richtige Standort des AGB-Rechts innerhalb des BGB, ZRP 2001, S. 304.

③ Hennrichs, in: a. a. O., S. 192.

④ 具备认知可能性的标准为普通人的平均水平。BGH NJW 1983, S. 2773; Palandt/Heinrichs, § 305 Rn. 39, 61. Aufl. (Erg. Bd.)

不能按照一般方法提示,而应当采用适当方法使该残疾人至少能够获知合同的具体内容。[①] 例如,相对方为视力残疾人的,应当为其朗读合同,或者通过其他设备使其获知合同内容。[②] 但是,精神上残疾的不适用上述条款,因该条款的目的仅在于使一般交易条款提供者履行使相对方知悉具体内容的义务,并不负有使相对方理解并熟知合同内容的义务。[③]

修订民法第305a条作为第305条的例外,规定对于特别情形下的一般交易条款,没有特别提及或者不具备知晓具体内容的可能性,也可以构成合同的内容。《一般交易条款规制法》中存在类似规定,[④]但是相比之下,修订法对于例外的限定更为严格。

第305a条认定的例外对象有两种:一是邮政或者电信服务领域的合同。其中,在邮政合同的情况下,顾客将信件投入邮筒缔结邮政运送合同的,可以不具备第305条规定的对一般交易条款的明示要件,因已经通过公报告知的一般交易条款可以直接成为合同的内容。[⑤] 相比旧法规定,其范围缩小了不少,旧法规定,投入邮筒而缔结的邮政合同和与之相关的所有邮政合同,通过公报告知的,均属例外情形。[⑥] 在电信服务领域,以所谓的"call-by-call"形式缔结合同或者缔结信息提供合同(Mehrwert[⑦] und Informationsdienst)等,通过一次性电话联系提供当场服务[⑧]的情形下,难以期待当事人在缔结合同之前对具体内容加以认知,[⑨]亦不符合简便、及时获得服务的宗旨。因而,对于已经通过公报告知,且在其营业场所内任何人均已知悉该内容的,不适用第305条规定。旧法中,联邦邮政局旗下的电信公司提供的电信服务合同,其内容已经公报告知且获得确认的,均属例外情况。[⑩] 二是经主管的行政机构许可或者依据国际条约公布的铁路运

① 该条的核心是对残疾人的特殊照顾,但不是将一般交易条款作为合同的内容而成为特别考虑的对象。BT Drucks.,14/6857,S.15 zu Nr.40.

② V. Westphalen, AGB-Rechte ins BGB, NJW 2002, S.13.

③ Hennrichs, in: a. a. O., S.194(§6, Rn.18).

④ 《一般交易条款规制法》第23条第2款第1项、第1项a、第2项b、第3项。

⑤ 因此在邮局窗口缔结的合同适用第305条第2款规定。

⑥ 《一般交易条款规制法》第23条第2款第1项b。

⑦ 电话向导或者德国的0190开头的收费电话服务属于此类规制对象。V. Westphalen, AGB-Rechte ins BGB, NJW 2002, S.15.

⑧ BT-Drucks. 14-6040, S.153.

⑨ BT-Drucks. 14-6040, S.153.

⑩ 《一般交易条款规制法》第23条第2款第1项a。

价表和实施细则；旅客运送法许可的有轨电车、无轨电车及定路线的交通工具，当其运输条件成为运输合同的内容时，亦排除适用事先认知可能性要件。由此，在此类例外情形下，第305a条的规定在同意原则（Konsensualprinzip）下即可适用。

依据旧法，银行（Bausparkasse）、保险人（Versicherer）、投资公司缔结的住宅储蓄合同（Bausparvertrag）、保险合同（Versicherungsvertrag）以及与投资股东缔结法律关系时，相对方不具备关于一般交易条款的认知，但是主管行政机构承认的，该一般交易条款可以适用。[①] 修订民法则删除了这类特殊规定，因而在上述情形下，相对方应具备关于一般交易条款的认知。

以经营者、公法上的法人为相对方的交易，以及公法上的建筑物利用关系等中的一般交易条款，排除第305条的适用，与旧法同。

（三）对不明确条款（Unklarheitenregel）的解释标准

修订民法对于一般交易条款解释标准未作变动，仍是以一般人的平均认知能力，而非以具体意思表示的受领者的主观认知为标准。修订民法第305c条第2款是旧法第5条的规定，即对一般交易条款的解释产生歧义时，应采用对经营者不利的解释标准。对于内容的规制，其实质也是对一般交易条款的解释，当存在多种解释时，先进行对经营者不利的解释，再依内容规制的规定，进行补充适用。

（四）一般交易条款的内容规制

1. 概况

修订民法第307条至第309条是有关一般交易条款的内容规制方面的规定，承袭了旧法第8条至第11条的内容。

对于一般交易条款的内容规制，首先应当确定哪个条款属于规制的对象，然后按照"特别"应优于"一般"的方法论，适用第309条、第308条或第307条第2款及第1款的规定。值得一提的是，作为一般条款新设的第307条，相比旧法，发生了质的变化：其一，确立了明确性原则；其二，该条第2款第1项、第2项是有关内容规制的规定。

2. 明确性原则

明确定原则，又称为透明性原则。修订民法第307条第1款、第2款采用了旧法第9条，其中第2款第2句增设新内容明确性规定。即"非为

① 《一般交易格式条款法》第23条第3款。

明确并难以理解的一般交易条款，对契约相对人造成不适当的不利益”。明确性要求是在《欧盟指南》第4条第2款及第5条第1句有关消费者契约之权利滥用条款中明确提出。其中，第5条第1句作为消费者契约中拟定契约书的标准提示“文献的明确性和理解可能性”。这一原则在旧法上未有明文规定。其理由为，在德国1988年联邦最高法院判决承认明确性原则后，在此后的判决中广泛被承认，成为事实上的规制规范，无须再在《一般交易条款规制法》中明文规定。但即使如此，后来新民法典明确这一原则的直接原因是欧盟大法院判决。该判决指出，会员国在本国法反映欧盟指南时，如果认为该规范的实质性内容已经充分反映在本国判例法，而未作具体的立法，则视为未充分履行其义务。因此，可以认为德国在新民法典予以明文化是遵循欧盟大法院的最新判例。

至于“明确且易理解”是否妥当，尚存争议。在法律上认为精确的用语，对一般人而言往往是难以理解，而表面上已理解的表述，在法律上往往又不清楚，其含义过于宽泛，或者过于褊狭。但由于这一表述出自欧盟指南，因此对其解释上应当根据欧盟指南的精神予以解释。

这一原则亦适用于给付说明、价格协议以及其他明确给付内容或者应付报酬的一般交易条款（第307条第3款第2句）。

3. 无评价可能性的条款禁止（Klauselverbote ohne Wertungsmöglichkeit）①

修订民法第309条的内容规制是有关无评价可能性条款的禁止规定。该条承袭了旧法第11条的内容，并在此基础上，加入了合同法中给付障碍制度的变更、相关判例的部分内容及旧法第23条的例外规定。比如第309条第5项b中纳入了判例的内容，即没有明示允许对方证明一般交易条款中规定的损害赔偿额少于实际发生的损害时，该一般交易条款无效。依旧法规定，则可能会产生误解，即只有在经营者明示阻止证明损害发生的情况下，该一般交易条款方被禁止。从法条文字上看，似乎修订法对于经营者更为严苛，但在内容上更为明确，不易产生误解。

第309条第7项和第8项的规定是在旧法第11条第7项至第10项规定的基础上，按照关于买卖及承揽合同中的给付障碍法的部分内容修订的，作了个别用语及内容的变更：

首先，旧法第11条第7项至第10项是按照违反义务的种类规定的，

① 该条文的标题与第308条的标题相对应，第308条中所说的可以作出价值评价的情形，即指使用不确定的概念时需要法官的价值评价，反之就不可以作出价值评价。

如给付不能、给付迟延、主给付的侵害及担保责任;而修订民法第7项、第8项是按照过失的种类、损害的种类、责任排除请求权的种类的区分加以规定的。① 其次,第309条第7项以旧法第11条第7项的内容为主,以产生损害赔偿权的给付障碍为规制对象,其中新设了侵害生命、身体、健康的责任不能排除的规定,与其他排除责任的损害相区别。由此,对于侵害生命、身体、健康的,即使是轻微的过失(bei leicher Fahrlässigkeit)亦不适用免责条款。② 在旧法中,类似的内容是通过判决,对法条进行符合欧盟指令的解释确立的。最后,修订法不以对于合同的违反(Vertragsverletzung)作为基本要件,而是变更为义务的违反(Pflichtverletzung),义务的违反则包含了所有基于义务违反的给付障碍。③ 对于其他的损害,修订民法与旧法相同,只禁止重大过失及故意(bei grober Fahrlässigkeitbzw. Vorsatz)时的责任排除条款。

第309条第8项规定了在违反义务情形下的其他责任排除条款,该项亦包含了根据买卖合同法的新理念提出的有关给付瑕疵物的情形。第8项在a中"合同解除权利的排除"的标题下,规定旧法第11条第8项(给付迟延和给付不能)及第9项(部分迟延和部分不能)的内容,在b中"瑕疵"的标题下,规定旧法第11条第10项的禁止规定。

第309条第8项a的适用对象是,一般交易条款提供者对义务的违反具有可归责事由的情形下,另一方当事人解除合同的权利。④ 但是,非基于一般交易条款提供者责任的合同解除权可以被限制或排除。⑤

旧法第11条第8项中关于损害赔偿的责任排除规定,既可以依据修订民法第309条第7项,也可以依据旧法第9条第2款第2项(修订民法第307条第2款第2项)规定,在违反合同本质义务的情形下完全排除责任的一般交易条款无效。

第309条第8项b承继旧法第11条第10项的规定,即排除新制作物及承揽物的瑕疵责任的一般交易条款无效。该条于经营者之间的合同关系上有存在意义,因而被继承。但是,欧盟指令将消费资料的买卖及承揽

① BT-Drucks. 14-6040, S.155.
② BT-Drucks. 14-6040, S.156.
③ V. Westphalen, AGB-Rechte ins BGB, NJW 2002, S.21.
④ BT-Drucks. 14-6040, S.157.
⑤ Hennrichs, in: a.a.O., S.199. (§6, Rn.38).

中瑕疵买受人的请求权作为强制性规定，如果考虑该指令规定，该条文将会丧失其独特的意义。经营者之间的交易不会依据第 310 条第 1 款的规定而直接适用第 309 条。因此第 309 条第 8 项 b 的适用对象缩小到个人之间关于新物品的买卖合同和建设合同，建设合同亦受同条文 b) bb) 限制。因此，该条文的主要适用对象为与经营者的交易中，对其个别禁止条款的价值判断在第 307 条所规定的一般内容统制范围内发生影响力的间接情形（Ausstrahlungswirkung od. Indizwirkung）。①

第 8 项 b 规定的各项目中修复（Nachbesserung）、完全物及代替物的给付（Ersatzlieferung）变更为补充履行（Nacherfüllung）。

第 8 项 b) ff) 的标题变更为“消灭时效的轻减”。旧法中，法定瑕疵担保期间的缩短一律认定为无效，修订法则按照具体情形分别作出规定，具体如：对于建筑承包标准一般交易条款 B 篇（VOB/B）的全部规定作为一般交易条款内容，关于引起建筑物瑕疵的建筑材料②禁止依据一般交易条款缩短时效。除此之外，不属于消费品买卖的情形，新物买卖或者承包合同中瑕疵为理由的请求权的时效不能缩短为 1 年以下。修订法就禁止缩短消灭时效采与旧法相同的立场，③即包括直接缩短时效和间接缩短时效的情形。一般情况下，一般交易条款在缩短消灭时效的同时多对责任进行了限制，因此第 309 条第 8 项 b) ff) 和第 7 项同时适用。④

第 309 条第 8 项 b 的规定并不适用于二手货买卖，故而，在二手车买卖等情形下，即便完全排除消灭时效也不违反 b) ff) 的规定。⑤ 但是，当二手货是作为以经营为目的的标的物出售于消费者时，适用第 475 条第 2 项后半部分规定。⑥

旧法第 11 条第 11 项禁止特别进行担保的物的责任排除，其基本思路已为修订民法第 444 条充分体现，故不再设相应的规定。

4. 禁止评价可能的条款（第 308 条）

修订民法第 308 条与旧法第 10 条规定相对应，仅在表述方面发生了

---

① Hennrichs, in: a. a. O., S. 199.（§6, Rn. 40）.

② 第 438 条第 1 款第 2 句，第 634a 条第 1 款第 2 句。

③ Vgl. BGHZ 122, 241.

④ BT-Drucks. 14-6040, S. 159.

⑤ BT-Drucks. 14-6040, S. 159.

⑥ 二手货当做以营业为目的的标的物出售的还要考虑适用第 309 条第 7 项、第 307 条第 2 款第 2 句、第 444 条的规定。

变化。例如，第 1 项、第 2 项、第 5 项均是对旧法第 23 条第 2 款第 5 项的例外条款的重新整理，不存在内容上的变更。

5. 依据第 307 条第 1 款、第 2 款的内容规制

第 307 条第 1 款与第 2 款为一般交易条款的核心，同时规制第 308 条、第 309 条未规定的内容，考虑到修订民法并未对此种一般条款的意义进行变更，因此在内容上亦未作变化。

但是修订民法关于第 307 条第 2 款第 1 句作为适用准据的"法律规定的基本思想"的内容，存在整理。立法者根据欧盟的指令，将关于消费品的法律置于民法典的做法，体现了将欧盟指令的基本价值渗透于买卖合同的理念，因此从结果上看，第 307 条第 2 项第 1 句所说的"法律规定的基本思想"，如将其适用于经营者间的买卖，会妨碍企业之间的合同自由，因此，企业之间的交易应当另行规定。[①] 但是这种观点在立法过程中并未体现出来，由此导致争论。虽然消费品买卖的规定被置于买卖合同篇，但与其他规定相分离，具有独立性，消费品买卖旨在保护买受人，其利害关系不同于企业之间的买卖，且第 310 条第 1 款第 2 句的后半部分规定应当考虑商事交易的特殊性等，故而，欧盟指令的基本价值不会渗透到企业之间的交易中。[②]

（五）适用范围

修订民法第 305 条至第 309 条的规定适用于所有类型的一般交易条款，但是第 310 条规定了例外情形及修订的内容。依据第 310 条，在继承法、亲属法及公司法中排除适用第 305 条以下的规定，然以与生存有关的给付为内容的合同，不排除其适用。

就适用范围方面，修订法与旧法存在较大差异的是劳动合同部分。较之于旧法，第 310 条扩大了个人劳动合同对一般交易条款的适用。[③] 其目的在于消除因联邦法院内部各裁判部的不同判决造成的法的不稳定性。[④]

---

① H. P. Westmann, Das neue Kaufrecht einschließlich des Verbrauchsgüterkaufs, JZ 2001, S. 531; Dauner-Lieb, Die geplante Schuldrechtsmodernisierung, JZ2001, S. 13; vgl. auch Schwab/Witt (Hrsg.), a. a. O., S. 232f.

② Hennrichs, in: a. a. O., S. 201f. (§ 6, Rn. 47)

③ 《一般交易条款规制法》的适用对象中排除劳动合同的理由在于，劳动法中已就劳动者保护作了专门的规定，有关团体协定的规定亦为详备，因此得通过劳动法加以体系性的规制。Ulmer/Brandner/Hensen, AGB-Gesetz, 9. Aufl., 2001, § 23, Rn. 3.

④ BT-Drucks. 14-6857, S. 54 zu Nr. 50.

即尽管联邦法院坚持劳动合同不能直接适用旧法第 23 条第 1 款规定,[①]但仍有裁判部就劳动合同的内容规制援用了旧法的基本观念并作出判决,[②]倘若其他裁判部严格排除适用旧法的规定,[③]就会造成法律的不稳定。对此,多数说[④]认为对于劳动合同的内容规制,从对劳动者的保护不应弱于私法上的保护角度而言,[⑤]应当准用旧法的规定,将使用人自行制订的劳动合同作为一般交易条款的规制对象。但是根据修订法,立法者并未将旧法的全部规定都适用于劳动合同,即第 310 条第 4 款第 2 句中规定"在适用于劳动合同时,必须适当考虑劳动法上的特别规定",应事先考虑劳动合同的特殊性进行适用上的限制。[⑥] 以上是关于禁止条款判断第 308 条和第 309 条的适用范围时必须考虑的问题。[⑦] 此外,旧法的程序性规定与劳动合同的性质不同,因此《不作为诉讼法》第 15 条不适用于劳动合同。[⑧]

与劳动合同不同,团体协约和经营协定鉴于其具有自律性,[⑨]被排除于适用范围之外。但劳动合同包括在一般交易条款的规制对象范围后,团体协约和经营协定即享有作为该法对劳动合同的规制基准的地位。[⑩] 对此,明文规定的理由是,在大部分情形下,劳动合同准用团体协约和经营协

① BAG v. 29. 11. 1993-5 AZR 153/93, AP Nr. 11 zu §611 BGB Mehrarbeitsvergütung. 联邦法院依据第 242 条与第 315 条的规定,必要时规制劳动合同的内容。

② BAG v. 29. 11. 1995-5 AZR 447/94, AP Nr. 1 zu §3 AGB-Gesetz = BAG DB 1996, S. 989. (该判决承认了意外条款的规制,但是否认其为合同构成部分的问题,这是依据 AGBG 第 3 条的类推适用抑或依据《德国民法典》第 242 条及一般法观念所得的结果尚无法确知。) auch BAG v. 18. 8. 1998-1 AZR 589/97, NZA 1999, 659, 661.

③ BAG v. 13. 12. 2000-10 AZR 168/00, ZIP 2001, 801 = NAZ 2001, 723.

④ MünchArbR/Richardi, 2. Aufl., 2000, §14, Rn. 73f.; Zöllner, Immanente Grenze arbeitsvertraglicher Regelungen, RdA 1989, S. 159f.; Gamillscheg, Kollektives ArbR I 1997, S. 151; Preis, Grundfragen der Vertragsgestaltung im Arbeitsrecht, 1992, S. 237ff.; vgl. Ulmer/Brandner/Hensen, AGB-Gesetz, 9. Aufl., 2001, Rn. 4 m. w. N.

⑤ BT-Drucks. 14-6857, S. 53f. zu Nr. 50; BT-Drucks. 14-7052, S. 189 zu §310 Absatz 4.

⑥ 其宗旨不在于劳动法上的习惯及惯例优先于第 307 条以下的规定,而在于应当考虑劳动关系存在的特殊性。

⑦ BT-Drucks. 14-6857, S. 54. zu Nr. 50. 详细的说明可以参考: Gotthardt, Der Arbeisvertrag auf dem AGB-rechtlichen Prüfstand. ZIP 2002, S. 277ff.

⑧ BT-Drucks. 14-7052, SS. 189. (zu §310 Absatz 4), 209 (zu §15).

⑨ 团体的自治制度也是与一般交易条款规制原理一并具有恢复实质的意思自治的制度特征,从这个角度看团体协定只受法律的统治。Däubler, Die Auswirkungen der Schuldrechtsmodernisierung auf das Arbeitsrecht, NZA 2001, S. 1334.

⑩ 第 310 条第 4 款第 3 句,第 307 条第 3 款。

定规定的内容,因此对劳动合同的规制导致对团体协定的间接规制。[①]

(六) 溯及效力

修订民法中的一般交易条款的规定只适用于 2001 年 12 月 31 日之后缔结的合同。[②] 于该日期之前缔结且效力终止或期间届满的,于该日期后得继续发挥效力或者在上述期间后对合同的适用对象及适用期间等重要内容作变更的或者双方同意适用新规定的,适用修订后的法律。

第四节　特殊销售方式中的消费者保护

一、概述

面对访问销售、通信销售、电子交易等新型销售方式,为保护消费者,德国修订民法在《一般交易条款规制法》外,吸纳了许多其他与消费者保护有关的特别法。其中重要的变化就是将原来的《访问销售法》、《通信销售法》(类似于我国的邮递销售或者厂家直销)以及欧共体的《电子商务立法指南》统一起来,以"特别销售方式"为专节(即修订民法第 312 条至 312f 条)进行集中规定,其主要内容是强化消费者的解约权(第 312 条)以及知情权(第 312e 条)。将访问销售、通信销售以及电子购物等新兴的销售方式纳入民法典中,可谓德国法的创举,其是否代表了未来民法典的走向,值得期待。

修订民法第 312 条至第 312f 条中接受了《关于访问销售及类似的交易中撤回的法律》(Gesetz über den Widerruf von Haustürgeschäften und ähnlichen Geshäften)(简称《访问销售法》,Haustürwiderrufsgesetz)和《通信销售法》(Fernabsatzgesetz)的相关内容,并对电子交易中缔结的合同作特别规定,以达到以下三个目的:[③]第一,方便法律工作者适用法律。修订前为了解决具体的案例,需参看民法典以外的诸多民事特别法,现只需参阅民法典。第二,防止单行法间或单行法与民法典间的冲突及法理上的混乱。值得一提的是,2000 年 6 月 27 日关于通信销售的立法中,统一了撤回

① BT-Drucks. 14-6957, S. 54. zu Nr. 50.

② Art. 229 § 5 EGBGB.

③ Schmidt-Räantsch/Maifeld/Meier-Göring/Röcken, Das neue Schuldrecht, 2001, S. 290.

权和返还权的定义，向消费者保护法的系统化迈出一大步。[①] 第三，访问销售、通信销售、电子交易中的合同规定在债权总则部分，因而即使不在营业场所或者实体店面形成的债权关系也受到普遍约束。

第312条和第312a条系关于访问销售合同的内容，主要目的在于防止缺乏交易经验的消费者因法律规定的直接销售而遭受不利。如果经营者与消费者之间订立的有偿服务合同符合312条第1款中列举的三种情形之一，消费者依法享有法律所赋予的撤回权或者返还权，经营者则负担向消费者告知撤回及退货的法律后果和当消费者在规定期间内行使撤回权后无条件接受的义务。

第312b条至第312d条系关于通信销售合同的规定，凡经营者与消费者在远程交易组织销售或服务系统范围内订立的合同，且在合同订立过程中使用远程通讯手段的，均受该部分法律调整。在此类合同中，经营者应当在规定的时间内，以文字形式履行相应的告知义务，消费者则享有一定期间和条件下的撤回权与返还权。

欧盟《电子商务指南》的内容被集中规定在第312e条中，主要调整以电子通讯方式订立的合同，该部分的交易方式涉及较高的技术要求和特殊手段，故其保护对象不限于消费者，而是顾客，因而当经营者为顾客时，其亦受保护，但消费者仍享有更多的权利。

我国《消费者权益保护法》第46、47条仅列举邮购和预付款两种特别销售方式，涉及内容过于狭窄，且仅规定违约救济，难以涵盖现今社会多样的特殊合同类型。参考德国的修订民法，至少应将访问交易和通信交易（包括邮购）两种销售方式列入法律保护框架，同时赋予消费者一定期限的撤回权，以实现信息平衡，保护其利益。

二、访问销售

（一）规制目的

修订民法第312条和第312a条的规定赋予消费者摆脱因受引诱或未

① 保护营业场所之外进行的交易中的消费者的EU规定有：1985年12月20日签订的《保护营业场所之外进行的交易中的消费者的有关指南》（Richtlinie 85/577/EWG）、1997年5月20日《通信销售中保护消费者的指南》（Richtlinie 97/7/EG）、2000年6月8日《电子商务指南》（Richtlinie 2000/31/EG），有关特殊销售模式的民法规定（第312条以下）是将此类立法规定整合归入其中。

经思索而签订的合同的权利，由此保护在营业场所外签订合同的消费者，解释第312条时应适当考虑1985年《保护营业场所之外进行的交易中的消费者的有关指南》的规定。[①]

《访问销售法》第2条是关于撤回期间终止的规定，但已被删除。原因在于，消费者接受商品同时支付对价的，即使未被告知具有撤回权，仍可限制撤回权对消费者的保护，此外，依该法条，支付对价期间未被告知撤回权的消费者，亦非一直具有此权利。因而立法者认为此规定已无续存必要。[②]

（二）消费者的撤回权和返还权

访问销售是经营者与消费者在营业场所之外，以有偿的交付为目的（个别内容参照第312条第1款）签订合同的情形。此时即使消费者具有第355条中规定的撤回权，亦不得作不利于消费者的约定（第312f条第1句）。在经营者和消费者之间的交易关系需要维持的情况下，可以第356条的返还权替代撤回权。

有关撤回权与返还权的规定，不适用于保险合同。此外，消费者提前预约，签订合同的同时支付对价且金额不超过40欧元，消费者的意思表示已被公证的情形亦不适用撤回权和返还权（第312条第3款）。

（三）经营者的告知义务

经营者应当向消费者告知撤回权和返还权并作说明，同时说明第357条规定的法律效果。

三、通信销售

（一）概述

修订民法第312b条、第312c条照搬《通信销售法》[③]第1条和第2条的内容，第312d条与该法第3条在本质上相同。该法不适用于居间合同，但是消费借贷居间合同（Darlehensvermittlungsverträge）除外，因而，此情形下经营者负有告知说明义务、消费者具有撤回权（参见第312b条第3款第3项）。[④] 关于消费者金钱借贷居间合同，在居间合同中另行规定（第655a

---

① Dauer-Lieb/Heidel/Lepa/Ring(Hrsg.),Das neue Schuldrecht,2002,S.354.

② BT-Drucks.12/6040,S.167.

③ 《通信销售法》是2007年6月27日按欧盟《通信销售中保护消费者的指南》(97/7/EG,98/27/EG)制定的。

④ BT-Drucks. 14/6857,S.55, Nr.56.

条至第655e条)。

(二)经营者说明义务

第312c条第1款承继了《通信销售法》第2条的内容,规定了经营者的事先明示义务,即说明合同的核心内容、经营者的身份及交易目的,此类说明必须简单明了。经营者向消费者说明的事项,即为民法试行令第240条"关于提供信息义务试行令"第1条第1款的列举事项,具体包括:经营者的身份和地址、商品或者服务的本质特征、缔结合同的方式、合同的最短期间(长期或者定期反复交付的情形)、商品或者服务的价格(价格的构成要素、运费等问题)、撤回权和返还权等(§7 Abs. 1Informationspflichten VO, BGB-InfoVO)。告知的信息应在商品到达消费者之前以文本的形式作出(第126b条)。

(三)消费者的撤回权和返还权

通信销售合同中,消费者具有撤回权,需要交付标的的合同则以返还权替代撤回权(第312d条第1款)。在提供服务的合同中,经营者取得消费者的明示同意后,在撤回权行使期间已着手提供服务或者消费者引诱其着手的,撤回权消灭(第312d条第3款)。对于销售的商品是按照消费者的要求制作的或者短时间内容易腐蚀等不适合赋予撤回权的情形,修订民法以列举的方式加以排除(第312d条第4款)。如约定以返还权替代法定撤回权的,原则上商品返还后消费者可以解脱合同的约束,此情形下,返还时的运费和风险由经营者负担(第357条第2款第2句)。

四、电子交易

(一)概述

修订民法第312e条是关于电子交易中经营者义务的规定,其承袭了2000年6月8日欧共体立法指南(Richtlinie 2000/31/EG)中第10条和第11条的内容。立法指南要求,利用电子媒介从事交易的经营者在提供信息的同时按时处理订单。

第312e条以电子交易合同为适用要件,适用于利用通信或媒体销售商品或者提供服务的合同。电子交易合同与访问销售及通信销售合同的区别在于,其不仅适用于经营者和消费者之间,还适用于经营者和经营者之间。第312e条中信息提供义务存在于合同缔结之前与合同履行之后,从而更为有效地保护顾客。但是该法关于电子交易的规定完全是照搬欧盟的立法指南，对此，亦存在诸多争议，即如此规定能否保持民法典的系统性，对实务又会产生何种影响。[①]

（二）经营者对顾客的义务

经营者应当提供适当有效的技术手段，在顾客下错订单时能提示出错并修改（第312e条第1款第1项）；将民法试行令第2条（§2 BGB-InfoVO）关于信息提供义务中规定的事项告知顾客（第312e条第1款第2项），该告知事项包括至合同签订时的具体的技术性过程、已经缔结的合同内容的保存及是否公开、为提示及修改订单瑕疵提供的技术手段、合同使用的语言等（§3 BGB-InfoVO）；以电子的形式及时告知对方订单已形成（第312e条第1款第3项）；提供缔结合同时得下载包括一般交易条款在内的合同内容，并以可再现的形式保存的技术（第312e条第1款第4项）。

但是第312e条第1款第1项至第3项的规定不适用于经营者和顾客通过私人接触的方式订立的合同。在不是消费者的合同当事人之间另有约定的，亦不适用（第312e条第2款）。

经营者不履行第312e条第1款中规定的义务时，合同仍有效，当经营者违反义务或合同内容不利于顾客时，消费者可以经营者违反信息提供义务为由，请求其承担缔约过失责任（第311条第2款）。[②] 顾客具有第355条规定的撤回权时，应自上述义务履行后开始起算撤回期间（第312e条第3款第2句）。

五、撤回权与返还权

（一）概况

修订民法第355条至第359条是关于消费者合同中消费者行使了撤回权或者返还权后适用清算的规定，其内容虽与旧民法第361a条和第361b条没有本质区别，但因其适用于民法典中所有关于保护消费者的撤回权，故而具有不同的意义。具体内容包括：消费者合同中撤回权和返还权的行使方式与期限（第355条和第356条）、撤回和返还的法律效果（第357条）、撤回和返还在混合合同中的效力和混合合同中的抗辩权（第358条和第359条）。

---

① 在民法典修订的讨论过程中，反对第312e条的人不在少数。

② Palandt, Gesetz zur Modernisierung des Schuldrechts, 2002 (Ergänzungsband zu Palandt, BGB 61. Aufl.), §312e, Rn. 11.

（二）消费者合同中的撤回权

1. 撤回权的性质

撤回权是指消费者依自己的意思表示将有效成立的消费者合同恢复原状的权利,具有形成权的性质。撤回权可以被继承也可以与消费者合同的权利义务一同转让。① 在规定撤回权的第 361 条被纳入旧民法之前,单行消费者法律之间规定不一,且关于消费者保护的欧盟立法指南也混用了撤回(《关于通信销售的立法指南》第 6 条)和解除(《关于访问销售的立法指南》第 5 条)的概念。

消费者行使第 355 条规定的撤回权后可不再受其意思表示的约束,即所谓待定有效(schwebende Wirksamkeit)的形成权,因而消费者撤回之前其意思表示有效,撤回后无效。然撤回后的意思表示无效是否具有溯及效力(ex tunc)抑或是向将来无效(ex nunc),法条未予明确。法条规定的"不再具有约束力"(nicht mehr gebunden)及撤回的效果,从解除的角度解释,是对将来的无效。因此消费者的撤回权是对法定解除权(modifiziertes Rücktrittsrecht)的修订。②

即使是可以行使撤回权的消费者合同,撤回之前合同仍有效,双方当事人都具有履行请求权,但消费者可在法定撤回权行使期间拒绝经营者的履行请求权,经营者也可约定于撤回权行使期间届满后交付标的。撤回权消灭后消费者合同完全有效。

2. 撤回期间

统一消费者保护法律规定的撤回权期间为两周,超过了欧盟立法指南规定的期间(7 个工作日)。在利于消费者的前提下可以另行约定期间,但不能少于两周,因而,此意义上的两周为法定最短期间。撤回的意思表示须于适当的时间发出,其迟延到达的风险由经营者承担,是否到达的风险则由消费者承担。

修订民法中新设了第 355 条第 2 款,即于合同缔结后告知消费者撤回权的,撤回期间为一个月。由此,若经营者未事先告知,撤回权起算点是消费者接到明确的文本通知时(该条第 1 款第 1 句),但是在通信销售中的起算点是经营者履行信息提供义务时(第 312c 条第 2 款)。

---

① Dauner-Lieb/Heidel/Lepa/Ring(Hrsg),Das neue Schuldrecht,2002,S. 401.

② Dauner-Lieb/Heidel/Lepa/Ring(Hrsg.),a. a. O., S. 403.

3. 撤回方式

消费者提出撤回无须说明事由,仅须作出不承认合同效力之意思表示,因此不使用撤回的概念亦可。依据第126b条规定,撤回得以文本形式或者返还已受领商品的方式作出,此处的文本形式包括书面形式及邮箱传真等电子文件形式,但是口头表示不产生撤回的效果,此处的口头方式包括电话及电话留言。①

4. 撤回权的消灭

撤回权于合同缔结后六个月消灭,作此统一规定系基于法律的平等,②即使经营者未告知或者不当告知,也不可无限制承认消费者的撤回权,但是2002年7月23日修改关于消费者规定时,新设了第355条第3款第3句规定的撤回权不消灭的情形。

(三)消费者合同中的返还权

1. 返还权的意义

返还权是通过退回或者要求收回商品(无法包装退回的)的方式实现的,行使返还权时亦无须说明事由。修订民法第356条关于返还权的规定,与旧民法第316b条第1款和第2款第1句至第4句的内容相同。原则上,可以在撤回期间内行使返还权,即其行使期间为14天(较欧盟立法指南规定的7天更为长),返还时的运费及风险则由经营者负担。③

返还权可以代替撤回权的要件为,法律明确规定和当事人的合同约定,于后者情形,应以销售宣传册④为基础缔结合同,并以文本形式告知消费者该返还权,且以消费者可获知其内容的方式作出标示。

2. 返还权的行使

返还权的行使,原则上在退回商品时适用,但作为例外有收回商品要求时亦可适用。退回的运费及风险由经营者负担。若存在退回的可能但仍要求收回的,不能视为行使返还权,不能认定撤回的效力。消费者应当以文本形式向经营者提出收回要求。返还权须在撤回权的行使期间(两周)内行使。

---

① Dauner-Lieb/Heidel/Lepa/Ring(Hrsg.),a. a. O., S. 408.

② BT-Drucks. 14/6040,S. 198. 详细的介绍请参见:Mankowski,Zur Neuregelung der Widerrufsfrist bei Fehlen einer Belehrung im Verbraucherschutzrecht,JZ2001,S. 745.

③ BT-Drucks. 14/2658,S. 122 zu § 361b BGB a. f.

④ 包含商品与交易的所有信息的小册子、商品介绍的邮件、光盘、广告。

行使返还权要求退回或者收回的,其效力与撤回权的行使相同,[①]消费者在合同上的约束力被终止。即退回或者收回要求代替撤回的意思表示。返还权与撤回权相同,且撤回权为法定解除权,因而在返还权行使后,消费者合同即转换为清算关系。

(四)撤回和返还的法律效果(解除规定的准用)

1. 债权关系恢复原状

撤回权和返还权的效力准用法定解除权的规定(第357条第1款),若行使撤回权或者返还权,消费者合同向将来不发生效力(ex nunc Wirkung),消费者合同将转换为恢复原状的关系。双方已交付的应同时返还,转让之物毁损灭失的,须赔偿其价值,消费者已经使用的,须支付消耗价值。但支付消耗价值仅适用于消费者收到文本形式的告知且能避免消耗的情形。若转让之物于检查时即被毁损的,消费者不承担赔偿义务。

行使撤回权和返还权后,当事人之间的法律关系转换为恢复原状的关系,排除行使其他请求权,即以不完全履行、缔约过失、不当得利、侵权行为为根据的请求权,不予认定。

2. 退回义务和费用负担

消费者行使撤回权或者返还权的,有义务退回经营者负担费用和风险的给付物(第357条第2款第2句)。按照风险负担规定,退回过程中物品毁损灭失的,消费者免负返还义务。因此可将撤回时消费者的给付返还义务与经营者的费用负担义务结合为送付债务。例外情形下,行使撤回权的同时负担给付返还义务的订单金额低于40欧元的,得约定由消费者承担退回费用(第357条第2项第3句)。

(五)混合合同中的撤回权

1. 混合合同中撤回的效果(第358条)

修订民法第358条规定,如果消费者合同与其他合同结合,其中一个合同的撤回效力及于其他合同,如此规定,可统一混合合同之间的法律效果。故消费者有效撤回转让商品或服务合同时,与此合同结合的金钱消费借贷合同也被撤回;反之同理。但金钱消费借贷合同支付对价的消费者合同中,消费者行使撤回权或返还权的除外,即以商品或服务的消费者合同为对象的撤回权优先于结合在该合同的金钱消费借贷合同的撤回权。消

---

① Bülow/Artz, a. a. O. , NJW 2000, S. 2053.

费者向提供融资的借贷人撤回混合借贷合同的，视为对商品或服务的消费者合同的撤回。据此，消费者在规定期间内向借贷人撤回金钱消费借贷合同的，视为遵守了与金钱消费借贷合同混合的消费者合同的撤回期间。

若以借贷合同得到融资作为消费者合同的全部或部分对价，两个合同具有经济上的统一性时，消费者合同与金钱消费借贷合同结合为一个混合合同。规制混合合同的内容与《消费者信用法》第9条第1款和《通信销售法》第4条之规定相同。在经营者本人提供融资或借贷人为第三人并极力促成金钱消费借贷的情形，于合同的预备阶段或缔结时认定该经济上的统一性。因混合合同的撤回，导致另一个合同被撤回的，原则上可以适用第357条的撤回权和返还权之规定。但消费者合同的撤回引起金钱消费合同撤回的，经营者不具有向消费者请求支付利息和费用的权利。为了简化当事人之间的清算关系，在借贷合同的借款撤回或返还之前已支付给经营者的，借贷人代为行使混合合同中经营者的权利义务。

2. 混合合同中的抗辩（第359条）

消费者对于商品或服务，具有合同上的抗辩权时，可拒绝依据混合金钱消费借贷合同的借款而返还。但通过消费借贷合同融资金额低于200欧元或消费者合同中的抗辩权于缔结金钱消费借贷合同之后形成的，经营者和消费者之间具有变更合同合意的，不具有拒绝返还权。消费者向不完全履行的经营者要求其完全履行的，消费者在经营者尚未完全履行前，才能拒绝金钱消费借贷合同上的恶意借款的返还。

第五节　消费者信用法

一、概述

修订后的《德国民法典》新设章节（第488条至第507条），专门规制消费借贷合同、经营者和消费者之间的金融援助和分期供给合同。此类规定整合了旧民法典（第607条至第610条）与《消费者信用法》（Verbraucherkreditgesettz）中关于消费借贷的规定。然修订后的消费借贷合同（Darlehensvertrag）仅是指金钱消费借贷合同，有关物的消费借贷合同，则另设专节即“物消费借贷合同”（Sachdarlehensvertrag）（第607条至第610条）予以规定。《消费者信用法》第15条至第18条中规定的“信用居间合同”（Kreditvermittlungsvertrag）在修订民法中被作为居间合同的一种形式，规定在第 655a 条至第 655e 条的“(金钱)消费借贷居间合同”(Darlehens-vermittlungsvertrag)之中。

修订法的目的是实现消费借贷合同的现代化并防止消费者信用法与一般消费借贷合同法渐行渐远。[①] 为此,讨论草案(Diskussionentwurf)将旧民法第 607 条以下和《消费者信用法》的内容归入“信用合同和信用居间合同”这一章节中,再区分“一般规定”、“消费者信用合同”、“信用居间合同”(参照讨论草案第 490 条至第 508 条)。其中“信用合同”(Kreditvertrag)是新的中心概念,立法者欲以其代替消费借贷概念,但此种概念的构想因不符合欧盟立法指南中关于消费者信用的概念,且易混乱概念,故而备受批评。按照立法指南,信用合同是上位概念,而有偿金钱消费借贷合同是信用合同之一,但是在讨论草案中,信用合同作为上位概念使用,有时还被理解为金钱消费借贷合同,由此使最终修订案与草案大相径庭,特别是修订案把物消费借贷合同作为典型合同类型保留,[②]放弃了信用合同这一中心概念。[③]

修订民法在“消费者借贷合同”标题下规定了一般(金钱)消费借贷合同(第 488 条至第 490 条)和消费者消费借贷合同(第 491 条至第 499 条),在“经营者与消费者之间的金融(财政)支援”(Finanzierungshilfe)标题下规定了延迟支付(Zahlungsaufschub)、金融租赁(Finanzierungsleasing)和分期交易(Teilzahlungsgeschäft)(第 499 条至第 540 条)。除此之外,《消费者信用法》第 2 条的内容规定在“分期供给合同”概念之下(第 505 条)。

鉴于我国有关消费者保护的法律对此类问题的规制尚存空白,该部分内容尤值重视。目前消费信贷不断发展,尤其是信用卡分期付款买卖愈加普遍,倘若借贷机构与消费者签订格式合同排除其与基础合同(即消费者与供应商的货物买卖合同)之关联——实际上信贷机构(银行)也正是如此行事,一旦供应商交货不符或不予供货,由于合同既已生效,消费者不得不一面继续还款,一面却得不到相应的对价。此时,银行的风险由保险机构分担,销售商资金业已回笼,唯有消费者抗风险能力最小,却被赋予最重之责任。故而,在消费融资借贷领域,笔者认为可以参考德国立法例,比如

---

① BT-Drucks. 14/6040, S. 251 f.

② 对于讨论草案不取物消费借贷合同的见解存在不少反对意见,有学者认为这种见解根本不是法理上或者法政策上的问题,而仅为个人之好恶。

③ BT-Drucks. 14/6040, S. 252.

通过要物性限制,至少将其作为合同的生效要件,以改善三方实力的巨大差异。

二、消费者消费借贷合同

(一)意义和适用范围

为保护消费者,欧盟通过了关于消费者信用的立法指南,要求各成员国出台相应规定,于是德国于 1991 年 1 月 1 日公布了《消费者信用法》,之后经过多次修订最终归入民法典。

金钱消费借贷合同成为消费者金钱消费借贷须满足三个要件:一是有偿的消费借贷合同;二是借贷人为经营者;三是借款人为消费者(第 491 条第 1 款)。

第 491 条以下的保护消费者的相关规定也适用于为生存、创业或开始营业活动而利用金钱消费借贷合同获取资金的人(Existenzgründer)(第 507 条)。但是借款不得超过 5 万欧元且必须是以生存为目的的营业活动。但是对于低于 200 欧元或者约定利息低于市场利率等情形,不适用消费者消费借贷合同的规定。

(二)保护内容概况

第 492 条至第 498 条规定的保护分为两个阶段。首先是合同缔结时和缔结前,对于不经思考而作决定或对经济负担错误判断的消费者的保护。具体为,规定经营者应以严格的书面形式提供详细信息、违反前述义务时的制裁(参照第 492 条、第 494 条)及消费者的撤回权(第 495 条)。其次是合同缔结后,借款人无法履行时防止其陷入债务负担的保护。消费者消费借贷合同不同于一般消费借贷中对借贷人的保护,其保护履行迟延的借款人,特别是限制迟延损失及将部分给付当成主要债务的偿还(第 497 条),并严格规定迟延引起的终止要件(第 498 条)。

三、消费者信用之新规定

(一)概述

关于消费者信用的欧盟指南不仅适用于消费者金钱消费借贷,也适用于其他所有的消费者信用(贷付)合同,即在信用提供者以延迟支付、消费借贷等其他类似的金融援助方式向消费者提供信用的所谓“信用合同”中适用该指南。根据该指南,消费者信用法的适用对象是包含此类内容的所有经营者和消费者之间的有偿信用合同。但是,此次民法典的整合并未采纳"信用合同"这一上位概念,而把金钱消费借贷合同之一的消费者金钱消费借贷合同规定于第491条至第498条,再把其余的消费者信用合同整合规定于第499条至第504条。[①]

(二)消费者消费借贷合同的准用

所有有偿金融援助的消费者合同原则上准用消费者消费借贷合同(第499条),[②]例外地规定了代理的要式性,故消费者金融援助合同中任何方式都可形成授权,金融租赁合同(第500条)或分期交易(第501条第1句)同理。

"延迟支付"(Zahlungsaufschub)或者"其他金融援助"(sonstige Finanzierungshilfe)是德国法在关于消费者信用的立法指南公布后中引入的新法律用语。延迟支付以三个月以上的有偿延迟支付为要件,其中最重要的类型即是分期交易(第501条)。

根据消费者消费借贷合同准用原则,对其适用的例外规定,亦准用于此。由此,单纯借贷金额低于200欧元的不适用第499条以下规定(第499条第3款第1句、第491条第2款第1项),即低于200欧元的消费者信用合同的情形不适用第491条以下的保护消费者的规定。

四、融资租赁合同

德国民法未对融资租赁合同作明确定义,所谓的融资租赁是指租赁物的使用人支付使用费,而出租人事先负担支付买受该租赁物的价款的义务,但是租赁物的使用人不一定取得租赁物的所有权。

对于融资租赁合同可以准用第499条第1款的消费者消费借贷合同的规定、第499条第2款与消费者合同混合的合同(第358条、第359条)的规定、制作书面合同书和交付副本的义务(第492条第2款、第3款)的规定,以及第495条至第498条的规定。第492条第1款、第5款关于合同书的必须记载事项的规定和第494条关于存在形式瑕疵时的法律效果的规定不予准用。值得注意的是,虽不准用合同书关于必须记载事项的规定,但必须以书面方式进行,否则无效。

① Dauner-Lieb/Heidel/Lepa/Ring(Hrsg.),a.a.O.,S.308.

② BT-Drucks. 14/6040, S.256.

五、分期交易

分期交易合同是指转让特定物或提供一定服务并分期支付(Teilzahlungen)价金的合同。但是,关于分期交易,尽管使用“分期款”这一用语,但不考虑事后是否一次性支付价金或分期支付价金,只要约定迟延支付期限的,均属于分期付款交易。

适用于融资租赁的规定均适用于分期交易,此外,第502条至第504条也是有关分期交易的规定,主要规定应依书面方式订立合同及必须记载的事项,不遵守此规定的合同无效,但商品已转让给消费者或已提供服务的情形承认其效力;消费者迟延履行价金支付义务的,经营者具有解除权;[①]消费者退回商品的行为视为行使解除权;另外,还规定了履行期到达之前履行依据分期交易之债时利息和费用的减轻。

六、分期供给合同

所谓的分期供给合同即分期提供物品并分期支付价金的买卖合同,如订阅报纸、杂志等定期书刊的合同,系以定期提供相同商品或反复取得相同商品为目的的合同。分期供给合同须以书面形式订立,但电子文件形式亦可。[②]

缔结分期供给合同的消费者具有撤回权(第505条第1款第1项、第355条)。

七、临时居住权合同

修订民法第481条以下的规定与《临时居住权法》(Teilzeit-Wohnrechtegesetz)之规定几乎相同。修订民法仅规定了有关临时居住权的基本事项,详细内容则规定在《关于提供信息义务的民法试行令》(BGB-infoVO)之中。

修订民法第481条以下的内容与《临时居住权法》第1条至第3条、第5条、第7条、第9条相应。临时居住权在本质上是权利的买卖(Rechtskauf),修订民法将其另行规定在买卖合同之后。对于居住权的转让,

① 终止或者解除的选择权属于经营者。Dauner-Lieb/Heidel/Lepa/Ring(Hrsg.),a. a. O., S. 315.

② BT-Drucks. 14/7052, S. 203.

除买卖以外可能存在多种方式,即买卖、租赁等债权法上的方式或是物权法上的方式或信托方式等。但不能否认,通过支付价金取得临时居住权的,在法律性质上可将其看做权利买卖,有关临时居住权合同的规定亦明确体现了这种观点。[①] 将临时居住法归入民法典的原因在于:一方面,统一消费者保护法,另一方面,方便消费者找到相应的法条予以适用,此外,亦可防止规定于特别法的临时居住权合同脱离民法的基本原则。[②]

① Schmit-Räntsch/Maifeld/Maier-Göring/Röcken, Das neue Schuldrecht, 2001, S. 574.

② 反对归入民法典的意见主要是:Pfeiffer, Die Integration von "Nebengesetzen" in das BGB, in: Ernst, Zivilrechtswissenschaft und Schuldrechtsreform, 2001, S. 521.

关于约款规制的法律

部分修订 2011.3.28

第一章 总 则

第1条 (目的)

为防止经营者滥用其交易地位上的优势制定或使用含有不公正内容的约款,通过规制含有不公正内容的约款,建立健全的交易秩序,保护消费者并促进国民生活的均衡发展,制定本法。

[全文修订于2010.3.22]

第2条 (定义)

本法所使用的用语的定义如下:

1. 本法所称"约款",不论名称、形态或范围,是一方当事人为与多数相对人订立合同,依照一定形式预先拟定的合同内容。

2. 本法所称"经营者",是作为合同一方当事人,向相对方提议将约款作为合同内容的人。

3. 本法所称"顾客",是作为合同一方当事人,接受经营者提议将约款作为合同内容的人。

[全文修订于2010.3.22]

第3条 (约款制定及说明义务等)

① 为方便顾客理解约款内容,经营者应当用韩文制定约款,并使用标准化、体系化的用语。在制定时,对于约款的重要内容,应当以符号、色彩、粗体和较大字体作出醒目标识,方便顾客认知该内容。[2011.3.29 修订]

② 经营者在订立合同时,应当根据合同种类,以通常可预见的方式向顾客明示约款内容。并根据顾客的要求,交付约款副本,使其了解约款内容。但以下各行业所使用的约款,不在此限:[2011.3.29 修订]

1. 客运业;

2. 电、天然气及自来水行业；

3. 邮政业；

4. 提供公共电话服务的通信业。

③ 经营者应当向顾客说明约款中重要的内容并使其理解。但根据合同性质，说明存在明显困难的，不在此限。

④ 经营者违反第2款、第3款规定订立合同的，不得主张相关约款成为合同内容。

[全文修订于2010.3.22]

第4条 （个别约定优先）

顾客和经营者对于约款事项另有协议的，该协议事项优先于约款适用。

[全文修订于2010.3.22]

第5条 （约款的解释）

① 约款应当根据诚实信用原则进行公正解释，不能对不同顾客作不同解释。

② 约款含义不明确的，应当作出有利于顾客的解释。

[全文修订于2010.3.22]

第二章　不公正约款条款[修订于2010.3.22]

第6条 （一般原则）

① 因违反诚实信用原则而有失公正的约款条款无效。

② 约款内容存在下列情形之一的，推定该约款条款有失公正：

1. 对顾客不当不利的条款；

2. 顾客根据合同的交易形态等诸多情形，难以预料的条款；

3. 因限制合同的本质性权利，致使合同目的不能达到的条款。

[全文修订于2010.3.22]

第7条 （免责条款的禁止）

关于合同当事人责任的约款条款中，存在下列情形之一的，该条款无效：

1. 免除经营者、履行辅助人或被雇用人因故意或重大过失造成的法律上责任的条款；

2. 无正当理由限制经营者的损害赔偿责任范围，或者将本应由经营者承担的风险转嫁给顾客的条款；

3. 无正当理由排除或限制经营者的担保责任，或者加重顾客因该担保责任产生的权利的行使要件的条款；

4. 存在合同标的物样品或者关于标的物品质、性能等标志的情况下，无正当理由排除或限制保障该内容责任的条款。

[全文修订于2010.3.22]

第8条 （预设损害赔偿限额）

不当地使顾客承担过重的迟延损害金等损害赔偿义务的约款条款无效。

[全文修订于2010.3.22]

第9条 （合同解除、终止）

关于合同解除、终止的约款条款中，存在下列情形之一的，该条款无效：

1. 排除或限制法律赋予顾客的解除权、终止权，或者加重其行使要件的条款；

2. 赋予经营者法律未规定的解除权、终止权，可能使顾客遭受不当不利益的条款；

3. 减轻经营者行使法定解除权、终止权的要件，可能造成顾客不当不利益的条款；

4. 无正当理由加重顾客因合同解除或终止而产生的恢复原状义务，或者不当地使顾客放弃恢复原状请求权的条款；

5. 不当地减轻经营者因合同解除或终止而产生的恢复原状义务和损害赔偿义务的条款；

6. 以发生持续性债权关系为目的的合同中，规定的合同存续期间不当过短或过长，或者规定可以延长默示期间或更新合同，为顾客带来不当不利益之虞的条款。

[全文修订于2010.3.22]

第10条 （债务的履行）

关于债务履行的约款条款中，存在下列情形之一的，该条款无效：

1. 无正当理由赋予经营者单方确定或者变更给付内容的权利的条款；

2. 无正当理由由单方终止或由第三人代为履行本应由经营者履行的债

务的条款。

[全文修订于 2010.3.22]

第 11 条 （顾客权益的保护）

关于顾客权益的约款条款中，存在下列情形之一的，该条款无效：

1. 无正当理由排除或限制顾客法律上的抗辩权、抵消权等的条款；

2. 无正当理由剥夺已经赋予顾客的期限利益的条款；

3. 不当地限制顾客与第三人签订合同的条款；

4. 无正当理由赋予经营者泄露其通过交易获得的顾客秘密的权利的条款。

[全文修订于 2010.3.22]

第 12 条 （意思表示的拟制）

关于意思表示的约款条款中，存在下列情形之一的，该条款无效：

1. 将一定的作为或者不作为推定为顾客作出或者未作出意思表示的条款。但是，欲将相当期限内未向顾客为意思表示，视为作出或不作出意思表示的，另行明确告知的，或是因不得已的事由而不能告知的情形，不在此限；

2. 严格限制顾客的意思表示的形式或要件的条款；

3. 对顾客利益产生重要影响的经营者的意思表示，无正当理由将其推定为已经到达顾客的条款；

4. 对顾客利益产生重大影响的经营者的意思表示，不当地设定较长或者不确定期限的条款。

[全文修订于 2010.3.22]

第 13 条 （加重代理人的责任）

合同由顾客的代理人代为签订的，顾客不履行该义务时，由代理人履行全部或部分义务的条款无效。

[全文修订于 2010.3.22]

第 14 条 （起诉的禁止等）

关于提起诉讼等的约款条款中，存在下列情形之一的，该条款无效：

1. 造成顾客不当不利益的禁止起诉或者协议裁判管辖的条款；

2. 无正当理由使顾客承担举证责任的条款。

[全文修订于 2010.3.22]

第 15 条 （适用限制）

国际上通用的约款，或者由总统令规定的其他特别情形的约款，可以限制第 7 条至第 14 条的规定适用于个别条款或者个别行业中。

[全文修订于 2010.3.22]

第 16 条 （部分无效的特别规定）

约款的全部或部分条款根据第 3 条第 4 款的规定不能成为合同内容，或是根据第 6 条至第 14 条的规定被认定为无效的，合同的剩余部分依然有效。但当有效部分不可能达成合同目的，或者继续有效的部分造成一方当事人不当不利益的，该合同无效。

[全文修订于 2010.3.22]

第三章　约款的规制[修订于 2010.3.22]

第 17 条 （不公正约款条款的禁止使用）

经营者不得将第 6 条至第 14 条规定的不公正约款条款（以下称“不公正约款条款”）作为合同内容使用。

[全文修订于 2010.3.22]

第 17 条之 2 （纠正措施）

① 经营者违反第 17 条规定的，公平交易委员会可以劝告经营者采取删除或修正该约款条款等必要的纠正措施。

② 经营者违反第 17 条规定，并存在下列情形之一的，公平交易委员会可以责令经营者采取删除或修正该约款条款的纠正措施。

1. 经营者具有《垄断规制法》第 2 条第 7 项规定的市场支配地位的情形；

2. 经营者不当地利用交易上的优势地位签订合同的情形；

3. 经营者向一般公众提供商品、服务的，因合同订立的紧急性和迅速性，顾客在订立合同时变更约款条款内容存在困难的情形；

4. 经营者作为合同当事人具有显著优势地位，或者顾客可选择的交易对象范围受到限制，致使约款被强制适用于合同的情形；

5. 因合同的性质或者目的致使合同不可能被撤销、解除或终止，或者合同的撤销、解除或终止会造成顾客显著的财产损失的情形；

6. 经营者无正当理由，不遵守根据第 1 款规定作出的纠正劝告，可能造成多数顾客显著损害的情形。

③ 公平交易委员会根据第 1 款和第 2 款规定，劝告或责令采取必要

纠正措施时,认为必要的,可以劝告同类行业的经营者不得使用相同内容的不公正约款条款。

[全文修订于 2010.3.22]

第 18 条 (行政官厅认可的约款等)

① 公平交易委员会认为行政官厅制定的约款或者根据其他法律由行政官厅认可的约款违反第 6 条至第 14 条规定的,可以向该行政官厅通报该事实,并要求其采取必要的纠正措施。

② 公平交易委员会认为依照《银行法》制定的银行约款违反第 6 条至第 14 条规定的,应当向根据《关于设立金融委员会等的法律》设立的金融监督院通报该事实,并劝告其采取必要的改正措施。[修订于 2010.5.17]

③ 依照第 1 款规定,要求行政官厅采取纠正措施的,公平交易委员会不再根据第 17 条之 2 的第 1 款、第 2 款规定作出纠正劝告或者纠正命令。

[全文修订于 2010.3.22]

第 19 条 (约款的审查请求)

① 以下主体可以请求公平交易委员会审查约款条款是否违法:

1. 对约款条款具有法律上利益的人;
2. 根据《消费者基本法》第 29 条登记的消费者团体;
3. 根据《消费者基本法》第 33 条设立的韩国消费者院;
4. 经营者团体。

② 根据第 1 款作出的约款审查请求,应以书面或者电子形式向公平交易委员会提交。

[全文修订于 2010.3.22]

第 19 条之 2 (约款变更时审查对象之变更)

当约款条款变更时,公平交易委员会可以依职权或者根据审查请求人的申请,变更审查对象。

[2012.2.17 部分修改]

第 19 条之 3 (标准约款)

① 为建立健全的交易秩序,防止不公正约款的广泛使用,经营者及经营者团体可以在一定交易领域中制定标准约款,并请求公平交易委员会审查该内容是否违反该法。

② 根据《消费者基本法》第 29 条登记的消费者团体或者根据该法第 33 条设立的韩国消费者院(以下称“消费者团体等”)可以请求公平交易委

员会对消费者损害集中的交易领域制定标准约款。

③ 公平交易委员会可以在出现以下任一情形时，劝告经营者及经营者团体制定标准约款并请求审查：

1. 消费者团体等的请求的情形；

2. 在消费者损害集中的交易领域，根据对损害发生情况的调查，发现无约款或者存在不公正约款的情形；

④ 经营者及经营者团体在接到公平交易委员会根据第3款作出的劝告之日起4个月内，仍未采取任何必要措施的，公平交易委员会可以听取该交易领域中的当事人及消费者团体的意见，并与相关行政部门达成协议，制定标准约款。

⑤ 公平交易委员会可以将根据第1款或者第4款审查或者制定的约款公示，并劝告经营者及经营者团体使用标准约款。

⑥ 接到公平交易委员会使用标准约款劝告的经营者及经营者团体，使用不同于标准约款的内容时，必须以便于顾客了解的方式标示出与标准约款内容不同的部分。

⑦ 为推广标准约款的使用，公平交易委员会可以制定标准约款标识；经营者及经营者团体使用标准约款的，可以根据公平交易委员会的告示使用标准约款标识。

⑧ 经营者及经营者团体使用与标准约款内容不同的约款的，不得使用标准约款标识。

⑨ 经营者及经营者团体违反第8款的规定使用标准约款标识的，该约款内容较标准约款对顾客更为不利的，为无效约款。

[全文修订于2010.3.22]

第20条 （调查）

① 存在下列情形之一的，公平交易委员会为确定约款是否违反该法，可以进行必要的调查：

1. 根据第17条之2第1款和第2款的规定，作出劝告或责令纠正措施所必要的情形；

2. 根据第19条接受约款审查请求的情形。

② 根据第1款进行调查的公务员，应持有标明其权限的公函，并向当事人出示。

[全文修订于2010.3.22]

第21条　删除[2010.3.22]

第22条　(意见的陈述)

① 公平交易委员会在审议约款的内容是否违反本法之前,应当告知基于该约款进行交易的经营者或者利害关系人,该条款已成为审查对象。

② 根据第1款的规定,接到通知的当事人或利害关系人可以出席公平交易委员会的会议,陈述其意见或者提交必要资料。

③ 作为审查对象的约款根据其他法律需要经过行政官厅的认可或者应该接受认可的,公平交易委员会可以在审议之前,要求该行政官厅提出意见。

[全文修订于2010.3.22]

第23条　(不公正约款条款的公开)

公平交易委员会应于其网站主页中公开正在审议或者已经决定的违反本法的约款条款目录。[修订于2011.3.29]

[全文修订于2010.3.22]

第四章　删除[1992.12.8]

第24条—第29条　删除[1992.12.8]

第五章　补则[修订于2010.3.22]

第30条　(适用范围)

①《商法》第3编、《劳动基准法》及其他由总统令规定的非营利性行业的合同涉及约款的,不适用本法。

② 关于特定交易领域的约款,其他法律有特别规定的,优先于本法适用。

[全文修订于2010.3.22]

第30条之2　(准用《垄断规制法》的规定)

① 对于公平交易委员会根据本法进行的审议及作出的决定,准用《垄断规制法》第42条、第43条、第43条之2、第44条及第45条的规定。

② 对于公平交易委员会根据本法作出的处罚的异议申请、诉讼提起以及不服之诉的专属管辖,准用《垄断规制法》第53条、第53条之2、第53条之3、第54条、第55条及第55条之2的规定。

[全文修订于2010.3.22]

第31条　(认可及审查的标准)

行政官厅依据其他法律对约款进行认可,或者依据其他法律在特定交易领域设置的审查机关对约款进行审查的,应将第6条至第14条的规定作为其认可或者审查的标准。

[全文修订于2010.3.22]

第31条之2　(咨询委员)

① 为执行本法所赋予的约款审查业务,公平交易委员会于必要时,可以委任咨询委员。

② 关于第1款咨询委员的委任以及其他必要事项,由总统令规定。

[全文修订于2010.3.22]

第六章　罚则[修订于2010.3.22]

第32条　(罚则)

不履行根据第17条之2第2款下达的命令的,处2年以下拘役或者1亿元以下罚金。

[全文修订于2010.3.22]

第33条　(双罚规定)

法人代表或者法人及个人的代理人、使用人或其他从业人员在该法人或者个人的业务中存在违反第32条的行为时,处罚行为人的同时,亦对该法人或者个人课以同条规定的罚金刑。但是,当法人或者个人为防止该违法行为,对该业务施以相当的注意及监督的,不在此限。

[全文修订于2010.3.22]

第34条　(罚款)

① 具有下列情形之一的,处5000万元以下的罚款:

1. 违反第19条之2第8款的规定,在使用与标准约款内容不同的约款时使用标准约款标识的;

2. 拒绝、妨碍或者规避根据第20条规定的调查的。

② 具有下列情形之一的,处500万元以下的罚款:

1. 违反第3条第2款的规定,未向顾客明示约款内容或者未交付约款副本的;

2. 违反第3条第3款的规定,未向顾客说明约款的重要内容的;

3. 违反第19条之2第6款的规定,对不同于标准约款的内容,未作出方便顾客了解的标记的。

③ 由公平交易委员会决定并征收第1款和第2款所规定的罚款。

[全文修订于2010.3.22]

关于约款规制的法律施行令

[施行 2010.7.6][总统令第 22220 号,2010.6.28,他法修订]

第 1 条 (目的)

为规定《关于约款规制的法律》所委托的事项及施行该法所必要的事项,制定本法令。

[修订于 2007.11.5]

第 2 条 (约款明示、交付义务的免除)

①《关于约款规制的法律》(以下称"法")第 3 条第 2 款但书中"由总统令规定的约款"是指适用于以下行业之一的约款:[修订于 2007.11.5]

1. 旅客运输业;

2. 通信业;

3. 电、煤气和自来水行业。

② 对于第 1 款规定的行业,经营者亦应在营业场所备置约款副本,并根据顾客要求交付。[修订于 2007.11.5]

第 3 条 (适用限制)

根据法第 15 条的规定,下列行业所使用的约款不适用法第 7 条至第 14 条的规定:[修订于 2007.11.5,2010.6.28]

1. 通用于国际的运输业;

2. 通用于国际的金融业及保险业;

3.《贸易保险法》规定的贸易保险。

第 4 条 (纠正措施的方式)

法第 17 条之 2 的纠正命令,应以内容明确的书面形式作出。

[修订于 2007.11.5]

第 5 条 (纠正邀请和劝告)

① 根据法第 18 条的规定,要求或劝告为纠正采取的必要措施的,应以内容明确的书面形式(包括电子形式)作出。

[修订于 1993.2.20,2004.3.17]

② 根据法第 18 条的规定,接到为纠正采取必要措施的要求或劝告的行政官厅,或是根据《关于金融监督机构设置等的法律》设立的金融监督院,应从接到要求或劝告之日起 60 日内,向公平交易委员会以书面的形式通报处理结果。

[修订于 1993.2.20,1998.4.1,2004.3.17,2007.11.5]

第 5 条之 2 (标准约款)

① 公平交易委员会接到根据法第 19 条之 2 第 2 款提出的标准约款审查请求的,应自接到审查请求之日起 60 日内,向申请人通知审查结果。

[修订于 2007.11.5]

② 公平交易委员会认为有必要的,可以要求使用标准条款的经营者或经营者团体提交该约款的使用情况。[修订于 2007.11.5][本条新设于 1993.2.20]

第 6 条 删除[2007.11.5]

第 7 条 (审查请求书的提交等)

① 根据法第 21 条提交的审查请求书中应当包括以下事项,并附加作为审查请求对象的约款副本:

1. 申请人的姓名和住址;
2. 经营者的姓名或者商号和住址;
3. 审查请求的目的和理由。

② 除存在特别事由外,公平交易委员会应在接受审查请求之日起 60 日内,以书面形式向申请人通报审查结果。

[修订于 1993.2.20]

第 8 条 (意见听取等)

① 公平交易委员会根据法第 22 条第 1 款向当事人或利害关系人告知该约款成为审查对象的事实的,应以书面形式作出,并记载公平交易委员会的会议时间和场所。[修订于 1993.2.20]

② 公平交易委员会可以向根据法第 22 条第 2 款出席公平交易委员会会议的当事人或者利害关系人支付预算范围内的必要经费。[修订于 1993.2.20]

③ 根据法第 22 条第 3 款,要求行政官厅提出意见的,应以明确记载其内容和期限的书面形式作出。

第 9 条　删除[1993.2.20]

第 10 条　删除[1993.2.20]

第 11 条　删除[1993.2.20]

第 12 条　删除[1993.2.20]

第 13 条　(公平交易委员会的审议及决定程序等)

关于约款的审议及决定等必要的事项,除法第 30 条之 2 规定的事项外,由公平交易委员会规定。

[全文修订于 1993.2.20]

第 13 条之 2　(咨询委员)

① 根据法第 31 条之 2 第 1 款的规定,公平交易委员会可以委任对约款具有丰富学识和经验者为咨询委员。

② 咨询委员接受公平交易委员会关于约款审查的邀请的,可以出席公平交易委员会会议并陈述意见,亦可书面提出意见。[修订于 2004.3.17]

③ 对于咨询委员,可在预算的范围内向其支付津贴及必要经费。

④ 关于咨询委员的必要事项,除本法令规定外,由公平交易委员会规定。[本条新设于 1993.2.20]

第 14 条　(处以罚款的标准)

根据法第 34 条第 1 款及第 2 款,认定罚款的标准,参见以下表格:[全文修订于 2011.3.29]

关于罚款处罚标准:

1. 一般标准

1) 以违法行为的次数作为处罚标准的,适用于在该违法行为实施前两年内因相同的违法行为接受过处罚的情形;

2) 在符合下列规定的情形,处罚权人可以根据违法行为的程度、违法行为的动机及结果等,在第 2 款规定的金额的半数范围内,进行减免。但是,迟延缴纳罚款的违法行为人,不在此限。

A. 违法行为人符合《中小企业法》第 2 条规定的中小企业的情形;

B. 违法行为人符合《规制秩序违法行为法施行令》第 2 条之 2 第 1 款的各项规定之一的情形;

C. 违法行为被认为是因轻微的不注意或错误而造成的情形;

D. 违法行为人纠正或者取消了违法状态的情形。

2. 个别标准（单位：万元）

违法行为	法律依据	罚款金额	
		首次违反	两次以上违反
1. 违反第3条第2款的规定,未向顾客明示约款内容或者未交付约款副本的情形；	法第34条第2款第1项	250	500
2. 违反第3条第3款的规定,未向顾客说明约款的重要内容的情形；	法第34条第2款第2项	250	500
3. 违反第19条之2第6款,未将不同于标准约款的内容,作出方便顾客了解的标记的情形。	法第34条第2款第3项	250	500
4. 违反第19条之2第8款的规定,在使用与标准约款不同内容的约款的同时使用标准约款标识的情形；	法第34条第1款第1项	2,500	5,000
5. 拒绝、妨碍或者规避根据第20条规定的调查的情形。	法第34条第1款第2项	2,500	5,000

附则 ［第12197号,1987.7.1］

本法令自1987年7月1起实施。

消費者契約法

消费者契约法[1]

（平成十二年五月十二日法律第六十一号）
（2000 年 5 月 12 日法律第 61 号）

最終改正:平成二三年六月二四日法律第七四号
最终修正:2011 年 6 月 24 日法律第 74 号

第一章　総　　則

第一章　总　　则

第一条　（目的）

この法律は、消費者と事業者との間の情報の質及び量並びに交渉力の格差にかんがみ、事業者の一定の行為により消費者が誤認し、又は困惑した場合について契約の申込み又はその承諾の意思表示を取り消すことができることとするとともに、事業者の損害賠償の責任を免除する条項その他の消費者の利益を不当に害することとなる条項の全部又は一部を無効とするほか、消費者の被害の発生又は拡大を防止するため適格消費者団体が事業者等に対し差止請求をすることができることとすることにより、消費者の利益の擁護を図り、もって国民生活の安定向上と国民経済の健全な発展に寄与することを目的とする。

第一条　（目的）

鉴于消费者与经营者之间信息的质与量以及交涉力上的差距，当经营者的一定行为使消费者产生误认或者困惑时，消费者可以撤销关于合同的要约或者承诺的意思表示，同时，免除经营者损害赔偿的条款以及其他构

[1] 鉴于对原法条的尊重，笔者在翻译时，对于法条的术语部分采用原有单词，不免晦涩，若有不妥或错误之处，希望读者指正与谅解。

成对消费者利益不当侵害的条款全部或者部分无效。为防止消费者受害情况的发生或者扩大,适格的消费者团体得向经营者等主张停止请求,由此实现对消费者利益的保护,提高国民生活水平,促进国民经济健康发展。

第二条 (定義)

この法律において「消費者」とは、個人(事業として又は事業のために契約の当事者となる場合におけるものを除く。)をいう。

2 この法律(第四十三条第二項第二号を除く。)において「事業者」とは、法人その他の団体及び事業として又は事業のために契約の当事者となる場合における個人をいう。

3 この法律において「消費者契約」とは、消費者と事業者との間で締結される契約をいう。

4 この法律において「適格消費者団体」とは、不特定かつ多数の消費者の利益のためにこの法律の規定による差止請求権を行使するのに必要な適格性を有する法人である消費者団体(消費者基本法(昭和四十三年法律第七十八号)第八条の消費者団体をいう。以下同じ。)として第十三条の定めるところにより内閣総理大臣の認定を受けた者をいう。

第二条 (定义)

本法所称的"消费者",指个人(以经营为业或者为了经营活动而成为合同当事人的个人除外)。

2. 本法(第43条第2款第2项除外)所称的"经营者",指法人、其他团体以及以经营为业或者为经营活动而成为合同当事人的个人。

3. 本法中所称的"消费者合同",指消费者与经营者之间缔结的合同。

4. 本法中所称的"适格消费者团体",指为维护不特定多数消费者的利益,依据本法规定,享有停止请求权所必需的适格性(指《消费者基本法》(1968年法律第78号)第8条中规定的消费者团体,下同),且依本法第13条之规定获得内阁总理大臣认定的法人。

第三条 (事業者及び消費者の努力)

事業者は、消費者契約の条項を定めるに当たっては、消費者の権利義務その他の消費者契約の内容が消費者にとって明確かつ平易なものになるよう配慮するとともに、消費者契約の締結について勧誘をするに際しては、消費者の理解を深めるために、消費者の権利義務その他の消費者契約の内容についての必要な情報を提供するよう努めなければならない。

2　消費者は、消費者契約を締結するに際しては、事業者から提供された情報を活用し、消費者の権利義務その他の消費者契約の内容について理解するよう努めるものとする。

第三条　（经营者及消费者的努力）

经营者在拟定消费者合同条款时，应努力使有关消费者的权利、义务以及消费者合同的其他内容，对消费者而言明确且通俗易懂，并且在劝诱缔结消费者合同之时，为加深消费者的理解，必须努力提供有关消费者的权利、义务以及与消费者合同的其他内容相关的必要信息。

2. 消费者在缔结消费者合同之时，应努力活用由经营者提供的信息，尽量理解有关消费者权利义务及消费者合同的其他内容。

第二章　消費者契約

第二章　消费者合同

第一節　消費者契約の申込み又はその承諾の意思表示の取消し

第一节　消费者合同的要约或承诺的意思表示的撤销

第四条　（消費者契約の申込み又はその承諾の意思表示の取消し）

消費者は、事業者が消費者契約の締結について勧誘をするに際し、当該消費者に対して次の各号に掲げる行為をしたことにより当該各号に定める誤認をし、それによって当該消費者契約の申込み又はその承諾の意思表示をしたときは、これを取り消すことができる。

一　重要事項について事実と異なることを告げること。当該告げられた内容が事実であるとの誤認。

二　物品、権利、役務その他の当該消費者契約の目的となるものに関し、将来におけるその価額、将来において当該消費者が受け取るべき金額その他の将来における変動が不確実な事項につき断定的判断を提供すること。当該提供された断定的判断の内容が確実であるとの誤認。

2　消費者は、事業者が消費者契約の締結について勧誘をするに際し、当該消費者に対してある重要事項又は当該重要事項に関連する事項について当該消費者の利益となる旨を告げ、かつ、当該重要事項について当該消費者の不利益となる事実（当該告知により当該事実が存在しないと消費者が通常考えるべきものに限る。）を故意に告げなかったことにより、当該事実が存在しないとの誤認をし、それによって当該消費者契約の申込み又はその承諾の意思表示をしたときは、これを取り消すことができる。ただし、当該事業者が当該消費者に対し当該事実を告げようとしたにもかかわらず、当該消費者がこれを拒んだときは、この限りでない。

3　消費者は、事業者が消費者契約の締結について勧誘をするに際し、当該消費者に対して次に掲げる行為をしたことにより困惑し、それによって当該消費者契約の申込み又はその承諾の意思表示をしたときは、これを取り消すことができる。

一　当該事業者に対し、当該消費者が、その住居又はその業務を行っている場所から退去すべき旨の意思を示したにもかかわらず、それらの場所から退去しないこと。

二　当該事業者が当該消費者契約の締結について勧誘をしている場所から当該消費者が退去する旨の意思を示したにもかかわらず、その場所から当該消費者を退去させないこと。

4　第一項第一号及び第二項の「重要事項」とは、消費者契約に係る次に掲げる事項であって消費者の当該消費者契約を締結するか否かについての判断に通常影響を及ぼすべきものをいう。

一　物品、権利、役務その他の当該消費者契約の目的となるものの質、用途その他の内容。

二　物品、権利、役務その他の当該消費者契約の目的となるものの対価その他の取引条件。

5　第一項から第三項までの規定による消費者契約の申込み又はその承諾の意思表示の取消しは、これをもって善意の第三者に対抗することができない。

第四条　（消费者契约的要约或承诺的意思表示的撤销）

消费者因经营者劝诱而缔结消费者合同的，因以下列举的各项行为致其产生以下各项误认，并据此作出关于消费者合同的要约或者承诺的意思表示的，得撤销该意思表示。

一、对于重要事项，告知与事实不相符的内容，致使消费者误认该告知事项为事实的。

二、就产品、权利、服务以及其他该消费者合同的目的事项，对其将来的价格、将来消费者应受领的价格等，及其他将来有变动可能性的事实，作结论性判断的，致使消费者误认该结论性判断为事实的。

2. 经营者劝诱消费者缔结消费者合同的，就某些重要事项或与该重要事项相关的事项，仅将其中利于消费者的内容进行告知，且故意不将该重要事项中不利于消费者的事项（仅限于消费者依据该告知通常应认为该事实不存在的情形）进行告知，消费者因此误认该事实不存在，并据此作出该消费者合同的要约或承诺的意思表示的，消费者可以撤销该意思表示。但该经营者试图向消费者告知该事实而消费者拒绝的，不在此限。

3. 经营者劝诱消费者缔结消费者合同的，对消费者为下列行为致使其产生困惑并据此作出关于消费者合同的要约或者承诺的意思表示的，消费者可以撤销该意思表示。

一、消费者要求该经营者从其居所或者工作场所离开，但该经营者不离开的。

二、消费者要求从该经营者劝诱消费者签订合同的场所离开，但该经营者妨碍该消费者离开的。

4. 第 1 款第 1 项及第 2 款中所称“重要事项”，是指以下列举的与消费者合同相关的，通常会影响消费者决定缔结消费者合同与否的事项。

一、产品、权利、服务以及其他的消费者合同标的的质量、用途以及其他内容。

二、产品、权利、服务以及其他的消费者合同标的的价款及其他交易条件。

5. 依第 1 款至第 3 款的规定撤销关于消费者合同的要约或者承诺的意思表示的，不能对抗善意第三人。

第五条　（媒介の委託を受けた第三者及び代理人）

前条の規定は、事業者が第三者に対し、当該事業者と消費者との間における消費者契約の締結について媒介をすることの委託（以下この項において単に「委託」という。）をし、当該委託を受けた第三者（その第三者から委託（二以上の段階にわたる委託を含む。）を受けた者を含む。以下「受託者等」という。）が消費者に対して同条第一項から第三項までに規定する行為をした場合について準用する。この場合において、同条第二項ただし書中「当該事業者」とあるのは、「当該事業者又は次条第一項に規定する受託者等」と読み替えるものとする。

2　消費者契約の締結に係る消費者の代理人（復代理人（二以上の

段階にわたり復代理人として選任された者を含む。)を含む。以下同じ。)、事業者の代理人及び受託者等の代理人は、前条第一項から第三項まで(前項において準用する場合を含む。次条及び第七条において同じ。)の規定の適用については、それぞれ消費者、事業者及び受託者等とみなす。

第五条 (接受媒介委托的第三者及其代理人)

经营者将该经营者与消费者之间消费者合同的缔结委托(本款中简称“委托”)给第三人的,接受该委托的第三人(包括接受第三人再委托的人(包括两重以上接受委托的人),下款称“受托人等”)对消费者实施前条第1款至第3款规定的行为时,准用前条的规定。此时,前条第2款但书中的“该经营者”,应换作“该经营者或者下条第1款中规定的受托人等”。

2. 对于与消费者合同缔结相关的消费者的代理人(包括复代理人(包括作为双重以上的复代理人被选任的情形),以下亦同)、经营者的代理人及受托人等的代理人,适用前条第1款至第3款的规定的(亦包括前款规定的准用情形,同理适用于第6条及第7条),分别视为消费者、经营者及受托人等。

第六条 (解釈規定)

第四条第一項から第三項までの規定は、これらの項に規定する消費者契約の申込み又はその承諾の意思表示に対する民法(明治二十九年法律第八十九号)第九十六条の規定の適用を妨げるものと解してはならない。

第六条 (解释规定)

第4条第1款至第3款关于消费者合同的要约或承诺的意思表示的规定,不排除《民法》(1896年法律第89号)第96条的适用。

第七条 (取消権の行使期間等)

第四条第一項から第三項までの規定による取消権は、追認をすることができる時から六箇月間行わないときは、時効によって消滅する。当該消費者契約の締結の時から五年を経過したときも、同様とする。

2 会社法(平成十七年法律第八十六号)その他の法律により詐欺又は強迫を理由として取消しをすることができないものとされている株式若しくは出資の引受け又は基金の拠出が消費者契約としてされた場合には、当該株式若しくは出資の引受け又は基金の拠出に係る意思表示については、第四条第一項から第三項まで（第五条第一項において準用する場合を含む。）の規定によりその取消しをすることができない。

第七条 （撤销权的行使期限等）

依第4条第1款至第3款所规定的撤销权，自可以行使撤销权之日起6个月内不行使的，该撤销权消灭。自该消费者合同缔结之日起，经过5年的，该撤销权亦消灭。

2. 依《公司法》（2005年法律第86号）及其他法律规定，不得以欺诈或强迫为由撤销的股票或者出资包销或者基金筹集通过消费者合同成立的，对该股票或出资包销或者基金筹集的意思表示，依据第4条第1款至第3款（包括准用该法第5条第1款的情形）的规定，不得撤销。

第二節　消費者契約の条項の無効

第二节　消费者合同的条款的无效

第八条 （事業者の損害賠償の責任を免除する条項の無効）

次に掲げる消費者契約の条項は、無効とする。

一　事業者の債務不履行により消費者に生じた損害を賠償する責任の全部を免除する条項。

二　事業者の債務不履行（当該事業者、その代表者又はその使用する者の故意又は重大な過失によるものに限る。）により消費者に生じた損害を賠償する責任の一部を免除する条項。

三　消費者契約における事業者の債務の履行に際してされた当該事業者の不法行為により消費者に生じた損害を賠償する民法 の規定による責任の全部を免除する条項。

四　消費者契約における事業者の債務の履行に際してされた当該事業者の不法行為（当該事業者、その代表者又はその使用する者の故意又は重大な過失によるものに限る。）により消費者に生じた損害を賠償する民法 の規定による責任の一部を免除する条項。

五　消費者契約が有償契約である場合において、当該消費者契約の目的物に隠れた瑕疵があるとき（当該消費者契約が請負契約である場合には、当該消費者契約の仕事の目的物に瑕疵があるとき。次項において同じ。）に、当該瑕疵により消費者に生じた損害を賠償する事業者の責任の全部を免除する条項。

2　前項第五号に掲げる条項については、次に掲げる場合に該当するときは、同項の規定は、適用しない。

一　当該消費者契約において、当該消費者契約の目的物に隠れた瑕疵があるときに、当該事業者が瑕疵のない物をもってこれに代える責任又は当該瑕疵を修補する責任を負うこととされている場合。

二　当該消費者と当該事業者の委託を受けた他の事業者との間の契約又は当該事業者と他の事業者との間の当該消費者のためにする契約で、当該消費者契約の締結に先立って又はこれと同時に締結されたものにおいて、当該消費者契約の目的物に隠れた瑕疵があるときに、当該他の事業者が、当該瑕疵により当該消費者に生じた損害を賠償する責任の全部若しくは一部を負い、瑕疵のない物をもってこれに代える責任を負い、又は当該瑕疵を修補する責任を負うこととされている場合。

第八条　(免除经营者损害赔偿责任的条款的无效)

下列消费者合同条款视为无效。

一、全部免除因经营者不履行债务致使消费者受到损害的赔偿责任的条款。

二、部分免除因经营者不履行债务(仅限该经营者、其代表人或者其使用人基于故意或重大过失的情形)致使消费者受到损害的赔偿责任的条款。

三、全部免除《民法》规定的经营者在履行消费者合同的债务时,因经营者的不法行为给消费者造成损害的赔偿责任的条款。

四、部分免除《民法》规定的经营者在履行消费者合同的债务时,因经营者的侵权行为(仅限该经营者、其代表人或者其使用人基于故意或重大过失的情形)给消费者造成损害的赔偿责任的条款。

五、在消费者合同为有偿合同的情形,该消费者合同的标的物存在隐性瑕疵的(在该消费者合同为承包合同时,其工作标的物存在瑕疵时,亦适用如下规定),全部免除因该瑕疵而给消费者造成损害的赔偿责任的条款。

2. 前款第5项所列举条款,在符合下列情形时,不适用同款规定。

一、该消费者合同中的标的物存在隐性瑕疵的,该经营者以无瑕疵之物替换或者承担瑕疵修补责任的。

二、该消费者与受该经营者委托的其他经营者之间的合同,或者该经营者与其他经营者之间为该消费者而订立的合同,先于该消费者合同订立或者与其同时订立的,当该消费者合同的标的物存在隐性瑕疵时,该其他经营者承担全部或部分因该瑕疵给消费者造成损害的赔偿责任,或者以无瑕疵之物替换或者承担瑕疵修补责任的。

第九条 (消費者が支払う損害賠償の額を予定する条項等の無効)

次の各号に掲げる消費者契約の条項は、当該各号に定める部分について、無効とする。

一 当該消費者契約の解除に伴う損害賠償の額を予定し、又は違約金を定める条項であって、これらを合算した額が、当該条項において設定された解除の事由、時期等の区分に応じ、当該消費者契約と同種の消費者契約の解除に伴い当該事業者に生ずべき平均的な損害の額を超えるもの 当該超える部分。

二 当該消費者契約に基づき支払うべき金銭の全部又は一部を消費者が支払期日(支払回数が二以上である場合には、それぞれの支払期日。以下この号において同じ。)までに支払わない場合における損害賠償の額を予定し、又は違約金を定める条項であって、これらを合算した額が、支払期日の翌日からその支払をする日までの期間について、その日数に応じ、当該支払期日に支払うべき額から当該支払期日に支払うべき額のうち既に支払われた額を控除した額に年十四・六パーセントの割合を乗じて計算した額を超えるもの 当該超える部分。

第九条 (预定消费者支付损害赔偿额的条款等的无效)

下列各项所列的消费者合同条款中,该各项所规定的部分无效:

一、预先确定因该消费者合同的解除所需支付的损害赔偿额,或者规定违约金数额的条款,依该条款中设定的解除事由、时间等的区分,上述合计金额超过因该消费者合同与同种消费者合同的解除应当产生的平均损害额的,该超出部分。

二、条款中预定消费者到支付日期(支付次数为两次以上的,为各自的支付日期,以下此项中亦同)没有支付基于该消费者合同所应支付的全部或者部分金钱的场合下的损害赔偿额或者规定违约金,将这些加以合计所得的金额,从支付日期的次日至消费者支付之日的期间内,依其日数,超过了从该支付日期应支付金额中扣除已实际支付的金额乘以年14.6%的比率而计算出的金额,该超出部分。

第十条 (消費者の利益を一方的に害する条項の無効)

民法、商法(明治三十二年法律第四十八号)その他の法律の公の秩序に関しない規定の適用による場合に比し、消費者の権利を制限し、又は消費者の義務を加重する消費者契約の条項であって、民法第一条第二項 に規定する基本原則に反して消費者の利益を一方的に害するものは、無効とする。

第十条 （单方面侵害消费者利益的条款无效）

与《民法》、《商法》(1899 年法律第 48 号)及其他法律中与公共秩序无关的规定的相比,限制消费者权利或者加重消费者义务的消费者合同条款,违反《民法》第 1 条第 2 款所规定的基本原则,单方面侵害消费者利益的无效。

第三節　補　　則

第三节　补　　则

第十一条 （他の法律の適用）

消費者契約の申込み又はその承諾の意思表示の取消し及び消費者契約の条項の効力については、この法律の規定によるほか、民法 及び商法 の規定による。

2　消費者契約の申込み又はその承諾の意思表示の取消し及び消費者契約の条項の効力について民法 及び商法 以外の他の法律に別段の定めがあるときは、その定めるところによる。

第十一条 （其他法律的适用）

消费者合同的要约或者其承诺的意思表示的撤销,及消费者合同条款的效力,除适用本法规定外,亦适用《民法》及《商法》的规定。

2. 消费者合同的要约或者其承诺的意思表示的撤销,及消费者合同条款的效力,《民法》、《商法》之外的其他法律另有特别规定的,适用该规定。

第三章　差止請求

第三章　停止请求

第一節　差止請求権

第一节　停止请求权

第十二条 （差止請求権）

適格消費者団体は、事業者、受託者等又は事業者の代理人若しくは受託者等の代理人(以下「事業者等」と総称する。)が、消費者契約の締結について勧誘をするに際し、不特定かつ多数の消費者に対して第四条第一項から第三項までに規定する行為(同条第二項に規定する行為にあっては、同項ただし書の場合に該当するものを除く。次項において同じ。)を現に行い又は行うおそれがあるときは、その事業者等に対し、当該行為の停止若しくは予防又は当該行為に供した物の廃棄若しくは除去その他の当該行為の停止若しくは予防に必要な措置をとることを請求することができる。ただし、民法 及び商法 以外の他の法律の規定によれば当該行為を理由として当該消費者契約を取り消すことができないときは、この限りでない。

2　適格消費者団体は、次の各号に掲げる者が、消費者契約の締結について勧誘をするに際し、不特定かつ多数の消費者に対して第四条第一項から第三項までに規定する行為を現に行い又は行うおそれがあるときは、当該各号に定める者に対し、当該各号に掲げる者に対する是正の指示又は教唆の停止その他の当該行為の停止又は予防に必要な措置をとることを請求することができる。この場合においては、前項ただし書の規定を準用する。

一　受託者等 当該受託者等に対して委託(二以上の段階にわたる委託を含む。)をした事業者又は他の受託者等。

二　事業者の代理人又は受託者等の代理人 当該代理人を自己の代理人とする事業者若しくは受託者等又はこれらの他の代理人。

3　適格消費者団体は、事業者又はその代理人が、消費者契約を締結するに際し、不特定かつ多数の消費者との間で第八条から第十条までに規定する消費者契約の条項(第八条第一項第五号に掲げる消費者契約の条項にあっては、同条第二項各号に掲げる場合に該当するものを除く。次項において同じ。)を含む消費者契約の申込み又はその承諾の意思表示を現に行い又は行うおそれがあるときは、その事業者又はその代理人に対し、当該行為の停止若しくは予防又は当該行為に供した物の廃棄若しくは除去その他の当該行為の停止若しくは予防に必要な措置をとることを請求することができる。ただし、民法 及び商法 以外の他の法律の規定によれば当該消費者契約の条項が無効とされないときは、この限りでない。

4　適格消費者団体は、事業者の代理人が、消費者契約を締結するに際し、不特定かつ多数の消費者との間で第八条から第十条までに規定する消費者契約の条項を含む消費者契約の申込み又はその承諾の意思表示を現に行い又は行うおそれがあるときは、当該代理人を自己の代理人とする事業者又は他の代理人に対し、当該代理人に対する是正の指示又は教唆の停止その他の当該行為の停止又は予防に必要な措置をとることを請求することができる。この場合においては、前項ただし書の規定を準用する。

第十二条 （停止请求权）

经营者、受托人等或者经营者的代理人、受托人等的代理人（以下统称“经营者等”）在劝诱缔结消费者合同之际，向不特定多数消费者作出第4条第1款至第3款所规定的行为（符合该条第2款规定，同时又符合该款但书的情形除外，次款亦同），或有作出该行为之虞时，适格消费者团体可以请求该经营者等停止、预防该行为，或者废弃或除去对该行为起作用之物，或者采取其他停止、预防该行为的必要措施。但依《民法》与《商法》以外的其他法律的规定，不得以该行为为由撤销该消费者合同的，不在此限。

2. 下列各项所列者，在劝诱缔结消费者合同之际，向不特定多数消费者作出第4条第1款至第3款所规定的行为，或有作出该行为之虞时，适格消费者团体，可以请求下列人员提示改正、停止教唆，或者采取其他停止、预防该行为的必要措施。在此情形中，准用前款但书规定。

一、受托人等：委托（包括两重以上的委托）该受托人的经营者或者其他受托人等。

二、经营者或受托人等的代理人：以该代理人为自己的代理人的经营者或者受托人等或者他们的其他代理人。

3. 经营者或者其代理人在缔结消费者合同之际，向不特定多数消费者作出含有第8条至第10条所规定的条款（第8条第1款第5项所列消费者合同条款，符合同条第2款各项所列情形的除外，次款亦同）的消费者合同的要约或者承诺的意思表示，或有作出该意思表示之虞时，适格消费者团体可以请求该经营者或者其代理人停止或预防该行为，或者废弃或除去对该行为起作用之物，或者采取其他停止或预防该行为的必要措施。但依《民法》与《商法》以外的其他法律的规定，该消费者合同条款被认定为无效时，不在此限。

4. 经营者的代理人在缔结消费者合同之际，向不特定多数消费者作出含有第8条至第10条所规定的条款的消费者合同的要约或者承诺的意思表示，或有作出该意思表示之虞时，适格消费者团体可以请求以该代理人为自己的代理人的经营者或者其他代理人指示改正、停止教唆，或者采取其他停止或预防该行为的必要措施。在此情形中，准用前款但书规定。

第十二条の二　（差止請求の制限）

前条、不当景品類及び不当表示防止法（昭和三十七年法律第百三十四号）第十条 又は特定商取引に関する法律（昭和五十一年法律第五十七号）第五十八条の四 から第五十八条の九 までの規定による請求（以下「差止請求」という。）は、次に掲げる場合には、することができない。

一　当該適格消費者団体若しくは第三者の不正な利益を図り又は当該差止請求に係る相手方に損害を加えることを目的とする場合。

二　他の適格消費者団体を当事者とする差止請求に係る訴訟等（訴訟並びに和解の申立てに係る手続、調停及び仲裁をいう。以下同じ。）につき既に確定判決等（確定判決及びこれと同一の効力を有するものをいい、次のイからハまでに掲げるものを除く。以下同じ。）が存する場合において、請求の内容及び相手方が同一である場合。ただし、当該他の適格消費者団体について、当該確定判決等に係る訴訟等の手続に関し、次条第一項の認定が第三十四条第一項第四号に掲げる事由により取り消され、又は同条第三項の規定により同号に掲げる事由があった旨の認定がされたときは、この限りでない。

イ　訴えを却下した確定判決。

ロ　前号に掲げる場合に該当することのみを理由として差止請求を棄却した確定判決及び仲裁判断。

ハ　差止請求をする権利（以下「差止請求権」という。）の不存在又は差止請求権に係る債務の不存在の確認の請求（第二十四条において「差止請求権不存在等確認請求」という。）を棄却した確定判決及びこれと同一の効力を有するもの。

2　前項第二号本文の規定は、当該確定判決に係る訴訟の口頭弁論の終結後又は当該確定判決と同一の効力を有するものの成立後に生じた事由に基づいて同号本文に掲げる場合の当該差止請求をすることを妨げない。

第十二条之二　（停止请求权的限制）

在下列情形中，不得依前条、《不当赠品种类与不当表示防止法》

(1962年法律第134号)第10条或者《关于特定商交易的法律》(1976年法律第57号)第58条之4至第58条之9的规定提出请求(以下称"停止请求")。

一、为适格消费者团体或第三人谋取不正当利益,或者以损害该停止请求的相对方的利益为目的的。

二、其他适格消费者团体作为当事人提起停止请求诉讼等(指与诉讼、和解相关的程序、调解及仲裁,以下亦同),已有确定判决等(指确定判决及与其有相同效力者,以下(一)至(三)所列者除外,以下亦同)的,请求内容与相对方相同。但是,与该确定判决等相关的诉讼等程序根据第34条第1款第4项所列事由依第35条第1款的规定被撤销,或者根据同条第3款的规定被认定存在同项所列事由的,不在此限。

(一)诉讼不予受理的确定判决。

(二)以符合前项所列事由为由驳回停止请求的确定判决及仲裁裁决。

(三)请求确认停止请求的权利(以下称为"停止请求权")不存在或者与停止请求权相关的债务不存在(在第24条中称为"停止请求权不存在等确认请求")的确定判决及与之具有相同效力者。

2. 前款第2项本文的规定,不妨碍依该诉讼辩论终结后或者与该确定判决具有相同效力者成立后所产生的事由而提出的同项本文所列的停止请求。

第二節　適格消費者団体

第二节　适格消费者团体

第一款　適格消費者団体の認定等

第一款　适格消费者团体的认定等

第十三条　(適格消費者団体の認定)

差止請求関係業務(不特定かつ多数の消費者の利益のために差止請求権を行使する業務並びに当該業務の遂行に必要な消費者の被害に関する情報の収集並びに消費者の被害の防止及び救済に資する差止請求権の行使の結果に関する情報の提供に係る業務をいう。以下同じ。)を行おうとする者は、内閣総理大臣の認定を受けなければならない。

2　前項の認定を受けようとする者は、内閣総理大臣に認定の申請をしなければならない。

3　内閣総理大臣は、前項の申請をした者が次に掲げる要件のすべてに適合しているときに限り、第一項の認定をすることができる。

一　特定非営利活動促進法（平成十年法律第七号）第二条第二項に規定する特定非営利活動法人又は一般社団法人若しくは一般財団法人であること。

二　消費生活に関する情報の収集及び提供並びに消費者の被害の防止及び救済のための活動その他の不特定かつ多数の消費者の利益の擁護を図るための活動を行うことを主たる目的とし、現にその活動を相当期間にわたり継続して適正に行っていると認められること。

三　差止請求関係業務の実施に係る組織、差止請求関係業務の実施の方法、差止請求関係業務に関して知り得た情報の管理及び秘密の保持の方法その他の差止請求関係業務を適正に遂行するための体制及び業務規程が適切に整備されていること。

四　その理事に関し、次に掲げる要件に適合するものであること。

イ　差止請求関係業務の執行を決定する機関として理事をもって構成する理事会が置かれており、かつ、定款で定めるその決定の方法が次に掲げる要件に適合していると認められること。

(1) 当該理事会の決議が理事の過半数又はこれを上回る割合以上の多数決により行われるものとされていること。

(2) 第四十一条第一項の規定による差止請求、差止請求に係る訴えの提起その他の差止請求関係業務の執行に係る重要な事項の決定が理事その他の者に委任されていないこと。

ロ　理事の構成が次の(1) 又は(2) のいずれかに該当するものでないこと。この場合において、第二号に掲げる要件に適合する者は、次の(1) 又は(2) に規定する事業者に該当しないものとみなす。

(1) 理事の数のうちに占める特定の事業者（当該事業者との間に発行済株式の総数の二分の一以上の株式の数を保有する関係その他の内閣府令で定める特別の関係のある者を含む。）の関係者（当該事業者及びその役員又は職員である者その他の内閣府令で定める者をいう。(2) において同じ。）の数の割合が三分の一を超えていること。

(2) 理事の数のうちに占める同一の業種（内閣府令で定める事業の区分をいう。）に属する事業を行う事業者の関係者の数の割合が二分の一を超えていること。

五　差止請求の要否及びその内容についての検討を行う部門において次のイ及びロに掲げる者(以下「専門委員」と総称する。)が共にその専門的な知識経験に基づいて必要な助言を行い又は意見を述べる体制が整備されていることその他差止請求関係業務を遂行するための人的体制に照らして、差止請求関係業務を適正に遂行することができる専門的な知識経験を有すると認められること。

イ　消費生活に関する消費者と事業者との間に生じた苦情に係る相談(第四十条第一項において「消費生活相談」という。)その他の消費生活に関する事項について専門的な知識経験を有する者として内閣府令で定める条件に適合する者。

ロ　弁護士、司法書士その他の法律に関する専門的な知識経験を有する者として内閣府令で定める条件に適合する者。

六　差止請求関係業務を適正に遂行するに足りる経理的基礎を有すること。

七　差止請求関係業務以外の業務を行う場合には、その業務を行うことによって差止請求関係業務の適正な遂行に支障を及ぼすおそれがないこと。

4　前項第三号の業務規程には、差止請求関係業務の実施の方法、差止請求関係業務に関して知り得た情報の管理及び秘密の保持の方法その他の内閣府令で定める事項が定められていなければならない。この場合において、業務規程に定める差止請求関係業務の実施の方法には、同項第五号の検討を行う部門における専門委員からの助言又は意見の聴取に関する措置及び役員、職員又は専門委員が差止請求に係る相手方と特別の利害関係を有する場合の措置その他業務の公正な実施の確保に関する措置が含まれていなければならない。

5　次のいずれかに該当する者は、第一項の認定を受けることができない。

一　この法律その他消費者の利益の擁護に関する法律で政令で定めるもの若しくはこれらの法律に基づく命令の規定又はこれらの規定に基づく処分に違反して罰金の刑に処せられ、その刑の執行を終わり、又はその刑の執行を受けることがなくなった日から三年を経過しない法人。

二　第三十四条第一項各号に掲げる事由により第一項の認定を取り消され、又は同条第三項の規定により同条第一項第四号に掲げる事由があった旨の認定がされ、その取消し又は認定の日から三年を経過しない法人。

三　暴力団員による不当な行為の防止等に関する法律（平成三年法律第七十七号）第二条第六号に規定する暴力団員（以下この号において「暴力団員」という。）又は暴力団員でなくなった日から五年を経過しない者（次号及び第六号ハにおいて「暴力団員等」という。）がその事業活動を支配する法人。

四　暴力団員等をその業務に従事させ、又はその業務の補助者として使用するおそれのある法人。

五　政治団体（政治資金規正法（昭和二十三年法律第百九十四号）第三条第一項に規定する政治団体をいう）。

六　役員のうちに次のいずれかに該当する者のある法人。

イ　禁錮以上の刑に処せられ、又はこの法律その他消費者の利益の擁護に関する法律で政令で定めるもの若しくはこれらの法律に基づく命令の規定若しくはこれらの規定に基づく処分に違反して罰金の刑に処せられ、その刑の執行を終わり、又はその刑の執行を受けることがなくなった日から三年を経過しない者。

ロ　適格消費者団体が第三十四条第一項各号に掲げる事由により第一項の認定を取り消され、又は同条第三項の規定により同条第一項第四号に掲げる事由があった旨の認定がされた場合において、その取消し又は認定の日前六月以内に当該適格消費者団体の役員であった者でその取消し又は認定の日から三年を経過しないもの。

ハ　暴力団員等。

第十三条　（适格消费者团体的认定）

实施停止请求相关业务（指为不特定多数消费者的利益行使停止请求权，为完成该业务对消费者受害的必要信息进行收集，及为防止消费者受害或救济消费者提供停止请求权行使结果的信息）者，须经内阁总理大臣认定。

2. 欲获得前款认定者，须向内阁总理大臣提出认定申请。

3. 仅当前款申请者满足下列全部要件时，内阁总理大臣得给予第1款的认定。

一、申请者须为《特定非营利活动促进法》(1998年法律第7号)第2条第2款所规定的特定非营利活动法人、一般社团法人或者一般财团法人。

二、进行了收集、提供与消费生活相关的信息，防止消费者受害与救济消费者，及其他设法维护不特定多数消费者利益的活动，并且实际上于相当期间内持续、适当地进行。

三、已具备了与停止请求业务相关的合理的实施组织、实施方法、对通过该业务所获得信息的管理与保密方法及其他与停止请求业务相关的合理的体制及业务规定。

四、关于其理事，须符合下列要件。

(一) 设置由理事组成的理事会，以作为执行停止请求相关业务的决定机关，且理事会章程规定的决定方法，须符合下列要件。

(1) 理事会议决议应由过半数或者超过该比例以上的多数理事表决后执行。

(2) 第41条第1款规定的停止请求的行使、与停止请求相关的诉讼的提起及其他与停止请求业务相关的重要事项的决定，不得委任于其他理事或他人。

(二) 理事的组成不得出现以下(1)或(2)中的情形。但符合第2项所列要件者，视为不属于以下(1)或(2)中规定的经营者。

(1) 理事中特定经营者(包括持有该经营者已发行股票总数二分之一以上的，及其他有内阁府令规定的特殊关系的)的相关人员(指该经营者、管理人员、职员，及其他内阁府令规定的人员，(2)中亦同)所占比例超过三分之一。

(2) 理事中从事同一行业(内阁府令规定的经营划分)的经营者的相关人员所占比例超过二分之一。

五、设置停止请求权的行使与否及其内容研究的部门，并具备与下列(一)和(二)中所列人员(以下统称"专门委员")，可以共同依其专业知识经验提出建议或者阐述意见的体制，及其他根据为了完成停止请求相关业务的人员体制，具备与之相应的、能够适当完成停止请求相关业务的专业知识经验。

（一）对消费者与经营者之间就消费生活产生的纠纷而进行的咨询（指第40条第1款中的“消费生活咨询”）及其他与消费生活有关的事项，具有专业知识经验且符合内阁府令规定的条件者。

（二）律师、司法书士及其他具有相关的法律专业知识经验且符合内阁府令规定的条件者。

六、具有足以合理完成停止请求相关业务的经营管理基础。

七、进行停止请求相关业务之外的其他业务时，不会对合理完成停止请求业务造成妨碍，或有造成妨碍的可能。

4. 前款第3项的业务规定，必须就停止请求相关业务的实施方法、通过停止请求相关业务所获知的信息的管理与保密方法及其他由内阁府令规定的事项作规定。其中，规定的停止请求相关业务的实施方法中，必须包括听取同款第5项中研究部门的专门委员的建议或者意见的措施，管理人员、职员或专门委员与停止请求的相对方存在特别关系时的措施，及其他确保业务公正的措施。

5. 符合以下任一情形者，不能得到第1款的认定。

一、违反本法或者其他保护消费者利益的法律、政令的规定而被判处罚金，自该刑罚执行终止或者执行完毕之日起未满三年的法人。

二、依第34条第1款各项所列事由而被撤销第1款的认定，或者依同条第3款的规定被认定存在着同条第1款第4项所列事由的，自被撤销或被认定之日起未满三年的法人。

三、由《关于暴力团员的不当行为的防止等的法律》（1991年法律第77号）第2条第6项所规定的暴力团员（本项中称“暴力团员”）或者自不再是暴力团员之日起未满5年者（指次项及第6项（三）中的“暴力团员等”）支配经营活动的法人。

四、安排暴力团员等从事业务，或者有使用暴力团员作为业务辅助人之可能的法人。

五、政治团体（指《政治资金规正法》（1948年法律第194号）第3条第1款中规定的政治团体）。

六、管理人员中符合下列任一情形者的法人。

（一）被处监禁以上的刑罚，或者违反本法及其他保护消费者利益的法律、政令的规定而被判处罚金，自该刑罚执行终止或者执行完毕之日起未满3年者。

（二）依第34条第1款各项所列事由而被撤销第1款的认定，或者依同条第3款的规定被认定具有同条第1款第4项所列事由的，自被撤销或被认定之日前6个月内担任该适格消费者团体的管理人员的，自该撤销或认定之日起未满3年者。

（三）暴力团员等。

第十四条　（認定の申請）

前条第二項の申請は、次に掲げる事項を記載した申請書を内閣総理大臣に提出してしなければならない。

一　名称及び住所並びに代表者の氏名。

二　差止請求関係業務を行おうとする事務所の所在地。

三　前二号に掲げるもののほか、内閣府令で定める事項。

2　前項の申請書には、次に掲げる書類を添付しなければならない。

一　定款。

二　不特定かつ多数の消費者の利益の擁護を図るための活動を相当期間にわたり継続して適正に行っていることを証する書類。

三　差止請求関係業務に関する業務計画書。

四　差止請求関係業務を適正に遂行するための体制が整備されていることを証する書類。

五　業務規程。

六　役員、職員及び専門委員に関する次に掲げる書類。

イ　氏名、役職及び職業を記載した書類。

ロ　住所、略歴その他内閣府令で定める事項を記載した書類。

七　前条第三項第一号の法人の社員について、その数及び個人又は法人その他の団体の別（社員が法人その他の団体である場合にあっては、その構成員の数を含む。）を記載した書類。

八　最近の事業年度における財産目録、貸借対照表、収支計算書その他の経理的基礎を有することを証する書類。

九　前条第五項各号のいずれにも該当しないことを誓約する書面。

十　差止請求関係業務以外の業務を行う場合には、その業務の種類及び概要を記載した書類。

十一　その他内閣府令で定める書類。

第十四条 （认定的申请）

提出前条第2款申请时，应向内阁总理大臣提交填有下列事项的申请书。

一、名称、住所及法定代表人的姓名。

二、预从事停止请求相关业务的事务所所在地。

三、除前两项所列事项外，由内阁府令规定的事项。

2. 提交前款申请书时，须将下列文件作为附件提交。

一、章程。

二、在相当期间内持续合理地进行维护不特定多数消费者利益的活动的证明文件。

三、停止请求相关业务的计划书。

四、具备为了合理完成停止请求相关业务的体制的证明文件。

五、业务规定。

六、有关管理人员、职员及专门委员的下列文件。

（一）记载有姓名、职务及职业的文件。

（二）记载有住所、简历及其他由内阁府令规定的事项的文件。

七、对于前条第3款第1项的法人，记载有社员数量及个人或法人或其他团体的类别（社员是法人或其他团体时，包括其成员的数量）的文件。

八、最近会计年度内的财产目录、资产负债表、收支计划书及其他能证明其具备经营管理基础的文件。

九、保证不存在前条第5款各项所列情形的文件。

十、从事停止请求相关业务以外业务时，记载有该其他业务种类及概要的文件。

十一、其他由内阁府令规定的文件。

第十五条 （認定の申請に関する公告及び縦覧等）

内閣総理大臣は、前条の規定による認定の申請があった場合には、遅滞なく、内閣府令で定めるところにより、その旨並びに同条第一項第一号及び第二号に掲げる事項を公告するとともに、同条第二項各号（第六号ロ、第九号及び第十一号を除く。）に掲げる書類を、公告の日から二週間、公衆の縦覧に供しなければならない。

2 内閣総理大臣は、第十三条第一項の認定をしようとするときは、同条第三項第二号に規定する事由の有無について、経済産業大臣の意見を聴くものとする。

3　内閣総理大臣は、前条の規定による認定の申請をした者について第十三条第五項第三号、第四号又は第六号ハに該当する疑いがあると認めるときは、警察庁長官の意見を聴くものとする。

第十五条　（有关认定申请的公告及任意查阅等）

依前条规定提出认定申请时，内阁总理大臣应尽快依据内阁府令的规定，将申请内容及同条第 1 款第 1 项及第 2 项所列事项进行公告，同时自公告之日起两周内允许公众查阅同条第 2 款各项（第 6 项（三）、第 9 项及第 11 项除外）所列文件。

2. 内阁总理大臣在进行第 13 条第 1 款的认定时，对同条第 3 款第 2 项规定的事由的认定，应听取经济产业大臣的意见。

3. 内阁总理大臣认为依前条规定提出认定申请者存在第 13 条第 5 款第 3 项、第 4 项及第 6 项（三）情形之嫌的，应听取警察厅长官的意见。

第十六条　（認定の公示等）

内閣総理大臣は、第十三条第一項の認定をしたときは、内閣府令で定めるところにより、当該適格消費者団体の名称及び住所、差止請求関係業務を行う事務所の所在地並びに当該認定をした日を公示するとともに、当該適格消費者団体に対し、その旨を書面により通知するものとする。

2　適格消費者団体は、内閣府令で定めるところにより、適格消費者団体である旨を、差止請求関係業務を行う事務所において見やすいように掲示しなければならない。

3　適格消費者団体でない者は、その名称中に適格消費者団体であると誤認されるおそれのある文字を用い、又はその業務に関し、適格消費者団体であると誤認されるおそれのある表示をしてはならない。

第十六条　（认定的公示等）

内阁总理大臣在进行第 13 条第 1 款的认定时，应依内阁府令的规定，将该适格消费者团体的名称、住所、进行停止请求相关业务的事务所所在地及认定的日期进行公示，同时以书面形式将上述内容通知该适格消费者团体。

2. 适格消费者团体应当按照内阁府令的规定，将获得的认定书备置于进行停止请求相关业务的事务所的明显处。

3. 非适格消费者团体，在其名称中不得使用可能使人误认其为适格消费者团体的文字，或者在其业务中作出可能让人误认其为适格消费者团体的表示。

第十七条　(認定の有効期間等)

第十三条第一項の認定の有効期間は、当該認定の日から起算して三年とする。

2　前項の有効期間の満了後引き続き差止請求関係業務を行おうとする適格消費者団体は、その有効期間の更新を受けなければならない。

3　前項の有効期間の更新を受けようとする適格消費者団体は、第一項の有効期間の満了の日の九十日前から六十日前までの間(以下この項において「更新申請期間」という。)に、内閣総理大臣に有効期間の更新の申請をしなければならない。ただし、災害その他やむを得ない事由により更新申請期間にその申請をすることができないときは、この限りでない。

4　前項の申請があった場合において、第一項の有効期間の満了の日までにその申請に対する処分がされないときは、従前の認定は、同項の有効期間の満了後もその処分がされるまでの間は、なお効力を有する。

5　前項の場合において、第二項の有効期間の更新がされたときは、その認定の有効期間は、従前の認定の有効期間の満了の日の翌日から起算するものとする。

6　第十三条(第一項及び第五項第二号を除く。)、第十四条、第十五条及び前条第一項の規定は、第二項の有効期間の更新について準用する。ただし、第十四条第二項各号に掲げる書類については、既に内閣総理大臣に提出されている当該書類の内容に変更がないときは、その添付を省略することができる。

第十七条　(认定的有效期限等)

第13条第1款的认定的有效期限为3年，自认定之日起算。

2. 在前款有效期限届满后，适格消费者团体欲继续从事停止请求相关业务的，须进行有效期限的更新。

3. 适格消费者团体欲进行前款的有效期限更新，应在第1款的有效期限届满之日前90日至60日的期间(以下本款中称“更新申请期间”)内，向内阁总理大臣提出有效期限更新申请。但因灾害及其他不得已的事由未能在更新申请期间内提出申请的,不在此限。

4. 提出前款申请的,至第1款规定的有效期限届满之日仍未出结果的,之前的认定在同款规定的有效期限届满后至结果作出前,依然有效。

5. 在前款的情形中,第2款的有效期限得到更新的,其认定的有效期限应当自之前的有效期限届满之日的次日起算。

6. 第2款的有效期限的更新准用于第13条(第1款及第5款第2项除外)、第14条、第15条及前条第1款的规定。但已经依第14条第2款各项规定向内阁总理大臣提交文件,且文件内容无变化的,可以不再提交。

第十八条 (変更の届出)

適格消費者団体は、第十四条第一項各号に掲げる事項又は同条第二項各号(第二号及び第十一号を除く。)に掲げる書類に記載した事項に変更があったときは、遅滞なく、内閣府令で定めるところにより、その旨を記載した届出書を内閣総理大臣に提出しなければならない。ただし、その変更が内閣府令で定める軽微なものであるときは、この限りでない。

第十八条 (变更的申报)

适格消费者团体,根据第14条第1款各项或同条第2款各项(第2项及第11项除外)所列文件中记载的事项有变更的,应尽快依内阁府令的规定,将记载变更内容的申报书提交给内阁总理大臣。但属内阁府令规定的轻微变更的,不在此限。

第十九条 (合併の届出及び認可等)

適格消費者団体である法人が他の適格消費者団体である法人と合併をしたときは、合併後存続する法人又は合併により設立された法人は、合併により消滅した法人のこの法律の規定による適格消費者団体としての地位を承継する。

2 前項の規定により合併により消滅した法人のこの法律の規定による適格消費者団体としての地位を承継した法人は、遅滞なく、その旨を内閣総理大臣に届け出なければならない。

3 適格消費者団体である法人が適格消費者団体でない法人と合併をした場合には、合併後存続する法人又は合併により設立された法人は、その合併について内閣総理大臣の認可がされたときに限り、合併により消滅した法人のこの法律の規定による適格消費者団体としての地位を承継する。

4　前項の認可を受けようとする適格消費者団体は、その合併がその効力を生ずる日の九十日前から六十日前までの間(以下この項において「認可申請期間」という。)に、内閣総理大臣に認可の申請をしなければならない。ただし、災害その他やむを得ない事由により認可申請期間にその申請をすることができないときは、この限りでない。

5　前項の申請があった場合において、その合併がその効力を生ずる日までにその申請に対する処分がされないときは、合併後存続する法人又は合併により設立された法人は、その処分がされるまでの間は、合併により消滅した法人のこの法律の規定による適格消費者団体としての地位を承継しているものとみなす。

6　第十三条(第一項を除く。)、第十四条、第十五条及び第十六条第一項の規定は、第三項の認可について準用する。

7　適格消費者団体である法人は、適格消費者団体でない法人と合併をする場合において、第四項の申請をしないときは、その合併がその効力を生ずる日までに、その旨を内閣総理大臣に届け出なければならない。

8　内閣総理大臣は、第二項又は前項の規定による届出があったときは、内閣府令で定めるところにより、その旨を公示するものとする。

第十九条　(合并的申报及认可等)

适格消费者团体的法人与其他适格消费者团体的法人合并时,合并后存续的法人或者因合并新设的法人,继承因合并而消灭的法人的适格消费者团体的地位。

2. 继承前款规定的适格消费者团体地位的法人,应尽快向内阁总理大臣提出申报。

3. 适格消费者团体的法人与非适格消费者团体的法人合并时,合并后存续的法人或者因合并而新设的法人,只有在内阁总理大臣认可该合并时,才能继承因合并消灭的法人的适格消费者团体的地位。

4. 希望获得前款认可的适格消费者团体,在合并生效日前的90日至60日的期间(以下本款中称为“认可申请期间”)内,须向内阁总理大臣提出认可申请。但因灾害及其他不得已的事由未能在认可申请期间内提出申请的,不在此限。

5. 在提出前款申请时，至该合并生效之日，申请仍未出结果的，在申请结果作出前，合并后存续的法人或者因合并新设的法人，视为继承因合并消灭的法人的适格消费者团体的地位。

6. 第3款的认可准用于第13条(第1款除外)、第14条、第15条及第16条第1款的规定。

7. 适格消费者团体的法人与非适格消费者团体的法人合并时，未提出第4款的申请的，在该合并生效之前，应向内阁总理大臣提出申报。

8. 在依第2款或者前款规定提出申报时，内阁总理大臣应当依内阁府令的规定，公示该申报的内容。

第二十条　(事業の譲渡の届出及び認可等)

適格消費者団体である法人が他の適格消費者団体である法人に対し差止請求関係業務に係る事業の全部の譲渡をしたときは、その譲渡を受けた法人は、その譲渡をした法人のこの法律の規定による適格消費者団体としての地位を承継する。

2　前項の規定によりその譲渡をした法人のこの法律の規定による適格消費者団体としての地位を承継した法人は、遅滞なく、その旨を内閣総理大臣に届け出なければならない。

3　適格消費者団体である法人が適格消費者団体でない法人に対し差止請求関係業務に係る事業の全部の譲渡をした場合には、その譲渡を受けた法人は、その譲渡について内閣総理大臣の認可がされたときに限り、その譲渡をした法人のこの法律の規定による適格消費者団体としての地位を承継する。

4　前項の認可を受けようとする適格消費者団体は、その譲渡の日の九十日前から六十日前までの間(以下この項において「認可申請期間」という。)に、内閣総理大臣に認可の申請をしなければならない。ただし、災害その他やむを得ない事由により認可申請期間にその申請をすることができないときは、この限りでない。

5　前項の申請があった場合において、その譲渡の日までにその申請に対する処分がされないときは、その譲渡を受けた法人は、その処分がされるまでの間は、その譲渡をした法人のこの法律の規定による適格消費者団体としての地位を承継しているものとみなす。

6　第十三条(第一項を除く。)、第十四条、第十五条及び第十六条第一項の規定は、第三項の認可について準用する。

7　適格消費者団体である法人は、適格消費者団体でない法人に対し差止請求関係業務に係る事業の全部の譲渡をする場合において、第四項の申請をしないときは、その譲渡の日までに、その旨を内閣総理大臣に届け出なければならない。

8　内閣総理大臣は、第二項又は前項の規定による届出があったときは、内閣府令で定めるところにより、その旨を公示するものとする。

第二十条　(经营转让的申报及认可等)

适格消费者团体的法人将停止请求相关业务全部转让于其他适格消费者团体的法人时,受让该经营的法人继承该出让法人的适格消费者团体的地位。

2. 依前款规定继承适格消费者团体的地位之法人,应尽快向内阁总理大臣提出申报。

3. 适格消费者团体的法人向非适格消费者团体的法人转让与停止请求相关业务相关的全部经营时,只有在内阁总理大臣认可该转让时,受让其经营的法人才能继承出让其经营的法人的适格消费团体的地位。

4. 欲获得前款认可的适格消费者团体,在转让日前的90日至60日的期间(以下本款中称"认可申请期间")内,应向内阁总理大臣提出认可的申请。但因灾害及其他不得已的事由而未能在认可申请期间内提出申请的,不在此限。

5. 在提出前款申请时,至转让日申请仍未出结果的,在申请结果作出前,受让其经营的法人,视为继承适格消费者团体的地位。

6. 第3款的认可准用于第13条(第1款除外)、第14条、第15条及第16条第1款的规定。

7. 适格消费者团体的法人将停止请求相关业务相关的全部经营转让于非适格消费者团体的法人,未提交第4款的申请的,在转让日之前,应向内阁总理大臣提出申报。

8. 在依第2款或者前款规定提出的申报时,内阁总理大臣应依内阁府令的规定,公示该申报的内容。

第二十一条　(解散の届出等)

適格消費者団体が次の各号に掲げる場合のいずれかに該当することとなったときは、当該各号に定める者は、遅滞なく、その旨を内閣総理大臣に届け出なければならない。

一　破産手続開始の決定により解散した場合 破産管財人。

二　合併及び破産手続開始の決定以外の理由により解散した場合 清算人。

三　差止請求関係業務を廃止した場合 法人の代表者。

2　内閣総理大臣は、前項の規定による届出があったときは、内閣府令で定めるところにより、その旨を公示するものとする。

第二十一条　（解散的申报等）

适格消费者团体符合下列任一情形时，该各项所规定者应当立即向内阁总理大臣提出申报。

一、因进入破产程序而解散的，其破产管理人。

二、因合并及进入破产程序外的其他事由而解散的，其清算人。

三、废止停止请求相关业务的，其法定代表人。

2. 在依前款规定提出申报时，内阁总理大臣应依内阁府令的规定，公示该申报的内容。

第二十二条　（認定の失効）

適格消費者団体について、次のいずれかに掲げる事由が生じたときは、第十三条第一項の認定は、その効力を失う。

一　第十三条第一項の認定の有効期間が経過したとき（第十七条第四項に規定する場合にあっては、更新拒否処分がされたとき）。

二　適格消費者団体である法人が適格消費者団体でない法人と合併をした場合において、その合併が第十九条第三項の認可を経ずにその効力を生じたとき（同条第五項に規定する場合にあっては、その合併の不認可処分がされたとき）。

三　適格消費者団体である法人が適格消費者団体でない法人に対し差止請求関係業務に係る事業の全部の譲渡をした場合において、その譲渡が第二十条第三項の認可を経ずにされたとき（同条第五項に規定する場合にあっては、その譲渡の不認可処分がされたとき）。

四　適格消費者団体が前条第一項各号に掲げる場合のいずれかに該当することとなったとき。

第二十二条　（认定的失效）

适格消费者团体存在下列任一情形的，第 13 条第 1 款的认定失效。

一、第13条第1款规定的认定的有效期限届满的(在第17条第4款规定的情形中,更新申请被否决的)。

二、适格消费者团体的法人与非适格消费者团体的法人合并时,该合并未经第19条第3款的认可的(在同条第5款规定的情形中,该合并申请被否决的)。

三、适格消费者团体的法人将全部停止请求相关业务转让于非适格消费者团体的法人时,该转让未经第20条第3款的认可的(在同条第5款规定的情形中,该转让申请被否决的)。

四、适格消费者团体符合前条第1款各项所列任一情形的。

第二款　差止請求関係業務等

第二款　停止请求相关业务等

第二十三条　(差止請求権の行使等)

適格消費者団体は、不特定かつ多数の消費者の利益のために、差止請求権を適切に行使しなければならない。

2　適格消費者団体は、差止請求権を濫用してはならない。

3　適格消費者団体は、事案の性質に応じて他の適格消費者団体と共同して差止請求権を行使するほか、差止請求関係業務について相互に連携を図りながら協力するように努めなければならない。

4　適格消費者団体は、次に掲げる場合には、内閣府令で定めるところにより、遅滞なく、その旨を他の適格消費者団体に通知するとともに、その旨及びその内容その他内閣府令で定める事項を内閣総理大臣に報告しなければならない。この場合において、当該適格消費者団体が、当該通知及び報告に代えて、すべての適格消費者団体及び内閣総理大臣が電磁的方法(電子情報処理組織を使用する方法その他の情報通信の技術を利用する方法をいう。以下同じ。)を利用して同一の情報を閲覧することができる状態に置く措置であって内閣府令で定めるものを講じたときは、当該通知及び報告をしたものとみなす。

一　第四十一条第一項(同条第三項において準用する場合を含む。)の規定による差止請求をしたとき。

二　前号に掲げる場合のほか、裁判外において差止請求をしたとき。

三　差止請求に係る訴えの提起(和解の申立て、調停の申立て又は仲裁合意を含む。)又は仮処分命令の申立てがあったとき。

四　差止請求に係る判決の言渡し(調停の成立、調停に代わる決定の告知又は仲裁判断を含む。)又は差止請求に係る仮処分命令の申立てについての決定の告知があったとき。

五　前号の判決に対する上訴の提起(調停に代わる決定に対する異議の申立て又は仲裁判断の取消しの申立てを含む。)又は同号の決定に対する不服の申立てがあったとき。

六　第四号の判決(調停に代わる決定又は仲裁判断を含む。)又は同号の決定が確定したとき。

七　差止請求に係る裁判上の和解が成立したとき。

八　前二号に掲げる場合のほか、差止請求に係る訴訟(和解の申立てに係る手続、調停手続又は仲裁手続を含む。)又は差止請求に係る仮処分命令に関する手続が終了したとき。

九　差止請求に係る裁判外の和解が成立したときその他差止請求に関する相手方との間の協議が調ったとき、又はこれが調わなかったとき。

十　差止請求に関し、請求の放棄、和解、上訴の取下げその他の内閣府令で定める手続に係る行為であって、それにより確定判決及びこれと同一の効力を有するものが存することとなるものをしようとするとき。

十一　その他差止請求に関し内閣府令で定める手続に係る行為がされたとき。

5　内閣総理大臣は、前項の規定による報告を受けたときは、すべての適格消費者団体並びに内閣総理大臣及び経済産業大臣が電磁的方法を利用して同一の情報を閲覧することができる状態に置く措置その他の内閣府令で定める方法により、他の適格消費者団体及び経済産業大臣に当該報告の日時及び概要その他内閣府令で定める事項を伝達するものとする。

6　適格消費者団体について、第十二条の二第一項第二号本文の確定判決等で強制執行をすることができるものが存する場合には、当該適格消費者団体は、当該確定判決等に係る差止請求権を放棄することができない。

第二十三条 （停止请求权的行使等）

适格消费者团体应当以保护不特定多数消费者的利益为目的，合理行使停止请求权。

2. 适格消费者团体不得滥用停止请求权。

3. 因个案性质的不同，适格消费者团体与其他适格消费者团体共同行使停止请求权外，应当尽力实现停止请求相关业务上的合作与协助。

4. 在下列情形中，适格消费者团体应当依内阁府令的规定，立即将相关内容通知其他适格消费者团体，同时将要点、内容及其他内阁府令规定的事项报告给内阁总理大臣。该情形中，该适格消费者团体采取其他方式，使得所有适格消费者团体及内阁总理大臣均可利用电磁方法（指使用电子信息处理组织的方法及其他利用信息通信技术的方法，以下亦同）阅览同一信息的，且符合内阁府令规定的方式，代替该通知及报告的，视为履行了该通知及报告义务。

一、依第 41 条第 1 款（包括准用于同条第 3 款的情形）行使停止请求时。

二、除前项所列情形外，在诉讼外主张停止请求时。

三、提起与停止请求相关的诉讼（包括申请和解、调停或者仲裁合意的情形）或者申请临时处分命令时。

四、宣告与停止请求相关的判决（包括调解的成立、取代调停的决定的告知或者仲裁裁判）或者告知对与停止请求相关的临时处分命令的申请的决定时。

五、对前项的判决提起上诉（包括对取代调解的决定申请异议或者申请撤销仲裁裁决）或者对同项的决定提出不服申请时。

六、第 4 项的判决（包括取代调解的决定或者仲裁裁决）或者同项的决定确定时。

七、在停止请求相关的诉讼中达成和解时。

八、除前两项所列情形外，与停止请求相关的诉讼（包括与申请和解相关的程序、调解程序或者仲裁程序）或者与停止请求相关的临时处分命令的程序终止时。

九、停止请求相关的诉讼于诉讼外外达成和解，及其他与停止请求相关的相对方之间达成或未达成协议时。

十、关于停止请求，须依与放弃请求、和解、撤回上诉及其他内阁府令规定的程序相关的行为,来决定确定判决及与其具有相同效力者存在时。

十一、其他与内阁府令就停止请求所规定的程序相关的行为作出时。

5. 内阁总理大臣在接到前款规定的报告时,应将该报告的日期、概要及其他内阁府令规定的事项,以所有适格消费者团体及内阁总理大臣均可利用电磁方法阅览同一信息的方式,及其他内阁府令规定的方法,告知其他适格消费者团体及经济产业大臣。

6. 适格消费者团体,依第12条之2第1款第2项本文规定的确定判决等可以进行强制执行时,该适格消费者团体不得放弃与该确定判决等相关的停止请求权。

第二十四条 (消費者の被害に関する情報の取扱い)

適格消費者団体は、差止請求権の行使(差止請求権不存在等確認請求に係る訴訟を含む。第二十八条において同じ。)に関し、消費者から収集した消費者の被害に関する情報をその相手方その他の第三者が当該被害に係る消費者を識別することができる方法で利用するに当たっては、あらかじめ、当該消費者の同意を得なければならない。

第二十四条 (有关消费者受害的信息的处理)

适格消费者团体,在行使停止请求权时(包括请求确认与停止请求权不存在的相关的诉讼,在第28条中亦同),使用从消费者处收集的消费者受害的信息,消费者的相对方及其他第三人可以通过该信息识别出受害的消费者时,应当事先取得该消费者的同意。

第二十五条 (秘密保持義務)

適格消費者団体の役員、職員若しくは専門委員又はこれらの職にあった者は、正当な理由がなく、差止請求関係業務に関して知り得た秘密を漏らしてはならない。

第二十五条 (保密义务)

适格消费者团体的管理人员、职员、专门委员会或者担任该等职务者,无正当理由时,不得泄露通过停止请求相关业务获知的秘密。

第二十六条 (氏名等の明示)

適格消費者団体の差止請求関係業務に従事する者は、その差止請求関係業務を行うに当たり、相手方の請求があったときは、当該適格消費者団体の名称、自己の氏名及び適格消費者団体における役職又は地位その他内閣府令で定める事項を、その相手方に明らかにしなければならない。

第二十六条 (姓名等的明示)

从事适格消费者团体的停止请求相关业务者,在从事其停止请求相关业务时,向相对方提出请求的,必须向相对方告知该适格消费者团体的名称、自己的姓名、其在适格消费者团体中的职务或地位及其他内阁府令规定的事项。

第二十七条 (判決等に関する情報の提供)

適格消費者団体は、消費者の被害の防止及び救済に資するため、消費者に対し、差止請求に係る判決(確定判決と同一の効力を有するもの及び仮処分命令の申立てについての決定を含む。)又は裁判外の和解の内容その他必要な情報を提供するよう努めなければならない。

第二十七条 (判决等相关信息的提供)

为防止消费者受害及救济消费者,适格消费者团体应尽可能向消费者提供与停止请求相关的判决(包括与确定判决具有相同效力者及有关申请临时处分命令的决定)或诉讼外和解的内容及其他必要的信息。

第二十八条 (財産上の利益の受領の禁止等)

適格消費者団体は、次に掲げる場合を除き、その差止請求に係る相手方から、その差止請求権の行使に関し、寄附金、賛助金その他名目のいかんを問わず、金銭その他の財産上の利益を受けてはならない。

一　差止請求に係る判決(確定判決と同一の効力を有するもの及び仮処分命令の申立てについての決定を含む。以下この項において同じ。)又は民事訴訟法(平成八年法律第百九号)第七十三条第一項の決定により訴訟費用(和解の費用、調停手続の費用及び仲裁手続の費用を含む。)を負担することとされた相手方から当該訴訟費用に相当する額の償還として財産上の利益を受けるとき。

二　差止請求に係る判決に基づいて民事執行法(昭和五十四年法律第四号)第一百七十二条第一項の規定により命じられた金銭の支払として財産上の利益を受けるとき。

三　差止請求に係る判決に基づく強制執行の執行費用に相当する額の償還として財産上の利益を受けるとき。

四　差止請求に係る相手方の債務の履行を確保するために約定された違約金の支払として財産上の利益を受けるとき。

2　適格消費者団体の役員、職員又は専門委員は、適格消費者団体の差止請求に係る相手方から、その差止請求権の行使に関し、寄附金、賛助金その他名目のいかんを問わず、金銭その他の財産上の利益を受けてはならない。

3 適格消費者団体又はその役員、職員若しくは専門委員は、適格消費者団体の差止請求に係る相手方から、その差止請求権の行使に関し、寄附金、賛助金その他名目のいかんを問わず、金銭その他の財産上の利益を第三者に受けさせてはならない。

4 前三項に規定する差止請求に係る相手方からその差止請求権の行使に関して受け又は受けさせてはならない財産上の利益には、その相手方がその差止請求権の行使に関してした不法行為によって生じた損害の賠償として受け又は受けさせる財産上の利益は含まれない。

5 適格消費者団体は、第一項各号に規定する財産上の利益を受けたときは、これに相当する金額を積み立て、これを差止請求関係業務に要する費用に充てなければならない。

6 適格消費者団体は、その定款において、差止請求関係業務を廃止し、又は第十三条第一項の認定の失効(差止請求関係業務の廃止によるものを除く。)若しくは取消しにより差止請求関係業務を終了した場合において、積立金(前項の規定により積み立てられた金額をいう。)に残余があるときは、その残余に相当する金額を、他の適格消費者団体(第三十五条の規定により差止請求権を承継した適格消費者団体がある場合にあっては、当該適格消費者団体)があるときは当該他の適格消費者団体に、これがないときは第十三条第三項第二号に掲げる要件に適合する消費者団体であって内閣総理大臣が指定するもの又は国に帰属させる旨を定めておかなければならない。

第二十八条 (收受财产上利益的禁止等)

适格消费者团体,除下列情形外,均不得从与停止请求相关的相对方处接受与停止请求权行使相关的金钱或其他财产上的利益,不论其以捐助金、赞助金抑或其他名目为由。

一、从依与停止请求相关的判决(包括与确定判决具有相同效力者及申请临时处分命令的决定)或者依《民事诉讼法》(1996 年法律第 109 号)第 73 条第 1 款的规定而被判令承担诉讼费用(包括和解费用、调解费用及仲裁费用)的相对方处受领与该诉讼费用相当的作为赔偿的财产性利益。

二、基于与停止请求相关的判决而依《民事执行法》(1979年法律第4号)第172条第1款的规定被判令支付金钱,而接受的财产上利益。

三、作为偿还相当于基于与停止请求相关的判决所生强制执行费用的金钱,而接受的财产上利益。

四、作为支付为确保与停止请求相关的相对方为履行债务而约定的违约金,而接受的财产上利益。

2. 适格消费者团体的管理人员、职员及专门委员,在行使停止请求权时,均不得从与适格消费者团体的停止请求相关的相对方处接受金钱或其他财产上的利益,不论其以捐助金、赞助金抑或其他名目为由。

3. 适格消费者团体或者其管理人员、职员及专门委员,在行使停止请求权时,均不得使第三人从与适格消费者团体的停止请求相关的相对方处接受金钱及其他财产上的利益,不论其以捐助金、赞助金抑或其他名目为由。

4. 对于行使停止请求权时不得使他人从与前三款规定的停止请求相关的相对方处接受的财产上利益中,不包括因行使该停止请求权而遭受不法行为侵害所产生的损害而接受或使他人接受的财产上利益。

5. 适格消费者团体在接受第1款各项规定的财产上利益后,必须存储与之相当的金额以作为停止请求相关业务所需的费用。

6. 适格消费者团体应当在其章程中作如下规定,在废止停止请求相关业务、第13条第1款的认定失效(除因停止请求相关业务的废止而失效者外)、因撤销而终止停止请求相关业务的情形下,准备金(指依前款规定而存储的金额)尚有余额的,当存在其他适格消费者团体(当存在依第35条规定而继承停止请求权的适格消费者团体时,该适格消费者团体)时,余额归属于该其他适格消费者团体,不存在时,余额归属于满足第13条第3款第2项所列要件并由内阁总理大臣指定的消费者团体或国家。

第二十九条 (業務の範囲及び区分経理)

適格消費者団体は、その行う差止請求関係業務に支障がない限り、定款の定めるところにより、差止請求関係業務以外の業務を行うことができる。

2 適格消費者団体は、次に掲げる業務に係る経理をそれぞれ区分して整理しなければならない。

一 差止請求関係業務。

二　不特定かつ多数の消費者の利益の擁護を図るための活動に係る業務(前号に掲げる業務を除く)。

三　前二号に掲げる業務以外の業務。

第二十九条　(业务范围及区别经营管理)

除可能对停止请求业务造成妨害外,适格消费者团体可以依章程的规定从事停止请求相关业务以外的业务。

2. 适格消费者团体应当对与下列业务相关的事项进行区别经营管理。

一、停止请求相关业务。

二、为了维护不特定多数消费者利益的相关业务(前项所列业务除外)。

三、前两项所列业务之外的业务。

第三款　監　　督

第三款　监　　督

第三十条　(帳簿書類の作成及び保存)

適格消費者団体は、内閣府令で定めるところにより、その業務及び経理に関する帳簿書類を作成し、これを保存しなければならない。

第三十条　(账簿文件的制作与保存)

适格消费者团体应依内阁府令的规定,制作并保存与其业务及经营管理相关的账簿文件。

第三十一条　(財務諸表等の作成、備置き、閲覧等及び提出等)

適格消費者団体は、毎事業年度終了後三月以内に、その事業年度の財産目録、貸借対照表、収支計算書及び事業報告書(これらの作成に代えて電磁的記録(電子的方式、磁気的方式その他人の知覚によっては認識することができない方式で作られる記録であって、電子計算機による情報処理の用に供されるものをいう。以下この条において同じ。)の作成がされている場合における当該電磁的記録を含む。以下「財務諸表等」という。)を作成しなければならない。

2　適格消費者団体は、内閣府令で定めるところにより、毎事業年度、その差止請求関係業務その他の業務がこの法律の規定に従い適正に遂行されているかどうかについて、その業務の遂行の状況の調査に必要な学識経験を有する者が行う調査を受けなければならない。

3　適格消費者団体の事務所には、内閣府令で定めるところにより、次に掲げる書類を備え置かなければならない。

一　定款。

二　業務規程。

三　役職員等名簿（役員、職員及び専門委員の氏名、役職及び職業その他内閣府令で定める事項を記載した名簿をいう）。

四　適格消費者団体の社員について、その数及び個人又は法人その他の団体の別（社員が法人その他の団体である場合にあっては、その構成員の数を含む。）を記載した書類。

五　財務諸表等。

六　収入の明細その他の資金に関する事項、寄附金に関する事項その他の経理に関する内閣府令で定める事項を記載した書類。

七　差止請求関係業務以外の業務を行う場合には、その業務の種類及び概要を記載した書類。

八　前項の調査の方法及び結果が記載された調査報告書。

4　何人も、適格消費者団体の業務時間内は、いつでも、次に掲げる請求をすることができる。ただし、第二号又は第四号に掲げる請求をするには、当該適格消費者団体の定めた費用を支払わなければならない。

一　前項各号に掲げる書類が書面をもって作成されているときは、当該書面の閲覧又は謄写の請求。

二　前号の書面の謄本又は抄本の交付の請求。

三　前項各号に掲げる書類が電磁的記録をもって作成されているときは、当該電磁的記録に記録された事項を内閣府令で定める方法により表示したものの閲覧又は謄写の請求。

四　前号の電磁的記録に記録された事項を電磁的方法であって内閣府令で定めるものにより提供することの請求又は当該事項を記載した書面の交付の請求。

5　適格消費者団体は、前項各号に掲げる請求があったときは、正当な理由がある場合を除き、これを拒むことができない。

6　適格消費者団体は、毎事業年度終了後三月以内に、第三項第三号から第六号まで及び第八号に掲げる書類を内閣総理大臣に提出しなければならない。

第三十一条　（财务报表等的制作、置备、查阅等及提出等）

适格消费者团体应当在每个会计年度结束后3个月内，制作该会计年度内的财产目录、资产负债表、收支计算书及经营报告书（以电磁方式记录（指以电子的方式、磁性的方式及其他人的知觉无法识别的方式而制成的、以供计算机信息处理之用的记录，以下此条中亦同）时包括该电磁记录，下称“财务报表等”）。

2. 适格消费者团体应当依内阁府令的规定，在每会计年度就其是否依照本法规定合理地完成停止请求相关业务及其他业务，接受具备调查其业务完成情况所必需的知识经验者的调查。

3. 适格消费者团体的事务所应当依内阁府令的规定，备置下列文件。

一、章程。

二、业务规定。

三、管理人员、职员等的名册（指记载有管理人员、职员及专门委员的姓名、职务、职业及其他内阁府令规定事项的名簿）。

四、记载有适格消费者团体的社员的数量与个人或法人及其他团体的类别（当社员是法人及其他团体时，包括其成员人数）的文件。

五、财务报表等。

六、记载有收入明细、其他资金的事项、与捐助金相关的事项及其他内阁府令规定的有关经营管理的事项的文件。

七、在从事停止请求相关业务以外的业务时，记载有其业务种类及概要的文件。

八、记载有前款的调查方法及结果的调查报告书。

4. 任何人在适格消费者团体办理业务时间内，可随时提出下列请求。但提出第2项或者第4项所列请求的，须向该适格消费者团体支付所规定的费用。

一、前款各项所列文件以书面形式制成的，请求查阅或者摘抄该书面文件。

二、请求提供前项书面文件的誊本或者抄本。

三、前款各项所列文件作成电磁记录时，请求查阅或摘抄依内阁府令规定的方法来显示该电磁记录中的事项的文件。

四、请求依内阁府令的规定以电磁方法提供前项的电磁记录中的事项，或者请求提供记载该事项的书面文件。

5. 对于有前款各项所列请求，适格消费者团体无正当理由的，不得拒绝。

6. 适格消费者团体在每个会计年度结束后3个月内，应向内阁总理大臣提交第3款第3项至第6项及第8项所列文件。

第三十二条 （報告及び立入検査）

内閣総理大臣は、この法律の実施に必要な限度において、適格消費者団体に対し、その業務若しくは経理の状況に関し報告をさせ、又はその職員に、適格消費者団体の事務所に立ち入り、業務の状況若しくは帳簿、書類その他の物件を検査させ、若しくは関係者に質問させることができる。

2 前項の規定により職員が立ち入るときは、その身分を示す証明書を携帯し、関係者に提示しなければならない。

3 第一項に規定する立入検査の権限は、犯罪捜査のために認められたものと解してはならない。

第三十二条 （报告及入内检查）

在本法实施的必要限度内，内阁总理大臣可以要求适格消费者团体报告其业务或经营管理的情况，或者令其职员进入适格消费者团体的事务所，检查业务情况、账簿、文件及其他物件，或对相关人员进行询问。

2. 职员依前项规定进入适格消费者团体的事务所时，必须随身携带明示其身份的证件，并向相关人员出示。

3. 第1款所规定的入内检查的权限，不得解释为刑事侦查方面的权限。

第三十三条 （適合命令及び改善命令）

内閣総理大臣は、適格消費者団体が、第十三条第三項第二号から第七号までに掲げる要件のいずれかに適合しなくなったと認めるときは、当該適格消費者団体に対し、これらの要件に適合するために必要な措置をとるべきことを命ずることができる。

2 内閣総理大臣は、前項に定めるもののほか、適格消費者団体が第十三条第五項第三号から第六号までのいずれかに該当するに至ったと認めるとき、適格消費者団体又はその役員、職員若しくは専門委員が差止請求関係業務の遂行に関しこの法律の規定に違反したと認めるとき、その他適格消費者団体の業務の適正な運営を確保するため必要があると認めるときは、当該適格消費者団体に対し、人的体制の改善、違反の停止、業務規程の変更その他の業務の運営の改善に必要な措置をとるべきことを命ずることができる。

第三十三条　（适合命令及改善命令）

内阁总理大臣认为适格消费者团体不符合第13条第3款第2项至第7项所列任一要件时，可以命令该适格消费者团体采取必要措施以符合该等要件。

2. 除前款规定外，内阁总理大臣认为适格消费者团体符合第13条第5款第3项至第6项的任一情形，认定适格消费者团体或者其管理人员、职员或专门委员在从事停止请求相关业务时违反了本法规定，或认定有必要确保其他适格消费者团体合理运营其业务的，可以命令该适格消费者团体改善人员体制、停止违反、变更业务（认定的撤销等）规定及采取改善其他适格消费者团体的业务运营所必需的措施。

第三十四条　（認定の取消し等）

内閣総理大臣は、適格消費者団体について、次のいずれかに掲げる事由があるときは、第十三条第一項の認定を取り消すことができる。

一　偽りその他不正の手段により第十三条第一項の認定、第十七条第二項の有効期間の更新又は第十九条第三項若しくは第二十条第三項の認可を受けたとき。

二　第十三条第三項各号に掲げる要件のいずれかに適合しなくなったとき。

三　第十三条第五項各号（第二号を除く。）のいずれかに該当するに至ったとき。

四　第十二条の二第一項第二号本文の確定判決等に係る訴訟等の手続に関し、当該訴訟等の当事者である適格消費者団体が、差止請求に係る相手方と通謀して請求の放棄又は不特定かつ多数の消費者の利益を害する内容の和解をしたとき、その他不特定かつ多数の消費者の利益に著しく反する訴訟等の追行を行ったと認められるとき。

五　第十二条の二第一項第二号本文の確定判決等に係る強制執行に必要な手続に関し、当該確定判決等に係る訴訟等の当事者である適格消費者団体がその手続を怠ったことが不特定かつ多数の消費者の利益に著しく反するものと認められるとき。

六　前各号に掲げるもののほか、この法律若しくはこの法律に基づく命令の規定又はこれらの規定に基づく処分に違反したとき。

七　当該適格消費者団体の役員、職員又は専門委員が第二十八条第二項又は第三項の規定に違反したとき。

2　適格消費者団体が、第二十三条第四項の規定に違反して同項の通知又は報告をしないで、差止請求に関し、同項第十号に規定する行為をしたときは、内閣総理大臣は、当該適格消費者団体について前項第四号に掲げる事由があるものとみなすことができる。

3　第十二条の二第一項第二号本文に掲げる場合であって、当該他の適格消費者団体に係る第十三条第一項の認定が、第二十二条各号に掲げる事由により既に失効し、又は第一項各号に掲げる事由(当該確定判決等に係る訴訟等の手続に関する同項第四号に掲げる事由を除く。)により既に取り消されている場合においては、内閣総理大臣は、当該他の適格消費者団体につき当該確定判決等に係る訴訟等の手続に関し同項第四号に掲げる事由があったと認められるとき(前項の規定により同号に掲げる事由があるものとみなすことができる場合を含む。)は、当該他の適格消費者団体であった法人について、その旨の認定をすることができる。

4　前項に規定する場合における当該他の適格消費者団体であった法人は、清算が結了した後においても、同項の規定の適用については、なお存続するものとみなす。

5　内閣総理大臣は、第一項各号に掲げる事由により第十三条第一項の認定を取り消し、又は第三項の規定により第一項第四号に掲げる事由があった旨の認定をしたときは、内閣府令で定めるところにより、その旨及びその取消し又は認定をした日を公示するとともに、当該適格消費者団体又は当該他の適格消費者団体であった法人に対し、その旨を書面により通知するものとする。

第三十四条　(认定的撤销)

适格消费者团体存在下列任一情形时,内阁总理大臣可以撤销其第13条第1款的认定。

一、以虚假及其他不正当手段获得第13条第1款的认定、第17条第2款的有效期限的更新或者第19条第3款、第20条第3款的认可的。

二、不符合第13条第3款各项所列任何一要件的。

三、符合第13条第5款各项(第2项除外)的任一情形的。

四、第12条之2第1款第2项本文规定的确定判决等相关的诉讼等程序中,作为该诉讼等的当事人的适格消费者团体与停止请求相关的相对方通谋放弃请求,或者达成以损害不特定多数消费者利益为内容的和解时,或者进行其他明显违反不特定多数消费者的利益的诉讼等时。

五、第12条之2第1款第2项本文中的确定判决等相关的强制执行的必要程序中,作为该确定判决等的诉讼当事人的适格消费者团体怠于履行该程序,明显违反不特定多数消费者的利益时。

六、除前项所列情形外,违反了本法或基于本法的命令规定或者基于这些规定之处分时。

七、该适格消费者团体的管理人员、职员或者专门委员违反了第28条第2款或第3款的规定之时。

2. 适格消费者团体违反第23条第4款的规定,不履行同款规定的通知或报告,在行使停止请求时存在同款第10项规定的行为时,内阁总理大臣可以认定该适格消费者团体存在前款第4项所列事由。

3. 符合第12条之2第1款第2项本文所列情形,对适格消费者团体的第13条第1款的认定依第22条各项所列事由已失效,或者依本条第1款各项所列事由(除同款第4项所列事由外)已被撤销的,内阁总理大臣在其他适格消费者团体被认定存在着与该确定判决相关的诉讼等程序的同款第4项所列事由时(包括依前款规定可视为存在着同项所列事由的情形),可以就该其他适格消费者团体的法人,作出认定。

4. 在前款规定的情形中,该其他消费者团体的法人在清算完后,依然适用同款的规定。

5. 内阁总理大臣在依第1款各项所列事由撤销第13条第1款的认定,或者依第3款的规定认定存在第1款第4项所列事由时,应依内阁府令的规定,公示其内容及撤销、认定的日期,同时以书面形式将该内容通知该适格消费者团体或者该其他适格消费者团体的法人。

第三十五条　(差止請求権の承継に係る指定等)

適格消費者団体について、第十二条の二第一項第二号本文の確定判決等で強制執行をすることができるものが存する場合において、第十三条第一項の認定が、第二十二条各号に掲げる事由により失効し、若しくは前条第一項各号に掲げる事由により取り消されるとき、又はこれらの事由により既に失効し、若しくは既に取り消されているときは、内閣総理大臣は、当該適格消費者団体の有する当該差止請求権を承継すべき適格消費者団体として他の適格消費者団体を指定するものとする。

2　前項の規定による指定がされたときは、同項の差止請求権は、その指定の時において(その認定の失効又は取消しの後にその指定がされた場合にあっては、その認定の失効又は取消しの時にさかのぼって)その指定を受けた適格消費者団体が承継する。

3　前項の場合において、同項の規定により当該差止請求権を承継した適格消費者団体が当該差止請求権に基づく差止請求をするときは、第十二条の二第一項第二号本文の規定は、当該差止請求については、適用しない。

4　内閣総理大臣は、次のいずれかに掲げる事由が生じたときは、第一項、第六項又は第七項の規定による指定を受けた適格消費者団体(以下この項から第七項までにおいて「指定適格消費者団体」という。)に係る指定を取り消さなければならない。

一　指定適格消費者団体について、第十三条第一項の認定が、第二十二条各号に掲げる事由により失効し、若しくは既に失効し、又は前条第一項各号に掲げる事由により取り消されるとき。

二　指定適格消費者団体が承継した差止請求権をその指定前に有していた者(以下この条において「従前の適格消費者団体」という。)のうち当該確定判決等の当事者であったものについて、第十三条第一項の認定の取消処分、同項の認定の有効期間の更新拒否処分若しくは合併若しくは事業の全部の譲渡の不認可処分(以下この条において「認定取消処分等」という。)が取り消され、又は認定取消処分等の取消し若しくはその無効若しくは不存在の確認の判決(次項第二号において「取消判決等」という。)が確定したとき。

5　内閣総理大臣は、次のいずれかに掲げる事由が生じたときは、指定適格消費者団体に係る指定を取り消すことができる。

一　指定適格消費者団体が承継した差止請求権に係る強制執行に必要な手続に関し、当該指定適格消費者団体がその手続を怠ったことが不特定かつ多数の消費者の利益に著しく反するものと認められるとき。

二　従前の適格消費者団体のうち指定適格消費者団体であったもの（当該確定判決等の当事者であったものを除く。）について、前項第一号の規定による指定の取消しの事由となった認定取消処分等が取り消され、若しくはその認定取消処分等の取消判決等が確定したとき、又は前号の規定による指定の取消処分が取り消され、若しくはその取消処分の取消判決等が確定したとき。

6　内閣総理大臣は、第四項第一号又は前項第一号に掲げる事由により指定適格消費者団体に係る指定を取り消し、又は既に取り消しているときは、当該指定適格消費者団体の承継していた差止請求権を承継すべき適格消費者団体として他の適格消費者団体を新たに指定するものとする。

7　内閣総理大臣は、第四項第二号又は第五項第二号に掲げる事由により指定適格消費者団体に係る指定を取り消すときは、当該指定適格消費者団体の承継していた差止請求権を承継すべき適格消費者団体として当該従前の適格消費者団体を新たに指定するものとする。

8　前二項の規定による新たな指定がされたときは、前二項の差止請求権は、その新たな指定の時において（従前の指定の取消し後に新たな指定がされた場合にあっては、従前の指定の取消しの時（従前の適格消費者団体に係る第十三条第一項の認定の失効後に従前の指定の取消し及び新たな指定がされた場合にあっては、その認定の失効の時）にさかのぼって）その新たな指定を受けた適格消費者団体が承継する。

9　第三項の規定は、前項の場合において、同項の規定により当該差止請求権を承継した適格消費者団体が当該差止請求権に基づく差止請求をするときについて準用する。

10　内閣総理大臣は、第一項、第六項又は第七項の規定による指定をしたときは、内閣府令で定めるところにより、その旨及びその指定の日を公示するとともに、その指定を受けた適格消費者団体に対し、その旨を書面により通知するものとする。第四項又は第五項の規定により当該指定を取り消したときも、同様とする。

第 35 条　（与停止请求权的继承相关的指定等）

对于适格消费者团体，依第 12 条之 2 第 1 款第 2 项本文的确定判决等被强制执行的情形，在第 13 条第 1 款的认定依第 22 条各项所列事由而失效，或依前条第 1 款各项所列事由而被撤销的；或者依这些事由已经失效或已经被撤销的，内阁总理大臣作为必须承继该适格消费者团体所享有的停止请求权人，指定其他适格消费者团体。

2. 依前款规定获得指定的，同款的停止请求权自指定时起（在其认定失效或者被撤销后得到其指定的，追溯到其认定失效或者被撤销之时），由接受认定的适格消费者团体继承。

3. 在前款的情形中，依同款规定继承该停止请求权的适格消费者团体基于该停止请求权主张停止请求时，依第 12 条之 2 第 1 款第 2 项本文的规定不再适用该停止请求。

4. 发生以下所列任一事由时，内阁总理大臣应当撤销依第 1 款、第 6 款或者第 7 款规定而获得指定的适格消费者团体（以下此款至第 7 款中称为“指定适格消费者团体”）的指定。

一、指定消费者团体依第 13 条第 1 款获得的认定因第 22 条各项所列事由而失效，或已经失效，或依前条第 1 款各项所列事由被撤销时。

二、对于指定适格消费者团体承继停止请求权之前享有该停止请求权者（以下该条中称为“以前的适格消费者团体”）中确定判决等的当事人，第 13 条第 1 款的撤销处分、同款的认定有效期限的拒绝更新处分或合并或全部经营转让的不认可处分（以下该条中称为“认定撤销处分等”）被撤销；或者认定撤销处分等的撤销或无效或不存在的确定判决（次款第 2 项中称为“撤销判决等”）确定时。

5. 在出现下列任一事由时，内阁总理大臣可以撤销对指定适格消费者团体的指定。

一、指定适格消费者团体怠于进行其所继承的与停止请求相关的强制执行的必要程序，明显违反不特定多数消费者的利益时。

二、对于以前的适格消费者团体中的指定适格消费者团体（该确定判决等的当事人除外），前款第 1 项撤销指定事由之认定撤销处分等被撤销，或其认定撤销处分等的撤销判决等确定时；或者前项所规定的指定之撤销处分被撤销，或其撤销处分的撤销判决等确定时。

6. 在依第 4 款第 1 项或者前款第 1 项所列事由撤销或已经撤销对指定适格消费者团体的指定时，内阁总理大臣应当重新指定其他适格消费者团体继承该指定适格消费者团体所继承的停止请求权。

7. 在依第 4 款第 2 项或者第 5 款第 2 项所列事由撤销对指定适格消

费者团体的指定时，内阁总理大臣应当重新指定以前的适格消费者团体继承该指定适格消费者团体所继承的停止请求权。

8. 依前两款规定重新指定时，前两款的停止请求权，自重新指定时（以前的指定撤销后重新指定的，追溯到以前的指定撤销之时（以前的适格消费者团体依第13条第1款的认定失效后而撤销以前的指定或重新作出指定的，自认定失效时））由获得重新指定的适格消费者团体继承。

9. 在前款的情形中，依同款规定继承该停止请求权的适格消费者团体基于该停止请求权而主张停止请求时，准用第3款的规定。

10. 内阁总理大臣在依第1款、第6款、第7款的规定进行指定时，应当依内阁府令的规定，公示其内容及指定日期，同时以书面形式将该内容通知接受指定的适格消费者团体。依第4款或第5款的规定撤销该指定时，亦同。

第四款　補　　则

第四款　补　　则

第三十六条　（規律）

適格消費者団体は、これを政党又は政治的目的のために利用してはならない。

第三十六条　（守则）

不得将适格消费者团体用于政党或政治性目的。

第三十七条　（官公庁等への協力依頼）

内閣総理大臣は、この法律の実施のため必要があると認めるときは、官庁、公共団体その他の者に照会し、又は協力を求めることができる。

第三十七条　（对政府机关的协助依靠）

内阁总理大臣认为为实施本法所必要时，可以照会政党机关、公共团体及他人，或者要求其提供协助。

第三十八条　（内閣総理大臣への意見）

次の各号に掲げる者は、適格消費者団体についてそれぞれ当該各号に定める事由があると疑うに足りる相当な理由があるため、内閣総理大臣が当該適格消費者団体に対して適当な措置をとることが必要であると認める場合には、内閣総理大臣に対し、その旨の意見を述べることができる。

一　経済産業大臣　第十三条第三項第二号に掲げる要件に適合しない事由又は第三十四条第一項第四号に掲げる事由。

二　警察庁長官　第十三条第五項第三号、第四号又は第六号ハに該当する事由。

第三十八条　（对内阁总理大臣的意见）

以下各项所列者，有充分理由怀疑适格消费者团体存在该各项所列的事由，认为内阁总理大臣有必要对该适格消费者团体采取适当措施时，可以向内阁总理大臣提出意见。

一、经济产业大臣，不符合第 13 条第 3 款第 2 项所列的要件或者第 34 条第 1 款第 4 项所列的事由。

二、警察厅长官，符合第 13 条第 5 款第 3 项、第 4 项或者第 6 项（三）的事由。

第三十九条　（判決等に関する情報の公表）

内閣総理大臣は、消費者の被害の防止及び救済に資するため、適格消費者団体から第二十三条第四項第四号から第九号まで及び第十一号の規定による報告を受けたときは、インターネットの利用その他適切な方法により、速やかに、差止請求に係る判決（確定判決と同一の効力を有するもの及び仮処分命令の申立てについての決定を含む。）又は裁判外の和解の概要、当該適格消費者団体の名称及び当該差止請求に係る相手方の氏名又は名称その他内閣府令で定める事項を公表するものとする。

2　前項に規定する事項のほか、内閣総理大臣は、差止請求関係業務に関する情報を広く国民に提供するため、インターネットの利用その他適切な方法により、適格消費者団体の名称及び住所並びに差止請求関係業務を行う事務所の所在地その他内閣府令で定める必要な情報を公表することができる。

3　内閣総理大臣は、独立行政法人国民生活センターに、前二項の情報の公表に関する業務を行わせることができる。

第三十九条　（有关判决等信息的公布）

为了防止消费者受害并救济消费者，内阁总理大臣在从适格消费者团体处收到第 23 条第 4 款第 4 项至第 9 项及第 11 项规定的报告时，应当通过网络及其他适当方法，立即公布与停止请求相关的判决（包括与确定判决具有相同效力者及有关申请假处分命令的决定）或者诉讼外和解的概要、该适格消费者团体的名称及与该停止请求相关的相对方的姓名、名称及其他由内阁府令规定的事项。

2. 除前款规定的事项外,为了更广泛地向公民提供有关停止请求相关业务的信息,内阁总理大臣可以通过网络及其他适当方法,公布适格消费者团体的名称、住所、其从事停止请求相关业务的事务所所在地及其他由内阁府令规定的必要信息。

3. 内阁总理大臣可以授权独立行政法人国民生活中心行使前两款的信息公布业务。

第四十条 (適格消費者団体への協力等)

独立行政法人国民生活センター及び地方公共団体は、内閣府令で定めるところにより、適格消費者団体の求めに応じ、当該適格消費者団体が差止請求権を適切に行使するために必要な限度において、当該適格消費者団体に対し、消費生活相談に関する情報で内閣府令で定めるものを提供することができる。

2 前項の規定により情報の提供を受けた適格消費者団体は、当該情報を当該差止請求権の適切な行使の用に供する目的以外の目的のために利用し、又は提供してはならない。

第四十条 (对适格消费者团体的协助等)

独立行政法人国民生活中心及地方公共团体依内阁府令的规定,按照适格消费者团体的请求,在为了适格消费者团体合理行使停止请求权的必要限度内,可以向该适格消费者团体提供由内阁府令规定的有关消费生活咨询的信息。

2. 依前款规定获得信息的适格消费者团体,不得将该信息用于合理行使该停止请求权之外的目的或者向他人提供该信息。

第三節 訴訟手続等の特例

第三节 诉讼程序等的特例

第四十一条 (書面による事前の請求)

適格消費者団体は、差止請求に係る訴えを提起しようとするときは、その訴えの被告となるべき者に対し、あらかじめ、請求の要旨及び紛争の要点その他の内閣府令で定める事項を記載した書面により差止請求をし、かつ、その到達した時から一週間を経過した後でなければ、その訴えを提起することができない。ただし、当該被告となるべき者がその差止請求を拒んだときは、この限りでない。

2　前項の請求は、その請求が通常到達すべきであった時に、到達したものとみなす。

3　前二項の規定は、差止請求に係る仮処分命令の申立てについて準用する。

第四十一条　(基于书面的事前请求)

适格消费者团体在提起与停止请求相关的诉讼前,事先以记载有请求要旨、争论要点及其他由内阁府令规定事项的书面形式向应当作为诉讼被告者主张停止请求,自书面资料到达之时起未满一周的不得提起诉讼。但是,应当作为该被告者拒绝其停止请求时,不在此限。

2. 前款的请求在通常应当到达之时,视为到达。

3. 对于与停止请求相关的临时处分命令的申请,准用前两款的规定。

第四十二条　(訴訟の目的の価額)

差止請求に係る訴えは、訴訟の目的の価額の算定については、財産権上の請求でない請求に係る訴えとみなす。

第四十二条　(诉讼标的的价额)

停止请求相关的诉讼中,对于诉讼标的价额的算定,视为不属于与财产权请求相关的诉讼。

第四十三条　(管轄)

差止請求に係る訴訟については、民事訴訟法第五条(第五号に係る部分を除く。)の規定は、適用しない。

2　次の各号に掲げる規定による差止請求に係る訴えは、当該各号に定める行為があった地を管轄する裁判所にも提起することができる。

一　第十二条　同条に規定する事業者等の行為。

二　不当景品類及び不当表示防止法第十条 同条 に規定する事業者の行為。

三　特定商取引に関する法律第五十八条の四 から第五十八条の九 まで これらの規定に規定する当該差止請求に係る相手方である販売業者、役務提供事業者、統括者、勧誘者、一般連鎖販売業者、関連商品の販売を行う者又は業務提供誘引販売業を行う者(同法第五十八条の七第二項の規定による差止請求に係る訴えにあっては、勧誘者)の行為。

第四十三条　(管辖)

停止请求相关的诉讼不适用《民事诉讼法》第5条(与第5号相关的部分除外)的规定。

2. 依下列各项规定提起停止请求相关的诉讼的,可以向该各项规定的行为发生地的管辖裁判所提起。

一、第12条,同条规定的经营者等的行为。

二、《不当赠品种类及不当表示防止法》第10条,同条规定的经营者的行为。

三、《关于特定商交易的法律》第58条之4至第58条之9,该等条款所规定的作为停止请求的相对方的销售业者、劳务提供经营者、统括者、劝诱者、一般连锁销售业者、从事关联商品销售者或者从事业务提供引诱销售业者(在与同法第58条之7第2款所规定的停止请求相关的诉讼时为劝诱者)的行为。

第四十四条　(移送)

裁判所は、差止請求に係る訴えが提起された場合であって、他の裁判所に同一又は同種の行為の差止請求に係る訴訟が係属している場合においては、当事者の住所又は所在地、尋問を受けるべき証人の住所、争点又は証拠の共通性その他の事情を考慮して、相当と認めるときは、申立てにより又は職権で、当該訴えに係る訴訟の全部又は一部について、当該他の裁判所又は他の管轄裁判所に移送することができる。

第四十四条　(移送)

裁判所在受理与停止请求相关的诉讼时,其他裁判所正在审理同一或同种行为的停止请求相关的诉讼的,充分考虑当事人的住所或者所在地、应当接受询问的证人的住所、争论点、证据的共通性及其他情况后,认为合适时,可以依申请或职权,将诉讼的全部或者一部分交由该裁判所或者其他管辖裁判所审理。

第四十五条　(弁論等の併合)

請求の内容及び相手方が同一である差止請求に係る訴訟が同一の第一審裁判所又は控訴裁判所に数個同時に係属するときは、その弁論及び裁判は、併合してしなければならない。ただし、審理の状況その他の事情を考慮して、他の差止請求に係る訴訟と弁論及び裁判を併合してすることが著しく不相当であると認めるときは、この限りでない。

2　前項本文に規定する場合には、当事者は、その旨を裁判所に申し出なければならない。

第四十五条　（辩论等的合并）

涉及数个相同请求内容，相对方的停止请求诉讼同时在同一个第一审裁判所或者上诉裁判所审理的，应将辩论及判决合并。但是，考虑到审理情况及其他情况，认为与其他停止请求的诉讼的辩论及判决合并明显不合适的，不在此限。

2. 存在前款本文规定的情形，当事人必须向裁判所提出申请。

第四十六条　（訴訟手続の中止）

内閣総理大臣は、現に係属する差止請求に係る訴訟につき既に他の適格消費者団体を当事者とする第十二条の二第一項第二号本文の確定判決等が存する場合において、当該他の適格消費者団体につき当該確定判決等に係る訴訟等の手続に関し第三十四条第一項第四号に掲げる事由があると疑うに足りる相当な理由がある場合（同条第二項の規定により同号に掲げる事由があるものとみなすことができる場合を含む。）であって、同条第一項の規定による第十三条第一項の認定の取消し又は第三十四条第三項の規定による認定（次項において「認定の取消し等」という。）をするかどうかの判断をするため相当の期間を要すると認めるときは、内閣府令で定めるところにより、当該差止請求に係る訴訟が係属する裁判所（以下この条において「受訴裁判所」という。）に対し、その旨及びその判断に要すると認められる期間を通知するものとする。

2　内閣総理大臣は、前項の規定による通知をした場合には、その通知に係る期間内に、認定の取消し等をするかどうかの判断をし、その結果を受訴裁判所に通知するものとする。

3　第一項の規定による通知があった場合において、必要があると認めるときは、受訴裁判所は、その通知に係る期間を経過する日まで（その期間を経過する前に前項の規定による通知を受けたときは、その通知を受けた日まで）、訴訟手続を中止することができる。

第四十六条　（诉讼程序的中止）

正在审理的停止请求相关的诉讼，已经存在以其他适格消费者团体为当事人的第 12 条之 2 第 1 款第 2 项本文的确定判决等时，该其他消费者团体，有理由足以怀疑与该确定判决等相关的诉讼等程序的第 34 条第 1

款第4项所列事由的存在(依同条第2款的规定,可以视为存在同项所列事由的除外),需要一定时间判断是否依同条第1款规定撤销第13条第1款的认定或者是否依第34条第3款予以认定(此款中称为"认定的撤销等")时,内阁总理大臣应当依内阁府令的规定,向正在审理与该停止请求相关诉讼的裁判所(以下此条中称为"受诉裁判所")通知其要旨及认定其判断所需的时间。

2. 内阁总理大臣在进行前款规定的通知时,在与其通知相关的期间内,应当对是否实施认定的撤销等作出判断,并将其结果通知受诉裁判所。

3. 存在第1款规定的通知时,受诉裁判所认为确有必要的,在通知的相关期间届满前(其期间届满前,收到此项规定的通知的,自收到该通知之日为止),可以中止诉讼程序。

第四十七条 (間接強制の支払額の算定)

差止請求権について民事執行法第百七十二条第一項に規定する方法により強制執行を行う場合において、同項又は同条第二項の規定により債務者が債権者に支払うべき金銭の額を定めるに当たっては、執行裁判所は、債務不履行により不特定かつ多数の消費者が受けるべき不利益を特に考慮しなければならない。

第四十七条 (间接强制的支付额的算定)

停止请求权,依《民事执行法》第172条第1款规定的方法进行强制执行的,执行裁判所依同款或者同条第2款规定确定债务人应当向债权人支付的金额时,应当特别考虑不特定多数消费者因债务不履行所必然遭受的损失。

第四章 雑 則

第四章 杂 则

第四十八条 (適用除外)

この法律の規定は、労働契約については、適用しない。

第四十八条 (除外适用)

本法不适用于劳动合同。

第四十八条の二 (権限の委任)

内閣総理大臣は、前章の規定による権限(政令で定めるものを除く。)を消費者庁長官に委任する。

第四十八条之二 (权限的委任)

内阁总理大臣可以将前章所规定的权限(政令所规定的权限除外)委

任于消费者厅长官。

第五章　罰　　則

第五章　罚　　则

第四十九条

適格消費者団体の役員、職員又は専門委員が、適格消費者団体の差止請求に係る相手方から、寄附金、賛助金その他名目のいかんを問わず、当該適格消費者団体においてその差止請求権の行使をしないこと若しくはしなかったこと、その差止請求権の放棄をすること若しくはしたこと、その相手方との間でその差止請求に係る和解をすること若しくはしたこと又はその差止請求に係る訴訟その他の手続を他の事由により終了させること若しくは終了させたことの報酬として、金銭その他の財産上の利益を受け、又は第三者（当該適格消費者団体を含む。）に受けさせたときは、三年以下の懲役又は三百万円以下の罰金に処する。

2　前項の利益を供与した者も、同項と同様とする。

3　第一項の場合において、犯人又は情を知った第三者が受けた財産上の利益は、没収する。その全部又は一部を没収することができないときは、その価額を追徴する。

4　第一項の罪は、日本国外においてこれらの罪を犯した者にも適用する。

5　第二項の罪は、刑法（明治四十年法律第四十五号）第二条 の例に従う。

第四十九条

适格消费者团体的管理人员、职员及专门委员从适格消费者团体的停止请求相关的相对方处接受或者让第三人（包括该适格消费者团体）接受金钱及其他财产上的利益，不论是以捐助金、赞助金还是其他名目为由，以作为该适格消费者团体不行使或曾经不行使其停止请求权、放弃或者曾经放弃其停止请求权、与相对方进行或曾经进行与其停止请求相关的和解、以其他事由终结或曾经终结与其停止请求相关的诉讼及其他程序的报酬的，处三年以下有期徒刑或者三百万日元以下罚金。

2. 给付前款利益者，同样适用同款规定。

3. 在第 1 款的情形中，没收罪犯或者知情第三人收受的财产利益。无法全部或部分没收时，应折算价额并予以追缴。

4. 在日本外犯此罪者适用第1款的规定。

5. 犯第2款罪的，适用《刑法》(1907年法律第45号)第2条规定。

第五十条

次のいずれかに該当する者は、百万円以下の罰金に処する。

一　偽りその他不正の手段により第十三条第一項の認定、第十七条第二項の有効期間の更新又は第十九条第三項若しくは第二十条第三項の認可を受けた者。

二　第二十五条の規定に違反して、差止請求関係業務に関して知り得た秘密を漏らした者。

第五十条

符合下列任一情形的，处一百万日元以下罚款。

一、通过虚假行为及其他不正当手段获得第13条第1款的认定、第17条第2款的有效期限的更新、第19条第3款或第20条第3款的认可的。

二、违反第25条的规定，泄露通过停止请求相关业务获取的秘密的。

第五十一条

次のいずれかに該当する者は、五十万円以下の罰金に処する。

一　第十四条第一項(第十七条第六項、第十九条第六項及び第二十条第六項において準用する場合を含む。)の申請書又は第十四条第二項各号(第十七条第六項、第十九条第六項及び第二十条第六項において準用する場合を含む。)に掲げる書類に虚偽の記載をして提出した者。

二　第十六条第三項の規定に違反して、適格消費者団体であると誤認されるおそれのある文字をその名称中に用い、又はその業務に関し、適格消費者団体であると誤認されるおそれのある表示をした者。

三　第三十条の規定に違反して、帳簿書類の作成若しくは保存をせず、又は虚偽の帳簿書類の作成をした者。

四　第三十二条第一項の規定による報告をせず、若しくは虚偽の報告をし、又は同項の規定による検査を拒み、妨げ、若しくは忌避し、若しくは同項の規定による質問に対して陳述をせず、若しくは虚偽の陳述をした者。

第五十一条

符合以下任一情形的，处五十万日元以下罚金。

一、在第14条第1款(包括准用于第17条第6款、第19条第6款及第20条第6款的情形)的申请书或者第14条第2款各项(包括准用于第17条第6款、第19条第6款及第20条第6款的情形)所列的文件中作虚假记载并提交的。

二、违反第16条第3款的规定,在其名称中使用让人误认或可能让人误认其是适格消费者团体的文字,或者在其业务中作出可能让人误认其为适格消费者团体的表示的。

三、违反第30条的规定,不制作或保存账簿文件,或者制作虚假的账簿文件的。

四、不进行第32条第1款所规定的报告或进行虚假报告,或者拒绝、妨碍或逃避同款所规定的检查,或对同款所规定的询问不作陈述或作虚假陈述的。

第五十二条

法人(法人でない団体で代表者又は管理人の定めのあるものを含む。以下この項において同じ。)の代表者若しくは管理人又は法人若しくは人の代理人、使用人その他の従業者が、その法人又は人の業務に関して、前三条の違反行為をしたときは、行為者を罰するほか、その法人又は人に対しても、各本条の罰金刑を科する。

2　法人でない団体について前項の規定の適用がある場合には、その代表者又は管理人が、その訴訟行為につき法人でない団体を代表するほか、法人を被告人又は被疑者とする場合の刑事訴訟に関する法律の規定を準用する。

第五十二条

法人(包括有代表人或者管理人的非法人团体,以下此项中亦同)的代表人或管理人、法人或自然人的代理人、使用人及其他从业人员,其法人或自然人在履行业务时,实施了前三条的违反行为时,除处罚行为人外,还应对法人或自然人依各条规定判处罚金。

2. 对非法人团体适用前款规定的,除其代表人或管理人就该诉讼行为代表非法人团体外,准用法人作为被告或者犯罪嫌疑人的有关刑事诉讼的法律的规定。

第五十三条

次のいずれかに該当する者は、三十万円以下の過料に処する。

一　第十六条第二項の規定による掲示をせず、又は虚偽の掲示をした者。

二　第十八条、第十九条第二項若しくは第七項、第二十条第二項若しくは第七項又は第二十一条第一項の規定による届出をせず、又は虚偽の届出をした者。

三　第二十三条第四項前段の規定による通知若しくは報告をせず、又は虚偽の通知若しくは報告をした者。

四　第二十四条の規定に違反して、消費者の被害に関する情報を利用した者。

五　第二十六条の規定に違反して、同条の請求を拒んだ者。

六　第三十一条第一項の規定に違反して、財務諸表等を作成せず、又はこれに記載し、若しくは記録すべき事項を記載せず、若しくは記録せず、若しくは虚偽の記載若しくは記録をした者。

七　第三十一条第二項の規定による調査を拒み、妨げ、若しくは忌避し、又は同項の規定による調査において説明をせず、若しくは虚偽の説明をした者。

八　第三十一条第三項の規定に違反して、書類を備え置かなかった者。

九　第三十一条第五項の規定に違反して、正当な理由がないのに同条第四項各号に掲げる請求を拒んだ者。

十　第三十一条第六項の規定に違反して、書類を提出せず、又は書類に虚偽の記載若しくは記録をして提出した者。

十一　第四十条第二項の規定に違反して、情報を同項に定める目的以外の目的のために利用し、又は提供した者。

第五十三条

符合以下任一情形的,处 30 万日元以下的罚款。

一、未按第 16 条第 2 款的规定进行公布,或者进行虚假公布的。

二、未按第 18 条、第 19 条第 2 款或第 7 款、第 20 条第 2 款或第 7 款或者第 21 条第 1 款的规定进行申报,或者进行虚报申报的。

三、未按第 23 条第 4 款前段的规定进行通知或报告,或者进行虚假通知或者报告的。

三、违反第 24 条的规定,使用有关消费者受害的信息的。

四、违反第26条的规定，拒绝依该条提出请求的。

五、违反第31条第1项的规定，未制作财务报表等，或者应记载、应记录的事项未记载、未记录或作虚假记载、记录的。

六、拒绝、妨碍或者逃避依第31条第2款规定的检查，或者在依同条规定进行的调查中不作说明或作虚假说明的。

七、违反第31条第3款的规定，未备置文件的。

八、违反第31条第5款的规定，无正当理由拒绝同条第4款所列各项请求的。

九、违反第31条第6款的规定，未提交文件，或者在文件中作虚假记载、记录并提交的。

十、违反第40条第2款的规定，将信息用于该条规定目的之外的其他用途，或提供给他人的。

中华人民共和国消费者权益保护法(节选)

1993 年 10 月 31 日通过,1994 年 1 月 1 日施行

第 24 条 (禁止经营者以告示免责)

经营者不得以格式合同、通知、声明、店堂告示等方式作出对消费者不公平、不合理的规定,或者减轻、免除其损害消费者合法权益应当承担的民事责任。

格式合同、通知、声明、店堂告示等含有前款所列内容的,其内容无效。

中华人民共和国合同法(节选)

1999年3月15日通过,1999年10月1日施行

第39条 (格式合同条款定义及使用人义务)

采用格式条款订立合同的,提供格式条款的一方应当遵循公平原则确定当事人之间的权利和义务,并采取合理的方式提请对方注意免除或者限制其责任的条款,按照对方的要求,对该条款予以说明。

格式条款是当事人为了重复使用而预先拟定,并在订立合同时未与对方协商的条款。

第40条 (格式合同条款的无效)

格式条款具有本法第五十二条和第五十三条规定情形的,或者提供格式条款一方免除其责任、加重对方责任、排除对方主要权利的,该条款无效。

第41条 (格式合同的解释)

对格式条款的理解发生争议的,应当按照通常理解予以解释。对格式条款有两种以上解释的,应当作出不利于提供格式条款一方的解释。格式条款和非格式条款不一致的,应当采用非格式条款。

最高人民法院关于适用《中华人民共和国合同法》若干问题的解释(二)(节选)

2009年2月9日通过,2009年5月13日施行

为了正确审理合同纠纷案件,根据《中华人民共和国合同法》的规定,对人民法院适用合同法的有关问题作出如下解释:

一、合同的订立

第6条

提供格式条款的一方对格式条款中免除或者限制其责任的内容,在合同订立时采用足以引起对方注意的文字、符号、字体等特别标识,并按照对方的要求对该格式条款予以说明的,人民法院应当认定符合合同法第三十九条所称"采取合理的方式"。

提供格式条款一方对已尽合理提示及说明义务承担举证责任。

二、合同的效力

第9条

提供格式条款的一方当事人违反合同法第三十九条第一款关于提示和说明义务的规定,导致对方没有注意免除或者限制其责任的条款,对方当事人申请撤销该格式条款的,人民法院应当支持。

第10条

提供格式条款的一方当事人违反合同法第三十九条第一款的规定,并具有合同法第四十条规定的情形之一的,人民法院应当认定该格式条款无效。

参考文献

一、韩文参考资料

著作类：

1. 权五乘:《经济法》(第 8 版),法文社 2010 年版。
2. 权五乘:《消费者保护法》,法文社 2005 年版。
3. 权五乘:《市场经济与法》,首尔大学出版社 2006 年版。
4. 金东勋:《约款规制法的形成与完善》,国民大学出版社 2000 年版。
5. 金亨培等 6 人:《德国债权法的现代化》,法文社 2003 年版。
6. 高炯锡:《消费者保护法》,世昌出版社 2003 年版。
7. 梁彰洙:《德国民法典》,博英社 2008 年版。
8. 李银荣:《约款规制法》,博英社 1994 年版。
9. 李湖映:《消费者保护法》,弘文社 2010 年版。
10. 郭润直:《民法总则》,博英社 2007 年版。
11. 孙智烈:《民法注解》(XII),博英社 1997 年版。
12. 孙珠瓒:《商法修订的论点》,三英社 1981 年版。
13. 金圣天:《关于消费者概念的法改善方案》,韩国消费者保护院 2004 年版。

论文类：

1. 权五乘:《普通交易约款的拘束力》,载《考试界》,通卷 296 号,1981 年。
2. 权五乘:《普通交易约款法草案》,载《民事法修订意见书》,博英社 1982 年版。
3. 权五乘:《普通交易约款的内容规制》,载《法与约款》,三英社 1984 年版。
4. 权五乘:《普通交易约款的有效性》, 载《考试界》,通卷 369 号,1987 年。
5. 权五乘:《关于例文解释中的问题点》,载《民事判例研究 XV》, 三英社 1993 年版。
6. 权五乘:《提高约款规制法的实效性的方案》,载首尔大学《法学》,第 35 册第 3.4 号,1994 年。
7. 权五乘:《约款的规制》,载《债权法上的自由与责任》(金亨培教授花甲纪念论文集),1994 年。
8. 权五乘:《韩国关于消费者保护的法与政策》,载首尔大学《法学》,第 40 册第 4 号,2000 年。
9. 权五乘:《合同自由和消费者保护》,载首尔大学《法学》,第 42 卷第 2 号,2001

年7月。

10. 权五乘:《韩国的约款规制》,载《经济法研究》,2002年。

11. 权五乘、洪明秀:《消费者保护的合同法构成及其局限——以德国〈民法〉的改正和日本〈消费者合同法〉的制定为中心》,载首尔大学《法学》,第43卷第3号,2002年。

12. 权五乘:《合同的自由与公平》,载《市场经济与法》,首尔大学出版社2006年版。

13. 权五乘:《约款规制法执行的改善》,载《亚细亚女性法学》,第12号,2009年9月。

14. 权五乘:《公正交易关联法执行体系的改善》,载《市场交易与公平交易》,首尔大学竞争法中心,2010年。

15. 权大佑:《民法与消费者保护》,载《民事法学》,第36号,2006年6月。

16. 权大佑:《约款的不当性规制》,载西江大学《法学研究》,第3册,2001年。

17. 金东勋:《约款条款的部分无效法理》,载《庆熙法学》,第23卷第1号,1988年。

18. 金东勋:《约款的内容规制与修订解释》,载《人权与正义》,1995年3月。

19. 金东勋:《免责条款与约款规制》,载国民大学《法学论丛》,第7集,1995年。

20. 金东勋:《非典型合同的理论与判例》,载国民大学《法学论丛》,第9集,1997年。

21. 金东勋:《〈约款规制法〉的最新判例争议》,载国民大学《法学论丛》,第18集,2006年。

22. 金东勋:《关于个别交涉后未进行修订的约款条款的效力》,载国民大学《法学论丛》,第22集,2010年。

23. 金大奎:《约款订入规制条款的功能研究——以保护消费者为出发点》,载《比较私法》,第11卷第1号(通卷第24号),2004年3月。

24. 金相容:《普通交易约款与例文解释》,载《考试研究》,第201号,1990年。

25. 金圣天:《日本消费者基本法的修订》,载《法制》,2004年6月号。

26. 金圣天:《关于消费者法上消费者概念的研究》,载《经济法研究》,第4卷第1号,2006年。

27. 金知衡:《一般交易约款法论及与此相关的判例理论》,载《法曹》,第37卷第9号,1989年9月。

28. 金柱昊:《关于金融机构利率变更的约款条款的个别约定优先原则》,载釜山判例研究会《判例研究》,2002年。

29. 金振焕:《约款规制法与电子约款的合同订入》,载庆尚大学《法学研究》,第10卷,2001年。

30. 金镇佑:《为消费者保护法编入民法典的争论》,载《韩国消费者法学会第一次学术大会资料集》,2009 年 11 月。

31. 金镇佑:《德国消费者合同法的动向与展望》,载《外国论集》,第 30 集,2008 年 5 月。

32. 金在久:《关于无照驾驶中产生的损害免责机动车综合保险普通约款的解释》,载大法院《判例解释》,第 13 号。

33. 金炯基:《普通约款的认可与信赖原则》,载《保险法律》,通卷 22 号,1998 年。

34. 金亨培:《基于普通交易约款的合同》,载《考试研究》,第 227 号,1993 年 2 月。

35. 金亨培:《改定德国债权法的现代意义》,载《民事法学》,第 23 卷,2003 年。

36. 金孝信:《约款条款的一般原则与修订解释》,载《法学论丛》,第 13 卷。

37. 高炯锡:《关于网购中心约款与消费者保护的研究》,载《民事法学》,第 26 号,2004 年 9 月。

38. 高炯锡:《关于特殊交易中消费者的要约撤回权研究》,载《民事法学》,第 29 号,2005 年。

39. 高炯锡:《关于消费者合同成立要件的研究》,载《Justice》,通卷第 112 号,2009 年 7 月。

40. 高炯锡:《韩国与日本的消费者纷争调解制度研究》,载《岭南法学》,第 30 号,2010 年 3 月。

41. 高龙喆:《不公正约款条款的类型与特征》,载《财产法研究》,第 25 卷第 3 号,2009 年 2 月。

42. 南基然:《基于约款的人格权损害与法律上的规制》,载《民事法学》,第 34 号,2006 年。

43. 南孝淳:《旅行合同》,载《民事法学》,第 20 号,2001 年。

44. 朴正基:《合同缔结过程中的信息提供义务》,载《土地法学》,第 1 卷第 1 号,1994 年。

45. 朴昌熙:《关于约款解释的小考》,载全北大学《法学论丛》,第 1 集。

46. 朴永馥:《德国民事法的动向——欧洲法统一影响下的德国合同法》,载《司法行政》,通卷 468 号,1999 年 12 月。

47. 朴仁焕:《关于日本〈消费者合同法〉的法政策与规范结构的比较法研究》,载《中央法学》,第 6 集第 1 号,2004 年 4 月。

48. 裴成镐:《日本消费者合同法》,载《比较私法》,第 8 卷第 1 号,2001 年 6 月。

49. 白庆一:《欧洲法上消费者保护立法指南与德国的消费者保护法》,载《欧洲法学》,第 2 号,2007 年 4 月。

50. 白庆一:《对消费者保护法的存在意义和效用性的批判性考察——对〈消费者保护法〉的规范正当性和经济实效性的分析》,载釜山大学《法学研究》,第 49 卷第 2 号,2009 年 2 月。

51. 白庆一:《关于消费者保护法编入民法典问题的批判性考察》,载《财产法研究》,第 26 卷第 2 号,2009 年 10 月。

52. 徐熙锡:《日本的消费者合同法五年成果与评价》,载《民事法学》,韩国民事法协会,第 39 卷第 1 号,2007 年 12 月。

53. 徐熙锡:《日本民法修订案中消费者法的位置》,载《财产法研究》,第 26 卷第 2 号,2009 年 10 月。

54. 徐熙锡:《消费者私法的一般化可能性》,载釜山大学《法学研究》,第 51 卷第 3 号,2010 年。

55. 徐熙锡:《将消费者法编入民法典的方案》,韩国全南大学法学专门大学院学术会发表资料,2010 年 11 月 26 日。

56. 苏在先:《消费者合同法的课题和前景》,载《比较私法》,第 5 卷第 2 号,1998 年。

57. 徐庚林:《关于普通交易约款法理的研究》,高丽大学博士学位论文,1983 年。

58. 孙智烈:《西德的一般交易约款法》,载《外国私法研修论集》(法院行政刊),第 2 卷,1980 年。

59. 孙智烈:《关于一般交易约款判例的发展》,载《郭润直花甲纪念论文集》,1985 年。

60. 孙智烈:《约款的订入内容与明示、说明义务》,载《民法学论丛》(第 2 卷),1995 年。

61. 孙智烈:《针对损害赔偿预定约款条款的法的规制》,载《民法判例研究》,第 18 号,1996 年。

62. 孙智烈:《约款的判例动向》,载《民事判例研究》(X),博英社 1988 年版。

63. 孫珠瓒:《违反保险约款的明示义务及其罚则》,载《司法行政》,1993 年。

64. 孫珠瓒:《约款规制法的修订》,载《考试界》,通卷 430 号,1992 年 12 月。

65. 孫珠瓒译:《德国法上合同自由与合同内容的规制》,载《司法行政》,1979 年 9 月。

66. 宋宝炅:《消费者政策和消费者团体的作用》,载《消费者和法的支配》,首尔大学出版社 2008 年版。

67. 宋五植:《电子消费者合同》,载《民事法学》,第 38 卷,2007 年 9 月。

68. 申荣秀:《约款规制与消费者保护》,载《消费者与法的支配》,首尔大学出版社 2008 年版。

69. 申荣秀:《约款规制的实体法》,载《市场经济与公平交易》,2010 年 11 月。

70. 安東燮:《一般交易约款的本质与规制》,载《财产法研究》,第 5 卷第 1 号,1988 年 1 月。

71. 梁明朝:《关于约款规制的法律》,载《民事判例研究》,第 12 卷,1990 年。

72. 梁彰洙:《德国新民法修订案》,载首尔大学《法学》,第 41 卷第 4 号,2001 年 2 月。

73. 梁承圭:《保险约款的基本构造》,载首尔大学《法学》,第 24 卷第 2.3 号,1983 年。

74. 梁承圭:《针对普通保险约款的规制》,载《司法行政》,通卷 311 号,1986 年。

75. 梁承圭:《普通保险约款的拘束力》,载首尔大学《法学》,第 27 卷第 4 号,1986 年 12 月。

76. 梁承圭:《保险合同的成立与约款的交付、明示义务》,载《司法行政》,1992 年 5 月。

77. 柳时东:《给予不明确准则及限制解释原则的约款规制》,载《财产法研究》,第 16 卷第 1 号,1999 年。

78. 李奉仪:《针对〈访问销售法〉上多阶段销售规制中存在的问题的改善方案》,载《经济法研究》,第 8 卷,1997 年。

79. 李奉仪:《消费者与公平交易法》,载《消费者与法的支配》,首尔大学出版社 2008 年版。

80. 李丙儁:《德国民法上的消费者概念》,载《民事法学》,第 26 号,2004 年。

81. 李丙儁:《欧盟合同法中的消费者和经营者》,载《外法论集》,第 23 辑,2006 年 8 月。

82. 李丙儁:《民法中消费者的地位和消费者特别法的民法编入》,载《民事法学》,第 39-1 号,2007 年 12 月。

83. 李丙儁:《在一般私法体系内消费者合同法的位置》,载《江源法学》,第 28 卷,2009 年 6 月。

84. 李相旭:《不公正的法律行为》,载《岭南法学》,第 5 卷第 1.2 号,1999 年。

85. 李相旭:《法国合同上的信息提供义务》,载《岭南法学》,第 1 卷第 1 号,1994 年。

86. 李圣焕:《消费者保护的改正方向》,载《公法学研究》,第 6 卷第 1 号,2005 年 6 月。

87. 李钟馥:《约款准本阶段与民法》,载《私法关系与自律》(李鍾馥教授论文集),1993 年。

88. 李俊炯:《约款主要审结事例及行业间不公平条款 FAQ》,载《公平交易委员会研究用役报告书》,2006 年 12 月。

89. 李成均:《关于商法修订的个别意见的综合》,载《商法修订的论点》,三英社 1981 年版。

90. 李俊炯:《关于约款规制法、消费者法编入民法典的一些看法——以法国经验为前提》,载《财产法研究》,第 26 条第 2 号,2009 年。

91. 李在铉:《约款的概念》,载《比较私法》,第 10 卷第 1 号(通卷第 20 号)。

92. 李在铉:《个别约定优先原则》,载庆北大学《法学研究》,第 15 卷第 1 号,2004 年。

93. 李宇成:《针对一般交易约款的解释规制》,载《民法学论丛》(二),1995 年。

94. 李银荣:《普通交易约款的本质》(下),载《司法行政》第 24 卷第 9 号,1983 年 9 月。

95. 李银荣:《约款规制法解说》,载《司法行政》,通卷 317 号,1987 年 5 月。

96. 李银荣:《无效的约款条款与同一个别约定及为第三人的合同的要件》,载《民事判例研究》(XI),1989 年。

97. 张敬焕:《约款拘束力的根据》,载《考试界》,1996 年 7 月。

98. 张敬焕:《约款规制法一般条款的研究——以德国约款规制法第 9 条为中心》,首尔大学大学院博士学位论文,1990 年。

99. 张敬焕:《约款的内容规制方式与体系》,载《庆熙法学》,第 30 卷第 1 号,1995 年。

100. 张敬焕:《约款的不公正性判断标准》,载权五乘编:《公平交易法讲义》,法文社 1996 年版。

101. 张敬焕:《约款意外性的原则》,载《庆熙法学》,第 34 卷第 2 号,1999 年。

102. 张敬焕:《关于约款规制法修订论的考察》,载《韩国经济法学会》,2005 年 6 月。

103. 张在贤、成渭锡:《对约款私法规制的趋势》,载庆北大学《法学论丛》,第 5 集。

104. 张在贤、成渭锡:《限制合同自由的理论根据》,载庆北大学《法学论丛》,第 6 集。

105. 郑浩烈:《时效约款的效力》,载《考试研究》,1996 年 10 月。

106. 郑镇世:《普通保险约款的拘束力根据》,载《考试研究》,2001 年 11 月。

107. 郑钟休:《关于日本〈消费者合同法〉的研究》,载《消费者问题研究》,第 24 号,2001 年 6 月。

108. 曹圣国:《约款规制法上不公正约款——以一般条款为中心》,公平交易法上的争议及课题,竞争法中心,2010 年 5 月。

109. 赵汉畅:《约款的意义及规制体系的考察》,载《约款规制及消费者保护》,大韩律师协会、律师研修院,2007 年 7 月。

110. 崔秉珪:《德国约款规制法(AGB-Gesetz)的废止与变化》,载《商事法研究》,第 21 卷第 1 号(通卷第 33 号),2002 年 12 月。

111. 崔秉珪:《约款规制理论与银行约款》,载韩京大学《论文集》,第 33 集,2002 年 5 月。

112. 崔秉珪:《银行与信交易基本约款个别约定书与约款规制》,韩国经营法律学会《经营法律》,第 12 集,2001 年 12 月。

113. 崔秉珪:《约款规制法的问题及其改善方案》,韩国公平竞争协会《经营法律》,第 30 卷,1998 年 2 月。

114. 崔秉珪:《针对约款规制法改善方案的比较研究》,载《公平竞争》,第 30 号,1998 年 2 月。

115. 崔秉珪:《针对普通交易约款内容规制的范围》,载《安東燮花甲纪念论文集》,1996 年。

116. 崔秉珪:《普通交易约款法的诸问题》,载《经营法律》,第 6 集,1996 年。

117. 崔秉珪:《德国约款规制法的最近动向》,载《商事法研究》,第 14 集第 1 号,1995 年。

118. 崔秉禄:《关于消费者合同的研究》,载西原大学《社会科学研究》,第 11 集,1998 年 2 月。

119. 崔相浩:《关于合同上信息提供义务的研究》,载《债权法上的自由与责任》(金亨培教授花甲纪念),1994 年 10 月。

120. 崔张烈:《违约金约款的规制》,载《成均館法学》,第 10 号,1999 年。

121. 崔镇求:《日本消费者合同小考》,载《民事法学》,第 32 号,2006 年 6 月。

122. 河京孝:《消费者保护法的统合继受》,载《德国债权法的现代化》,法文社 2003 年版。

123. 韩蔘寅:《约款条款的无效》,载《考试界》,通卷第 536 号,2001 年 10 月。

124. 韩蔘寅:《约款的明示、说明义务及约款的解释》,载《考试界》,2005 年 8 月。

125. 韩蔘寅:《关于规制约款法律的判例分析》,载《比较私法》,第 12 卷第 2 号,2005 年。

126. 洪明秀:《消费者损害救济制度》,载《约款规制及消费者保护》,大韩律师协会,2007 年 7 月。

127. 洪明秀:《运送人的责任与免责约款的效力》,载《考试界》,第 47 卷,1996 年 12 月。

128. 〔日〕潮見佳男:《日本消费者合同法的立法动向及问题点》,河润秀译,载《东亚法学》,第 26 号。

其他:

1. 权五乘等 3 人:《不公正约款规制制度的确立及今后发展方向》(公平交易委员会用役报告书),1994 年。

2. 李俊炯:《约款主要审结事例及行业间不公平条款 FAQ》(公平交易委员会用役报告书),2006 年。

3. 尹荣硕等 3 人:《关于约款审查制度发展方向的研究》(公平交易委员会研究报告书),2007 年。

4. 李相珵、权大佑:《关于约款规制的法律解说》(韩国消费者保护院研究报告书),1987 年。

5. 李基秀等 3 人:《行政机关认可约款的现状调查及改善方案》(公平交易委员会

研究报告书),2001 年。

6. 研究消费者问题的市民的会议:《约款规制的立法》,1986 年。

7. 司法研究院:《约款规制法》,2000 年。

8. 公平交易委员会:《约款规制的实质——纪念〈约款规制法〉实行 20 周年》,2008 年。

二、日文参考资料

著作类:

1. 大村敦志:《消费者法》,有斐閣 1998 年版。

2. 竹内昭夫:《現代の經濟構造と法——現代法の諸問題 Ⅱ》,筑摩書房 1975 年版。

3. 正田彬:《消費者の權利》,岩波新書 1972 年版。

4. 北川善太郎:《消費者保護法のシステム》,岩波書店 1980 年版。

5. 伊藤進:《消費者 のための民法入門一消費者私法をめざして》,有斐閣 1977 年版。

6. 大村敦志:《契約と消費者保護》(《民法講座別卷 2》),有斐閣 1990 年版。

7. 長尾治助:《消費者私法の原理——民法と消費者契約》,有斐閣 1992 年版。

8. 河上正二:《消费者契约法》,商事法務研究會 1999 年版。

9. 大村敦志:《消費者・家族法》,東京大學出版部 1999 年版。

10. 潮見佳男編:《消費者契約法・ 金融商品販賣法と金融取引》,經濟法令研究會 2001 年版。

11. 經濟企劃廳國民生活局消費者行政第一課編:《逐條解說消費者契約法》,商事法務研究會 2001 年版。

12. 內閣府國民生活局消費者企劃課編:《逐條解說消費者契約法(補訂版)》,商事法務 2003 年版。

13. 落合誠一:《消费者契约法》,有斐閣 2001 年版。

14. 山口康夫:《消費者契約法の解說》,一僑出版。

15. 潮見佳男、角田美穗子:《不當條項リストをめぐる諸問題・消費者契約法》,商事法務研究會 1999 年版。

论文类:

1. 正田彬:《消費者の權利》,载《法學セミナ》,第 144 號,1968 年。

2. 今村成和:《消費者保護の批判的檢討》,载《ジュリス ト》,第 475 號,1971 年。

3. 今村成和:《消費者の權利と經濟法》,载《現代法ジヤナル》,第 12 號,1973 年。

4. 北川善太郎:《消費者保護の法構造》,载《法律時報》,第 45 卷第 12 號,1973 年。

5. 松本恒雄:《消費者私法ないし消費者契約という觀念は可能かつ必要か》,载

椿壽夫編:《現代契約と現代債權の展望》第6卷,日本評論社1991年版。

6. 伊藤進:《民法學の新しい任務》,载《法學シミナ》,第271號,1977年。

7. 長尾治助:《契約における拘束力(上)(下)》,载《ジユリスト》,第724號,1980年。

8. 長尾治助:《消費者の形成と既存法理の反省》,载《ジユリスト》,第731號,1981年。

9. 長尾治助:《消費者契約における意思主義の復權》,载《判例タイムズ》,第497號,1983年。

10. 長尾治助:《契約における消費者保護》,载《現代契約法大系》,第4卷,1984年。

11. 潮見佳男:《消費者契約法と二十一世紀民法》,载《民商法雜誌》,第123卷,第4—5號,2000年。

12. 佐佐木幸孝:《消費者契約法(實體法部分)の解說》,载《消費者法の法的論点と實務》,東京辯護士會編,2008年。

13. 佐佐木幸孝:《消費者契約法裁判例の展開と課題》,载《法律時報》,第79卷,第1號,2007年1月。

14. 落合誠一:《消費者契約法の効果が發揮された判決》,载NBL,第849號,2007年1月。

15. 潮見佳男:《學納金返還と公序良俗規範》,载NBL,第849號,2007年1月。

16. 北川善太郎:《消費者契約法と近未來の法モデル》,载《民商法雜誌》,第123卷,第4—5號,2000年。

17. 小粥太郎:《不當條項規制と公序良俗理論》,载《民商法雜誌》,第123卷,第4—5號。

18. 星野英一:《消費者契約法(仮稱)の具體的內容についてを讀んで》,载NBL,第683號。

三、中文参考资料

著作类:

1. 苏号朋:《格式合同条款研究》,中国人民大学出版社2004年版。

2. 杜军:《格式合同研究》,群众出版社2001年版。

3. 高圣平:《论格式合同》,人民法院出版社2001年版。

4. 傅静坤:《二十世纪契约法》,法律出版社1997年版。

5. 尹田:《法国现代合同法》,法律出版社1995年版。

6. 王军:《美国合同法》,中国政法大学出版社2001年版。

7. 李昌麒等:《消费者保护法》,法律出版社2005年版。

9. 金福海:《消费者法论》,北京大学出版社2005年版。

10. 朱柏松:《消费者保护法论》,台湾翰芦图书出版有限公司 1999 年版。

11. 冯震宇等:《消费者保护法解读》,台湾元照出版公司 2005 年版。

12. 李淑明:《债法总论》,台湾元照出版公司 2006 年版。

13. 黄立:《民法——债编总论》,台湾元照出版公司 2000 年版。

14. 杨淑文:《新型契约与消费者保护法》,台湾元照出版公司 2006 年版。

15. 林益山:《消费者保护法》,台湾五南图书出版公司 1999 年版。

16. 詹森林等:《民事法理与判决研究. 四:消费者保护法专论》,台湾元照出版公司 2006 年版。

17. 刘宗荣:《海上运送与货物保险论文选集:附定型化契约条款效力评释六则》,台湾三民书局 2007 年版。

18. 刘得宽:《民法诸问题与新展望》,台湾三民书局 1980 年版。

19. 郑玉波:《民法债编论文选辑(上)》,台湾五南图书出版公司 1984 年版。

译著类:

1.〔美〕戴维 · G. 爱泼斯坦、〔美〕斯蒂夫 · H. 尼克尔斯:《消费者保护法概要》,陆震纶、郑明哲译,中国社会科学出版社 1998 年版。

2.〔德〕海因 · 克茨:《欧洲合同法》,周忠海等译,法律出版社 2001 年版。

3.〔德〕迪特尔 · 梅迪库斯编:《德国民法总论》,邵建东译,法律出版社 2000 年版。

4.〔德〕卡尔 · 拉伦次:《德国民法通论》,王晓烨等译,法律出版社 2003 年版。

5. 董安生等编译:《英国商法》,法律出版社 1991 年版。

6.〔英〕阿蒂亚:《合同法概论》,程正康、周忠海译,法律出版社 1982 年版。

7.〔法〕热拉尔 · 卡:《消费者权益保护》,姜依群译,商务印书馆 1997 年版。

论文类:

期刊论文:

1. 梁慧星:《中国的消费者政策和消费者立法》,载《法学》2000 年第 5 期。

2. 崔建远:《消费者合同的解释》,载《浙江社会科学》2002 年第 6 期。

3. 苏号朋:《论契约自由兴起的历史背景及其价值》,载《法律科学》1999 年第 5 期(总第 99 期)。

4. 苏号朋:《定式合同研究——以消费者权益保护为中心》,载《比较法研究》1998 年第 2 期。

5. 苏号朋:《论格式条款订人合同的规则》,载〔意〕S. 斯奇巴尼、朱勇主编:《罗马法 · 中国法与民法法典化》,中国政法大学出版社 2001 年版。

6. 杨立新:《对〈合同法〉格式条款规定的评价》,载《政法论坛》1999 年第 6 期。

7. 王丽萍、李燕:《格式条款解释研究》,载《法制与社会发展》2001 年第 6 期。

8. 李永军:《从契约自由原则的基础看其在现代合同法上的地位》,载《比较法研究》2002 年第 4 期。

9. 张新宝:《定式合同基本问题研讨》,载《法学研究》1989 年第 6 期。

10. 韩世远:《免责条款研究》,载梁慧星主编:《民商法论丛》第 2 卷。

11. 〔韩〕权五乘:《契约自由与消费者保护》,崔吉子译,载梁慧星主编:《民商法论丛》第 21 卷。

12. 〔韩〕权五乘:《韩国的约款规制法》,崔吉子译,载梁慧星主编:《民商法论丛》第 240 卷。

13. 王利明:《对〈合同法〉格式条款规定的评析》,载《政法论坛》1999 年第 6 期。

14. 王利明:《消费者的概念及消费者权益保护法的调整范围》,载《政治与法律》2002 年第 2 期。

15. 胡志超、陈俊丰:《合同法格式条款法律适用中的问题与对策》,载《法学论坛》2001 年第 3 期。

16. 聂铄、胡克敏:《对格式条款两个问题的思考》,载《汕头大学学报(人文社会科学版)》2004 年第 6 期。

17. 张翼杰、郭英杰、史利娟、刘国星:《对格式条款界定的若干探讨》,载《理论探索》2004 年第 1 期。

18. 魏辉:《对合同法格式条款相关规定的再认识》,载《人民法院报》2004 年 4 月 20 日。

19. 张勇:《格式条款的价值及法律制约的再思考》,载《北京邮电大学学报(社会科学版)》2004 年 10 月第 6 卷第 4 期。

20. 谢晓尧、黄胜英:《格式条款的法经济学分析》,载《学术研究》2001 年第 8 期。

21. 陈广华:《格式条款订入合同的基本问题研究——兼评〈合同法〉第 39 条》,载《国际关系学院学报》2005 年第 3 期。

22. 刘海存、张瑞荣:《格式条款的缺陷及其成因》,载《南京工业大学学报(社会科学版)》2003 年第 2 卷第 4 期。

23. 高飞、周斌:《格式条款合同制度探析及其完善》,载《中国律师》2001 年第 1 期。

24. 赵转:《论格式条款的规制》,载《河南师范大学学报(哲学社会科学版)》2005 年第 3 期。

25. 向明华:《格式条款的基本法律问题——从商法视角看〈合同法〉格式条款立法》,载《广州大学学报(社会科学版)》2005 年 4 月第 4 卷第 4 期。

26. 史习明、董微:《浅析合同格式条款》,载《财贸研究》2003 年 2 月。

27. 段逸超:《格式条款例析》,载《律师世界》2001 年第 7 期。

28. 胡志超:《格式条款实务问题比较研究》,载《人民司法》2001 年第 1 期。

29. 郑祺:《格式条款合同的认定与效力》,载《上海法治报》2004 年 8 月 2 日第 6 版。

30. 王素芬:《格式条款效力评析》,载《辽宁大学学报(析学社会科学版)》2002 年 5 月第 30 卷第 3 期。

31. 冯忠明、姜平:《格式条款效力探析》,载《云南财经大学学报》第 20 卷。

32. 唐烈英:《格式条款与标准条款之比较》,载《西南民族学院学报(哲学社会科学版)》2001 年 12 月第 22 卷第 12 期。

33. 罗燕飞:《格式条款研究》,载《四川警官高等专科学校学报》2004 年 8 月第 16 卷第 4 期。

34. 刘兆志、张开俊:《格式条款与银行业消费者权益保护之法律思考》,载《农金纵横》2004 年 6 月(总第 109 期)。

35. 姜军松、黄远征:《格式条款在商品房买卖合同中适用问题》,载《求索》2005 年第 4 期。

36. 李坤轩:《关于格式条款的若干问题研究》,载《山东行政学院山东省经济管理干部学院学报》2005 年 4 月第 2 期(总第 66 期)。

37. 王花:《论"完备合同"理念在格式条款规制中的应用》,载《天水师范学院学报》2005 年 6 月第 25 卷第 3 期。

38. 傅健:《略论格式条款提供方的法定义务》,载《法学评论(双月刊)》2001 年第 4 期(总第 108 期)。

39. 陈鸣:《略论格式条款的几个问题》,载《甘肃社会科学》2004 年第 1 期。

40. 刘铁成、林雪:《合同自由与格式合同的法律规制》,载《长春理工大学学报(社会科学版)》2003 年 12 月第 16 卷第 4 期。

41. 管维:《关于格式条款的立法建议》,载《浙江省政法管理干部学院学报》2001 年第 4 期(总第 49 期)。

42. 刘俊臣:《论格式条款的法律规制》,载《中国工商管理研究》2002 年第 3 期。

43. 邵先上:《论对不平等格式条款的规制》,载《南阳师范学院学报(社会科学版)》2005 年 4 月第 4 卷第 4 期。

44. 程兵、严志凌:《论保险合同条款的不利解释原则》,载《法学》2004 年第 9 期。

45. 聂砾、胡克敏:《论格式条款的概括规制》,载《法学论坛》2004 年 5 月(总第 218 期)。

46. 张询书:《论格式条款效力的立法规制》,载《合肥工业大学学报(社会科学版)》2004 年 2 月第 18 卷第 1 期。

47. 郑小琳:《论格式条款及其规制》,载《福建政法管理干部学院学报》2002 年 10 月第 4 期(总第 14 期)。

48. 孙聚团:《论格式条款合同制度的完善》,载《焦作大学学报》2003 年 4 月第 2 期。

49. 叶晓欣:《浅谈格式条款的规制》,载《山西高等学校社会科学学报》2001 年 10 月第 13 卷第 10 期。

50. 范中超:《论免责条款效力的认定》,载《河南省政法管理干部学院学报》2001年第5期(总第68期)。

51. 任海军:《论合同法对格式条款的规制》,载《兰州大学学报(社会科学版)》2001年第29卷第1期。

52. 马斌、于珊、王丹阳:《论格式条款与消费者权益保护》,载《生产力研究》2005年第5期。

53. 吴志勇:《浅议合同格式条款的行政监管》,载《工商行政管理》2004年第16期。

54. 王育:《浅议格式条款》,载《律师世界》2002年第12期。

55. 王宏军:《论格式条款的无效情形》,载《云南财贸学院学报》2004年12月第20卷第6期。

56. 文岩:《试论格式条款的缺陷及修订建议》,载《新疆警官高等专科学校学报》2004年10月第4期(总第96期)。

57. 于海燕:《试论格式条款的法理思考及法律控制》,载《华北电力大学学报(社会科学版)》2003年第3期。

58. 何敏、黄志胜:《我国合同法对格式条款的规制》,载《湖南税务高等专科学校学报》2005年7月第4期第18卷(总第82期)。

59. 范征、王风华:《欧盟统一大市场中的消费者保护一体化研究》,载《法学》2000年第10期。

60. 彭华民:《欧盟的消费者保护与欧盟一体化》,载《南开学报》2000年第2期。

61. 何易:《欧盟消费者销售法指令与联合国国际货物销售合同公约之比较》,载《法学评论(双月刊)》2003年第2期(总第118期)。

62. 吴凤友:《试论合同格式条款的控制和干预》,载《中国司法》2004年第7期。

63. 徐孟洲、谢增毅:《论消费者及消费者保护在经济法中的地位——"以人为本"理念与经济法主体和体系的新思考》,载《现代法学》2005年7月第27卷第4期。

64. 金福海、王林清:《论消费者权益保护法规定的服务责任》,载《烟台大学学报(哲学社会科学版)》2000年10月第13卷第4期。

65. 胡晓阳、李军:《保护消费者权益的经济学分析》,载《北京工商大学学报(社会科学版)》2002年1月第17卷第1期。

66. 董新凯:《国家对消费者的保护及其限度》,载《新疆大学学报(哲学·人文社会科学版)》2005年1月第33卷第1期。

67. 李金元:《对〈消费者权益保护法〉第49条的理解》,载《河北法学》1998年第6期。

68. 刘德良:《论网络消费者合同中的格式条款与消费者保护问题》,载《新疆大学学报(社会科学版)》2001年12月第29卷第4期。

69. 李昌麒、许明月:《论消费者保护意识》,载《现代法学》1999年第2期。

70. 董占军:《小议格式条款》,载《内蒙古电大学刊》2004 年第 6 期(总第 64 期)。

71. 武丰远:《我国〈合同法〉对格式条款的规制》,载《河南师范大学学报(哲学社会科学版)》2002 年第 29 卷第 4 期。

72. 刘影、黄飞云:《格式合同与消费者权益保护》,载《北京商学院学报》2000 年第 2 期(总第 92 期)。

73. 赵丽娜、王雷:《我国格式条款合同效力探讨》,载《沙洋师范高等专科学校学报》2005 年第 4 期。

74. 赵一鸣、郑华:《倒置消费者举证责任的思考》,载《山西财经大学学报》1999 年 11 月第 21 卷增刊。

75. 丁彩霞:《消费者运动与近代民事立法的变革》,载《内蒙古大学学报(人文社会科学版)》2000 年 6 月第 32 卷增刊。

76. 覃有土、晏宇桥:《论消费者之义务》,载《中南财经政法大学学报》2004 年第 1 期双月刊(总第 142 期)。

77. 杜军:《格式条款研究》,载《西南民族学院学报(哲学社会科学版)》2000 年第 21 卷第 5 期。

78. 金勇军:《一般交易条款的解释》,载《法学》1997 年第 5 期。

79. 施洪新:《论格式合同之解释》,载《湖北社会科学》2002 年第 6 期。

80. 宋耀红:《论合同的解释》,载《现代法学》第 22 卷第 2 期。

81. 禹辰勋:《韩国消费者政策的现状及发展方向》,载《北京商学院学报(社会科学版)》2000 年 7 月第 15 卷第 4 期。

82. 杜志华:《欧盟消费者保护法的立法根据》,载《武汉大学学报(社会科学版)》2001 年 11 月第 54 卷第 6 期。

83. 祝维娜:《中法格式合同立法规制比较及其启示》,载《重庆工商大学学报(社会科学版)》2005 年第 2 期。

84. 蒋剑伟:《美国格式合同中管辖权条款效力评析》,载《法学评论》2006 年第 2 期。

85. 刘益灯:《国际消费者合同的法律适用》,载《法学评论(双月刊)》2003 年第 6 期(总第 122 期)。

86. 王全弟、陈倩:《德国法上对格式条款的规制——〈一般交易条件法〉及其变迁》,载《比较法研究》2004 年第 1 期。